古代歷史文化 研究輯刊

十六編

王明蓀 主編

第 **10** 冊

宋日貿易研究
——以在日宋商爲中心

趙瑩波 著

國家圖書館出版品預行編目資料

宋日貿易研究——以在日宋商為中心／趙瑩波 著 -- 初版 --
新北市：花木蘭文化出版社，2016〔民 105〕
目 4+272 面；19×26 公分
（古代歷史文化研究輯刊 十六編；第 10 冊）
ISBN 978-986-404-754-3（精裝）
1. 國際貿易史 2. 宋代
681   105014262

ISBN-978-986-404-754-3

9 789864 047543

古代歷史文化研究輯刊
十六編 第十冊   ISBN：978-986-404-754-3

宋日貿易研究
——以在日宋商爲中心

作　　者　趙瑩波
主　　編　王明蓀
總 編 輯　杜潔祥
副總編輯　楊嘉樂
編　　輯　許郁翎
出　　版　花木蘭文化出版社
社　　長　高小娟
聯絡地址　235 新北市中和區中安街七二號十三樓
　　　　　電話：02-2923-1455／傳眞：02-2923-1452
網　　址　http://www.huamulan.tw 信箱 hml 810518@gmail.com
印　　刷　普羅文化出版廣告事業
初　　版　2016 年 9 月
全書字數　197509 字
定　　價　十六編 35 冊（精裝）台幣 68,000 元

宋日貿易研究
——以在日宋商爲中心

趙瑩波　著

作者簡介

趙瑩波，男，1965 年 12 月 24 日出生。河南大學、大連外國語大學的日語語言文學學士和碩士，南京大學歷史學博士，上海大學外語學院日語系副教授。日本早稻田大學（1999.4 ～ 2000.3）和九州大學（2007.4 ～ 2008.4）訪問學者。2012 年 12 月當選爲中國日本史學會常務理事。主持國家社科基金項目（「宋朝與日本、高麗之間『準外交關係』研究」）一項和上海市教委科研創新項目（「10 ～ 14 世紀日本史料中的「涉外僑文書」整理與研究」）一項。

提　要

　　十世紀前半葉，是東亞的動亂期。在中國，唐朝滅亡、五代十國分裂。到十世紀後半葉，宋朝平定十國，在廣州、明州、杭州設立市舶司。這是負責管理外國海商和宋朝商人出入國手續以及徵稅事務的機構。在日本，雖然沒有實現王朝的交替，但也迎來了律令制統治管理的大轉變，對海外客商採取更爲嚴格的檢查制度。宋商們就是在這個時期登上兩國的歷史舞臺。本文擬對兩宋的「在日宋商」作一總體考察，探明這一民間群體在宋日貿易交流中具有的政治、經濟地位和在文化傳播中所充當的角色以及歷史作用。

　　全文共分八章，第一章和第二章對宋日兩國海外貿易管理制度進行分析和對比。以後的對外關係和宋日貿易都將產生重大影響，並具有深遠的歷史意義。第三章主要探討宋日貿易及其海上交通情況。第四章「宋日貿易與平氏」章節。第五章主要研究「在日宋商的貿易活動及其與當地社會」的問題。第六章主要研究「宋商的政治作用——爲多國政府傳遞國書」的問題。第七章是爲「在日宋商」立傳。將重點介紹中日兩國史書中出現的傑出「在日宋商」，他們是整個宋商群體的代表和縮影。第八章對中日史料中所出現的幾處疑點進行質疑和解析。結論部分指出，北宋商人大多是開展「封閉貿易」，活動範圍受到極大地限制，由於受到日本延喜年禁令的影響，宋商們常常面臨被「A 卻」遣返的危險。

　　「在日宋商」不僅爲「宋日貿易」做出了不可磨滅的貢獻，開闢了一條海上貿易之路，一條東方海上「絲綢之路」；還爲宋日兩國攜帶國書甚至爲高麗國攜帶國書，爲兩國的政治接觸和交往發揮了巨大作用。宋商們爲中華文明和中華思想的傳播做出了卓越貢獻，他們是中華文明的移動載體，是中華文明圈的建設者和實踐者。

目次

導　論

　　本文以宋朝商人在日本從事經濟貿易活動爲研究主題，通過對這些「在日宋商」的研究，揭示兩千年來中日兩國雖然政治關係「大起大落」，但是經濟關係和文化卻依然緊密地聯繫在一起，這種紐帶就是中國各個時期在日中國商人，是他們把兩國緊密地連在一起，建成一個東亞海上貿易圈和中華文明圈。

一、中日兩國政治關係的「大起大落」

　　日本與中國最早官方往來可追溯到公元 57 年。《後漢書・光武帝本紀》和《後漢書・東夷傳》中記有漢光武帝「建武中元二年倭奴國奉貢朝賀，使人自稱大夫，光武賜以印綬」〔註1〕。這枚印後來於 1784 年在福岡博多灣的志賀島被發現，金印印面呈正方形，邊長約 2.3 釐米，印臺高約 0.9 釐米，臺上附蛇形鈕，通體高約 2.2 釐米，上面篆刻著「漢委奴國王」字樣〔註2〕。

〔註 1〕　范曄：《後漢書》北京：中華書局 1965 年。
〔註 2〕　日本的中國史專家很長時間對此不敢相信，認爲是僞造的，京都大學已故中國歷史研究專家宮崎市定對此也深表懷疑。懷疑的理由是金印上所刻的是「委」而不是「倭」字。在《後漢書》關於委奴國，除光武帝賜委奴國王印綬，及「永初元年（公元 107 年）侵王帥升等獻生口百六十人，願請見」的記載而外，再沒有其它記載。學者認爲「委」字作委任解，即將印上文字解釋爲漢朝委任的奴國國王。反駁這一說法的學者表示，從漢代及之後相當長時期內中國王朝對外派送的印信中從未有作委任解的「委」字先例。多數學者認爲「委」和「倭」相通，「委奴國」即「倭奴國」。但是，「倭奴國」究竟是一個國家的名稱，還是「倭」之「奴國」的意思呢，這又存在較大分歧。在 1956 年，雲南一座滇王墓中出土的一枚金印「滇王之印」讓「漢委奴國王」

　　日本受到中國帝王的冊封，政權得到了鞏固，把勢力擴展到朝鮮半島。隋朝時期，日本推古朝的聖德太子爲進一步學習政治制度和先進技術，以與隋朝對等的原則，於公元 607 年派出了由小野妹子率領的第一批「遣隋使」攜國書出使隋朝。

　　隋以降，日本進一步派遣「遣唐使」，直到公元 894 年廢除，共派遣 12 次「遣唐使」〔註3〕。並根據唐朝的政治制度進行了「大化改新」，頒佈了「大寶律令」，開始有了「日本」和「天皇」的稱號，日本開始建立起統一的中央集權國家。這標誌著日本由弱變強，正如明治維新以西洋化爲最高理想一樣，「大化改新」是以中國化爲最高理想。日本這種新的國家體制是以中國王朝爲標準的律令制度，通過「朝貢」、受「冊封」，而「遣唐使」的派遣也是這種價值的體現〔註4〕。

　　中日兩國的政治關係在唐朝達到鼎盛時期，可謂是中日關係的親密接觸期。中國文化的傳播，不單靠文化本身一步步實現的，更多是靠中國和周邊國家的國際政治來實現。換言之，正是這種國際政治關係的建立和展開才形成了東亞中國文化圈，而中華文化圈的建設者則與本文所研究的「在日宋商」密不可分。

　　以日本爲例，可以從《魏志倭人傳》看出這種國際政治關係。邪馬臺國女王卑彌呼接受魏明帝的金印紫綬，被封爲「親魏倭王」。這就意味著倭王成

有了一名「兄弟」，彷彿佐證了這枚金印的眞實。漢武帝劉徹於公元前 109 年賜給滇王嘗羌的金印亦爲純金鑄成，印體方形，長寬各 2.3 釐米，高 2.2 釐米，蛇紐，陰刻篆體字。除上刻「滇王之印」四字與日本出土的「漢委奴國王」不同外，其它無論從外觀、尺寸、字體形狀等以及質地均同於日本的那一枚。此後，在江蘇揚州市的漢墓附近又出土了一顆金印，這就是「廣陵王璽」。「廣陵王璽」與「漢委奴國王」金印形制相似，字體以及文字的雕主法與光武帝賜與日本委奴國工的金印幾乎同出一轍，稍微有點不同的是「漢委奴國王」是蛇紐，而廣陵王璽是龜紐，不過，兩印的高度、邊長和重量都差不多。因爲玄武神就是一條蛇纏繞著龜，人們推測這兩顆金印有親戚關係。兩枚金印的出土大大的增加了「漢委奴國王」印的眞實度。因爲經專家考證，漢制賜給太子及諸侯王的金印，一般是龜紐，賜給臣服國國王的印紐則多用蛇、芋、駱駝等造型，中日兩國出土的這三枚金印均符合漢制，而且中國發現的兩個金印均被考證爲眞。

〔註3〕《菅家御傳記》，竹內理三：《太宰府天滿宮史料》卷3，太宰府天滿宮，1964年，第 74 頁。

〔註4〕西嶋定生：《中國古體國家と東アジア世界》東京：東京大學出版社，1997年，第 458 頁。

了魏國皇帝的屬下，從那時起，魏國皇帝和倭國皇帝就結成君臣關係，倭國就成了中國王朝的「冊封」國。

中國王朝和周邊國家的首領結成冊封關係，是從前漢初期開始，冊封關係的成立，僅僅靠強有力的國家權力和威嚴遠遠不夠，「冊封」這種特殊的政治體制，其實就是中國王朝國內政治體制外延的表現。

日本國家的建立和擴張，和這種冊封體制分不開。從三世紀的邪馬臺國王女王卑彌呼到五世紀的倭國五王們，都接受過中國王朝的「冊封」。不過這種關係從六世紀開始消失，而且當時朝鮮半島上的高句麗、百濟和新羅等也都沒有受到中國南朝和北朝的冊封，甚至和南朝和北朝沒有正式的外交關係。此時剛好南朝的宋王朝被齊王朝代替，而日本此時又處於繼體天皇統治時期，圍繞著這種特殊即位情況以及對天皇純正血統的問題產生了種種爭議〔註5〕。因此無法判明那時日本為什麼脫離了「冊封」體制，不過日本並沒有從中國文化圈脫離出去，因為當時的日本根本無法缺失中國文化。

接下來七世紀日本推古朝時期，隋朝統一了南北朝。日本又開始向隋遣使朝貢，高句麗、百濟和新羅都受到隋朝的冊封，唯獨日本沒有被「冊封」。即使到了以後的唐王朝，日本多次派遣「遣唐使」，但還是沒有被冊封。日本雖然脫離了「冊封」體制，但並不意味著日本脫離了中國文化圈，七世紀通過「遣唐使」和中國保持著長期的通交關係。

公元894年9月14日，菅原道真以唐朝衰微和航海危險為由，上奏朝廷請求中止向中國派遣「遣唐使」〔註6〕，這樣持續兩個世紀的「遣唐使」被中止了，日本進入一種近乎「鎖國」的狀態〔註7〕。

有宋一代，宋朝多次利用宋商，極力拉近和日本的距離，企圖把日本納入自己的貿易體系，像漢朝那樣，先讓其進行朝貢，然後再進行冊封，試圖建立以宋朝為主導的東亞華夷秩序。但是日本則極力迴避和宋朝建立正式的國家關係，始終堅守自己孤立、封閉的外交立場。而日本再次受到中國的冊封，則是在九百年後的十五世紀初，明朝永樂帝冊封足利義滿為日本國王〔註8〕的時候。

〔註5〕 申叔舟：《海東諸國紀》，岩波書店，1991年，第63頁。

〔註6〕 《菅家御傳記》，《太宰府天滿宮史料》卷3，第74頁。

〔註7〕 田井玲子、冢原晃等：《日中歷史海道2000年》，神戶市立博物館，1997年，第9頁。

〔註8〕 田中健夫：《善鄰國寶記新訂續善鄰國寶記》，集英社刊，第109頁。

二、中國海商把兩國經濟和文化永久地聯繫在一起

海商大概出現在唐代，從日本九州大宰府鴻臚館遺蹟發掘出了大量平安時代的陶瓷器，這可能是日本利用「遣唐使」船從唐朝帶來的，也反映出海外貿易由貨物流動演化成了商業的基礎〔註9〕。

公元 842 年，唐朝海商在日本以貿易對手身份出現。日本延喜年間，王公大臣經常不經政府定價，就爭先搶購唐物。出現了「唐人商船來著之時，諸院諸宮諸王臣家等，官使未到之前，遣使爭買，又郭內富豪之輩，心愛遠物，踴直貿易」〔註10〕的景象。爲此，政府專門制定了一條禁令，禁止王宮大臣，未經政府定價，私自交易，這條禁令也叫「類聚三代格」，其內容如下〔註11〕：

太政官符

應禁過使越關私買唐物，律曰，官司未交易之前，私共番人交易者，準盜論，罪至從三年。令云：官司未交易之前，不得私共諸番交易，爲人糺獲者，二分其物，一分賞糺人，一分沒官，若官司於所部捉獲者，皆沒官者，官司須因準法條，慎其撿按，而寬從不行，令人狙悔，宜更下知，公家未交易之間，嚴加禁過，勿復乖違，若猶犯制者，沒物科罪，會不寬宥。

延喜三年八月一日

從中可以看出，城郭內的富豪們不僅喜歡唐貨，而且還喜歡高價購買。此條律規定：「政府在與唐船交易之前不許私自交易，違者以盜竊罪論處，判刑三年；如被人舉報，貨物一半充公，一半將給舉報人」。延喜禁令對以後日本政府的海外貿易管理制度產生了重大影響。

宋朝在廣州、明州和杭州設立了市舶司，這是負責管理外國海商和宋商出入國手續、徵稅等事務的機構。市舶司的設立提高了明州的地位，此後其地位一直保持到 14 世紀後半葉，宋朝海商就是從此時走向歷史舞臺的。

這一時期，尤其是在十世紀，日本對外政策開始轉向消極「鎖國」的方向〔註12〕。公元 911 年頒佈了「渡海制」〔註13〕和「年紀制」〔註14〕等一系

〔註 9〕 大庭康時、佐伯弘治：《中世都市博多を掘る》，海鳥社，2008 年。
〔註 10〕 《類聚三代格》十二禁制事，《太宰府天滿宮史料卷》3 卷，第 396 頁。
〔註 11〕 《類聚三代格》，《太宰府天滿宮史料卷》3 卷，第 396 頁。
〔註 12〕 森克己：《日宋貿易の研究》，國立書院版，1958 年，第 83 頁，第五章寬平・延喜における貿易統制の改革。

列「鎖國」禁令。不僅限制宋商頻繁來日本、而且還禁止日本人到海外，拒絕和外國建立正式外交關係，採取了一種孤立主義的「鎖國」政策。

北宋時期，宋商們被安置在由日本政府指定的賓館裏開展貿易活動。賓館既起到隔離宋商的作用又成爲官方先買權的前提，所以，這個時期宋商的貿易活動可稱爲「封閉貿易」。由於日本政府禁止國民從事海外貿易，因此，一般百姓要想和宋商進行交易，必須在政府行使先買權以後才能進行〔註15〕。

有日本學者認爲，這個時期宋商們被安置在「鴻臚館」里居住，日本方面管理貿易的地方爲大宰府，即宋商一到博多就住在相當於國賓館的「鴻臚館」，然後在那裏進行貿易」〔註16〕。經過筆者的考證發現這一說法有些欠缺，雖然北宋時期宋商基本上是被安置在所指定的賓館裏,但並不是都是住在「鴻臚館」裏。

宋商船靠岸後，必須要提交有關文書。文書包括「申文」、貨物目錄和市舶司頒發的商人容貌、衣裳束裝繪圖等材料。宋商們有時爲了能夠多來日貿易幾次，經常找一些諸如「季風風向不順」、「變換名字」等藉口以躲避日本政府「年紀制」禁令。由於宋日沒有外交關係，宋朝皇帝時常讓宋商攜帶「國書」充當國使，利用他們的經濟活動達到其政治目的，極力和日本建立外交關係。日本則堅守孤立的外交政策，避免和宋朝建立正式國家關係，他們往往會拖延回覆國書，或者不直接派遣官員，而且依然委託宋商傳遞回覆宋朝的國書。

南宋時期，「在日宋商」賓館式的「封閉貿易」逐漸演變成了自建「唐房」的「住番貿易」，這是一個劃時代變化。據日本學者渡邊誠研究，十世紀時，這種賓館式「封閉貿易」漸漸失去了隔離宋商的功能〔註17〕。「在日宋商」們以「唐房」〔註18〕爲據點，他們深入日本社會各階層，在當地娶妻生子、與日本人通婚，和當地權貴建立密切關係；他們還在日本購置田產，捐助寺院，幫助「入宋僧」以及當地老百姓；甚至有的宋商還擔任了日本的官吏；還有

〔註13〕禁止日本國民和官員出國－筆者注，參見第二章第一節一。
〔註14〕宋商船來日本的頻度被限定在兩年以上一筆者注。參見第二章第一節三。
〔註15〕森克己：森克己：《日宋貿易の研究》，第109頁。
〔註16〕大庭康時、佐伯弘治：《中世都市博多を掘る》，第71頁，榎本涉的「日宋、日元貿易」一節。
〔註17〕渡辺誠：《平安中期、公貿易下の取引形態と唐物使》，《史學研究》，2002年，第237頁。
〔註18〕唐房：唐人街。

的「在日宋商」即是「綱首」〔註 19〕又是神社裏的專職翻譯和神職人員,有的還捲入了當地寺廟教派紛爭。簡言之,南宋時期「在日宋商」已經全面地滲入了日本社會,其勢力影響到日本各個角落。這個時期的貿易可以說是「住番貿易」或者「集團貿易」,即宋商綱首們和寺院之間的貿易〔註20〕。此外,那些在「唐房」長大的第二代、三代「在日宋商」或者混血「在日宋商」們也開始登上歷史舞臺。

南宋時期,平盛清〔註21〕打破了廢除「遣唐使」後日本近 300 年的「鎖國」局面,試圖打開日本國門。他不顧具有強大勢力貴族們的反對,積極地和南宋開展貿易。平盛清最初目標是,想通過宋日貿易以通商貿易立國,修整航路和建設港口以便宋朝的大商船隨時能夠進出瀨戶內海。他不僅成功地控制了九州到瀨戶內海的制海權,還開鑿打通了瀨戶內海最危險的難關音戶,修建了海外貿易中樞的「大輪田泊」〔註22〕港。

平盛清修建「大輪田泊」的意圖就是想要擴大宋日貿易。過去宋朝商船大都到日本西南部九州地區開展貿易,而且宋商也都居住在博多。平盛清掌握大宰府後,就著眼於擴大宋日貿易,修繕「大輪田泊」港,以便讓宋商船能夠通過瀨戶內海,在「大輪田泊」進行交易。

此時日本商船也開始經過「大輪田泊」,駛向南宋靠近長江的明州,「大輪田泊」成爲宋日雙方名副其實的「歷史海道的中轉站」,也有人稱此爲「800年前的長江貿易促進工程」〔註 23〕。日本從宋朝進口昂貴的「絲織品、陶瓷器」,「香料」、「顏料」和「中國經典書籍」等各種「唐貨」,尤其宋朝「銅錢」的流入對日本經濟發展產生了巨大影響。日本向宋朝出口的貨物除了「屏風」、「扇子」、「刀劍」、「珍珠」外,還有「砂金」、「水銀」和「硫磺」等物品。

平盛清最終目標是建設一個集海外貿易窗口、國家政治機關和經濟活動

〔註19〕綱首:是負責綱運之商人首腦。
〔註20〕服部英雄:《日宋貿易的實態——和「諸國」來的客人們、チャイナタウン「唐房」——》,《(九州大學 21 世紀 COE 計劃)東亞和日本——交流和變化》,2005 年。
〔註21〕平安末期的武將,平忠盛的長子。保元、平治之亂後取代源氏後任太政大臣。
〔註22〕大輪田泊:現在神戶港的前身,後來又稱兵庫島、兵庫津。
〔註23〕田井玲子、冢原晃等:《日中歷史海道 2000 年》,神戶市立博物館,1997 年,第 9 頁。

爲一體的海港都市，他的這種做法可以說是一位具有開國思想、通商立國理念政治家所應用的行爲〔註24〕。

北宋時期，「砂金」已變成宋日貿易中的通用貨幣，後來「銅錢」取代「砂金」成爲當時宋日貿易的國際貨幣，日本也已經完全被納入宋朝的金融體系。「在日宋商」們從北宋時期賓館式的「封閉貿易」演變到南宋時期自建「唐房」的「住番貿易」，標誌著日本對外貿易政策的轉變，逐漸地從「鎖國」中脫離出來，也說明「在日宋商」們對當地經濟融入和影響，更顯示了南北宋「在日宋商」經營實態的不同。

北宋初期，由於當時兩國沒有正式外交關係，日本官方入宋「派遣僧」大大減少，「偷渡僧」開始增多，「偷渡僧」中有些不乏日本當時著名的高僧，這種現象到南宋時期就慢慢消失。

「在日宋商」們除了經濟功能之外還具有政治功能。北宋初期和末期都出現宋商連續傳遞國書的現象，但是，到了南宋，這種通過宋商傳遞國書的現象也慢慢消失，這也和南宋時期，日本經過平清盛暫短「開國」，政策有所變化相吻合。

宋日貿易最鼎盛時期在宋朝末期。據說公元 1250 年前後，倭船來宋朝的數量一年間不下 40～50 艘〔註25〕。但是，就在日本享受安定的對外關係之際，在遙遠的蒙古高原出現了新動向。蒙古帝國逐步征服了華北、俄羅斯、中亞、伊朗和高麗等國，最後征服了世界上最富庶的國家南宋，從此，日本的貿易對象變成了軍事敵對國元朝。1975 年 5 月發現的從韓國新安沖打撈上來的中國沉船（見附圖）能充分展現出這個時代的貿易情況。這艘巨大的宋代帆船，裝載有 800 萬枚銅錢、陶瓷器、香料和記錄貨物人員的木簡〔註26〕，沉船中可以看到中國式、日本式以及朝鮮式的生活用品，似乎表明有各種各樣的人乘坐過此船。這艘船是以綱司貿易承包的形式，來往於到京都東福寺——博多天承寺釣寂庵的線路上，從記錄貨物人員的木簡上可以看出，船上既有向筥崎宮獻香火錢的船客，也有其它比較有權勢的人，還有各種各樣的出資人乘客。船的目的地大概是博多，船上有刻著

〔註24〕神木哲男：《歷史海道的中轉站》神戶新聞綜合出版中心 1992 年。

〔註25〕榎本涉：《初期日元貿易と人的交流》《宋代の長江流域——社會經濟史の視點から》，汲古書院，2006 年。

〔註26〕大庭康時、佐伯弘治：《中世都市博多を掘る》，海鳥社，2008 年。

至治 3 年的銘木簡、「慶元路」的銘文青銅錘。據考證此船是於 1323 年發往明州，在返回日本的途中沉沒。

14 世紀以降，和幕府關係密切的權貴和寺院，頻繁地派遣貿易船到元朝，如「建長寺船」、「鎌倉大佛船」等，都是些以經營爲目的的寺院船，總稱爲「寺社造營料唐船」，元朝海商活動在史料上也變得不太明瞭。

「在日宋商」爲宋日貿易做出了不可磨滅的貢獻，開闢了一條海上貿易之路，一條東方海上「絲綢之路」；爲兩國的政治接觸和交往發揮了巨大作用。「在日宋商」們爲中華文明和中華思想的傳播做出了卓越貢獻，他們是中華文明移動載體，是中華文明圈的建設者和實踐者。

第一節　研究回顧

一、中國學者的研究狀況

目前國內研究中日貿易關係的學者有很多，著作也頗豐。早期有余又蓀先生《宋元中日關係史》（臺灣商務出版社，1964）的著作。上世紀八十年代，主要有陳高華、吳泰先生合著的《宋元時期的海外貿易》（天津人民出版社，1981）和沈光耀先生的《中國古代對外貿易史》（廣東人民出版社、1985）等論著。前者全面詳實地介紹了宋元時期海外貿易的活動狀況，內容涉及廣泛，對宋元時期我國對外貿易管理機構市舶司的設立和法令都有精闢論述；還對宋元時期沿海港口進行逐一調查研究，再現了宋元時期對外貿易的繁榮景象，並對這種海外貿易的繁榮景象進行深度分析和論證，闡明了海外貿易對宋元社會的影響以及對中華文化傳播的深遠意義，該書已經成爲 20 世紀該項專題研究最全面的著作。此外，九十年代以降，有李金明、廖大柯先生合著的《中國古代海外貿易史》（廣西人民出版社，1995），其內容覆蓋了中國各個歷史時期對海外貿易研究的情況，對宋日貿易的發展史也有精彩論述。以上研究的重點大多傾向於國家貿易機構、政策，是一種編年體的編寫方式，對「在日宋商」在宋日貿易中的貢獻一筆帶過，並沒有更多關注宋日貿易中「在日宋商」這一群體。

進入二十一世紀，有一大批研究中日關係的學者出現。有萇覽的《七世紀～十四世紀中日文化的考古學研究》，黃純艷的《宋代海外貿易》（社會科

學文獻出版社，2003 年），王勇、郭萬平的《南宋臨安對外交流》，童家洲的《宋元時期泉州與亞洲國家的友好往來和經濟文化交流》、陳傑的《宋元時期東北亞海上交流的考古學觀察》和黃曉宏的《淺談宋元時期海上絲綢之路陶瓷貿易》等論著。這些論著、論文對宋朝的對外貿易實態以及貿易港口等方面有著深刻的研究。其中黃純燕對宋代海外貿易的研究，有新的獨到見解，不失爲這一時期針對宋代貿易研究中的比較有價值的學術著作，遺憾的是，該著作也並沒有把目光關注到「在日宋商」這一群體上。另外，黃純燕還撰有《論中國古代進出口品專賣的始行時間》（雲南教育學院學報）1997，3）一文，文章涉及宋代海外貿易中的專賣制度，他的《論宋代貿易港的佈局與管理》（《中州學刊》2000，6）一文，則重點論述宋代貿易港的區域性佈局以及政府對外貿易港的管理情況。

　　這個時期，對宋日貿易以及宋日文化方面的研究進入密集時期。從歷史、考古、文化和宗教的諸多不同角度來研究宋日關係，不過遺憾的是，上述的論著依然沒有把重點投入到「在日宋商」這一群體，對「在日宋商」研究的論著依然不多。

　　在探討市舶司制度方面，除了高華、吳泰先生的《宋元時期的海外貿易》和李金明、廖大珂先生合著的《中國古代海外貿易史》之外，連心豪在其《略論市舶制度在宋代海外貿易中的地位和作用》（《海交史研究》1988）中也有自己的獨特論述，他認爲市舶司制度雖對民間貿易起過一定積極作用，但是同時具有強烈的掠奪性和危害性。

　　港、臺學者的著作相對來說略少，其中有王儀的《趙宋與王氏高麗及日本的關係》（臺北中華書局，1980），該書有兩節是專門研究兩宋的對日貿易，對宋商在日本的活動有所涉及。另外還有蔡辰理的《中國的航海事業（四）——宋》（《明道文藝》1977，817 期）等重要論文，該文對進出口物品、海商、海外貿易與當時社會經濟的互動關係等做了有益的探討。

　　在史料整理編輯方面，對宋日貿易史料整理和編輯也取得很大進展。汪向榮、夏應元編纂的《中日關係史資料彙編》、汪向榮編著的《中日關係史文獻考論》和蔡毅編譯的《中國傳統文化在日本》等著作的出現，極大地豐富和完善了宋日貿易方面的研究，使得宋日貿易方面的史料變得更加準確、更加可信，爲今後研究宋日貿易的學者提供了有效的良好工具。另外，一些海外學者也十分關注宋日貿易的研究，並取得豐碩成果。

二、日本學者的研究狀況

關於宋日貿易這方面的研究，日本方面早期有秋山謙藏、森克己、木宮泰彥、藤田六郎和川添昭二等著名學者。上世紀三十年代，秋山謙藏著有《日支交涉史研究》（岩波書店1939）一書，該書以豐富的史料對中日兩國各個歷史時期的交流情況加以研究和考證，不僅有政治外交方面，還有經濟貿易方面的交流，研究了宋日貿易對日本各個階層的影響。在宋日貿易的部分，詳細考證了平安時代後期和鎌倉時代社會背景以及宋朝「銅錢」流通的情況。但是對「在日宋商」方面缺乏詳細史料，沒有對其進行專門研究。《日支交涉史研究》是研究中日外交關係史不可或缺的專著，至今依然有其重要的學術價值和地位。

森克己著有《日宋貿易的研究》（國立書院（1975國書刊行會新訂版）1948）、《增補日宋文化交流的諸問題》（刀江書院（1975國書刊行會增訂版）1950）等論著，森克己對宋日貿易的研究，全面、準確而有價值，在當時的日本無出其右，是那個時代的領軍人物，他把有關宋日貿易的研究提高到一個空前高度，即使現在，在很多問題上依然是權威。關於「在日宋商」的研究方面，他在書中只列出一些「在日宋商」活動表，很顯然「在日宋商」並不是其研究重點。由於受時代限制，該書出版較早，加上陸續有很多關宋日貿易文物出土，森克己對「在日宋商」的研究顯得並不完整。同時，在運用中國史料和最新成果方面也有明顯不足。

木宮泰彥的《日華文化交流史》、藤田六郎的《東西交流史研究》基本上和秋山謙藏一樣，是一種編年的寫作方法，對宋朝的「在日宋商」沒有作專門研究。川添昭二在《回顧中世東亞的國際都市博多》一書中，對宋日貿易的港口博多有著詳細地解讀。

森克己的學說統治了日本近半個世紀。到了八十年，出現了以考古角度來探討宋日關係的論著。這個時期有龜井明德的《日本貿易瓷器史的研究》和《九州的中國陶瓷》（西日本文化協會1986）；大庭康時的《作為集散地遺蹟的博多》（《日本史研究》1999）和《博多綱首時代——從考古資料看住番貿易和博多》（《歷史學研究》756 2001）以及柳原敏昭的《中世前期南九州的港口和宋人的居住地》（《日本史研究》448 1999）等眾多論著。這些論著通過博多出土的瓷器，以考古、實證的角度來研究和考證宋日貿易，其出土文物涉及面廣，真實可信，極大地拓寬了人們的視野。

　　進入二十一世紀，出現了以《境界》和《境界人》爲課題的新視角研究傾向，其代表人物爲村井章介，他著有《跨越境界的人們》（山川出版社，2006）、《東亞的日本文化》（放送大學教材財團法人放送大學教育振興會 2005，3）等著作。他在論著中逐一地對一些到達日本和契丹的個別宋商進行身世考證和研究，進一步探討日本和周邊其它國家的貿易交流情況。遺憾的是，所考證的宋商人數並不多，使人們還無法完整地瞭解「在日宋商」這一群體的全貌。村井章介曾於 2001～2004 年組織日本學者對「八～十七世紀的東亞地區海域『人與物』的交流」展開全面研究，有不少中國和韓國學者也參與其中，最後耗時三年，終於完成了這項浩大的跨國界研究項目，並出版了研究成果《8～17 世紀東亞地域人、物、情報交流——以海域和海港城市的形成，民族、地域間相互認識爲中心》論文集。這項研究成果詳細地梳理了中世紀東亞海域交流的脈絡，填補了「跨時空、地域和交叉研究方式」的一項空白。

　　近年來，還湧現出了山內晉次、榎本涉和服部英雄等一大批研究宋日貿易的學者。他們視野寬廣，從多角度、全方位來研究宋日貿易。其中山內晉次著有《日宋貿易的展開》（吉川弘文館 2002）、《奈良平安期的日本和亞洲》（吉川弘文館 2003）和《關於 9～13 世紀的日中貿易的史料》（《大阪市立大學東洋史論叢》別冊特集號 2006）等論著。這些論著對宋日貿易中日本的對外貿易政策、港口和「唐貨」有著深刻地研究。榎本涉著有《宋代的「日本商人」再研究》（《史學雜誌》110～2 2001）、《明州市舶司和東支那海交易圈》（《日本歷史》640 2001）、《日本史研究中的南宋‧元代》（《史滴》24 2002）、《從事宋代市舶司貿易的人們》（青木書店 2006）和《東亞海域與日中研究——九～十四世紀——》（吉川弘文館 2007）等論著，他對宋朝市舶司以及對外貿易政策有著專門研究，其中《東亞海域與日中研究——九～十四世紀——》是一部有關中日貿易方面的專著，研究面跨越幾個世紀、涵蓋宋元明多個朝代，涉獵面極廣，見解獨特；在《宋代的「日本商人」再研究》一文中涉及到了「在日宋商」，經過他的認眞考證，認爲史書中所記載的「日本商人」，其實就是宋商，因爲當時「在日宋商」常常以日本商人甚至高麗商人的面目出現。服部英雄著有《日宋貿易的實態——和「諸國」來的客人們、チャイナタウン（Chinatown）「唐房」——》（《九州大學 21 世紀 COE 計劃：東亞和日本——交流和變化》2005）一文，對「唐房」以及「在日宋商」捲入當地宗教衝突等問題有深刻地研究和考證。

這些日本學者通過考古、跨領域來研究宋日貿易，使人們對宋日貿易有了新認識，不過他們並沒有把研究重點放在「在日宋商」這一群體上，並沒有專門以「在日宋商」為主要對象的研究論著出現。

第二節　研究目的與研究方法

宋朝是建立在五代十國四分五裂的基礎之上，面臨著強敵入侵，其周邊環境遠不如漢、唐。然而宋朝的成就並不遜於漢、唐兩朝，它不僅是漢、唐社會的繼續發展，甚至在程度上還要高於漢、唐。對整個人類文明發展產生重大而深遠影響的我國古代四大發明，其中三項「活字印刷、火藥、指南針」就是在兩宋時期完成或開始應用的，可以說，宋朝是中國古代歷史上經濟與文化教育最繁榮的時代。著名史學家陳寅恪曾經這樣評價：「華夏民族之文化，歷數千載之演進，造極於趙宋之世」。

西夏阻隔了西北的「絲綢之路」，使得宋朝對外貿易南移，從此東南沿海港口便成為新的貿易中心，成為海上「絲綢之路」的起點。宋朝承前啟後，對後世以及周邊國家影響都極其深遠，因此搞好宋朝海外貿易的研究，具有歷史和現實意義。

筆者在研究回顧中提到，我國和日本都非常重視對宋日貿易的研究，他們通過不同的角度來研究宋日貿易，並取得豐碩成果。學者們大都側重通過「物」「人」和「信息流動」來研究宋日貿易，還沒有專門以「在日宋商」這個特殊的民間群體為主線研究宋日貿易。筆者以「在日宋商」為中心，逐一跟蹤和調查兩宋時期三百多年間，宋商在日本留下的足跡，通過對大量日本歷史文獻中的「在日宋商」史料進行考證，並結合中國方面有關史料，來真實地還原 1000 年前「在日宋商」這一群體整體影像。

本文在學者們研究的基礎上，運用比較研究和實證考察方法，通過實地考察和梳理有關史料力圖把握歷史原貌。比較研究是史學研究的重要方法之一，它可以是實證性研究，也可以是帶體系性研究。它要求研究者充分地掌握比較研究的對象資料，既要熟悉兩方面情況，又要對兩者都有一定研究基礎，同時還要把握好可比性。本文試圖運用該方法，比較宋日兩國的對外貿易管理機構，揭示宋朝市舶司中「禁権」、「抽解」、「和買」等制度以及日本海外貿易檢查中「存問」、「陣定」、「迴卻」和「和市」等制度的異同。通過

對北宋「在日宋商」貿易方式和南宋「在日宋商」貿易方式的比較研究，以便更加準確地把握「在日宋商」的「封閉貿易」和「住番貿易」等貿易特點和本質。通過對「在日宋商」打官司、索賠「砂金」等案例的研究，發現北宋時期「砂金」已變成宋日貿易中的通用貨幣，後來，「銅錢」取代「砂金」成爲當時宋日貿易的國際貨幣，日本已經完全被納入宋朝的金融體系。

　　筆者通過分析、歸納、整理出北宋「在日宋商」和南宋「在日宋商」活動一覽表。另外，在北宋初期的 1073～1082 年間，宋朝曾連續四次密集地向日本派遣國使、傳遞國書，面對這密集的「國牒事件」〔註 27〕，日本政府頻頻召開公卿合議會議研究「陣定」應對，宋商們也頻繁穿梭來往，一時間，時間、人物和事件交織在一起，撲朔迷離。筆者爲了將這些歷史事件、人物梳理清晰，歸納出一份「孫忠國牒事件日本公卿合議「陣定」活動記錄一覽表」。這是本文的一個重要一環，也將是一大收穫。

　　南宋時期，「在日宋商」們在經商之餘，還時常作爲宋日兩國政府的外交使者爲兩國互相傳遞國書和政治信號。本文對此作了深刻地分析，並全面細緻考證了北宋初期和末期宋商傳遞國書現象。不過，到了南宋，這種通過宋商傳遞國書的現象就慢慢消失，這也和南宋時期，日本經過平清盛〔註 28〕暫短「開國」，政策有所變化相吻合。

　　筆者通過對日本入唐僧元珍的「大宰府公檢」以及其在唐境內「福州、溫州和台州官牒」進行詳細地考證和研究，並與宋代商人陳文祐、李充「公憑」以及日本入宋僧嘉因「太政官符」等通關文書進行對比研究，揭示宋日兩國在當時沒有正式外交關係的情況下如何發放通行證「公憑」或「公檢」？並解析北宋初期日本官方「派遣僧」和「偷渡僧」產生的原因，而這種現象到了南宋時期也慢慢消失。

　　高麗國在遞交給日本的國書以及宋朝市舶司公憑上曾出現過「雙年號、日月同」的現象。在宋商個人之間來往的文書中也出現過不標注年號的現象。而日本對來自宋朝國書和宋商文書不注明年號的現象往往表示不滿和關注。此外，在高麗國書和宋朝市舶司「公憑」中曾出現同時標注兩個國家年號的

〔註 27〕宋國狀牒問題：指延久 5 年（1073）──永保 2 年（1082）年間一系列的政治外交事件。

〔註 28〕平盛清：平安末期的武將，平忠盛的長子。保元、平治之亂後取代源氏後任太政大臣。

現象，這是本著雙方對等的原則，還是日本單方面主動要求的結果，這將是今後繼續研究的一個課題。

另外，在寫作的過程中，通過實地考證和研究史料，發現有的日本學者觀點和提法比較牽強，筆者在文中也加以說明。還有些學者在論述和論證的時候點到爲止，沒有對史料加以充分利用和全面展開，筆者對此也加以擴充和說明。還經常發現日本史料裏有些宋商的名字等個人信息不太準確，這可能由於誤記或者日本學者有所疏忽造成的，本文也將對這些史料加以甄別糾正。筆者在論文寫作中所使用的絕大部分是第一手史料，有些是日本學者從來沒有引用過的〔註29〕，本文也將加以引用和消化。

筆者還將對中日史料中所發現的幾處疑點進行解析。在疑點一「宋日貿易中宋商易名探析」的問題上，通過考證、研究史料發現，宋商們在當時日本嚴格的入國檢查體制下，時常採取易名的方法以達到迴避「年紀制」制約的目的，這也是筆者在調查考證中日兩國史料中一個新發現。在疑點二中，通過對「日本史書中李充『公憑』中出現漏記」的實證考察，實地取證和對比，發現日本史料《朝野群載》所收錄的宋商李充「提舉兩浙市舶司的公憑」與實際眞實的「李充公憑」（見附圖）有很大的誤差，對此也予以了糾正和說明。在對疑點三「誠尋究竟是坐誰的船渡宋的？」的問題考證時，發現宋商綱首並不是每次都要親自隨船出海，有時會委託別人代勞。

第三節　本文的創新之處

作爲一位晚生後學，不敢說在這一領域的學習研究有什麼創新，只能是在眾多前輩學者們的研究基礎上有一些心得。如果說是有一些心得和創新之處，那也是受前輩們啓發而得來的，主要有一下幾個方面：

1. 通過對中日史料的整理、對比和辨析發現宋商在從事宋日貿易時經常更改自己的名字，甚至宋朝派出的宋商國使也曾更改過自己的名字〔註30〕，針對這一現象，筆者大膽地對這一現象提出假設，即「在日宋商」們之所以

〔註29〕 有關日本入唐僧元珍，來台州、溫州等地的「公檢」，其中有幾份是第一次發現，參見本文第五章。

〔註30〕 《水右記》，《太宰府天滿宮史料》卷5，第235頁：國使「黃政」這個名字只是他以前的名字，作爲國使時他使用的名字則是「王瑞垂」，「王瑞垂」這個名字是他半年前才改的。

頻繁地更改自己的名字（當然也存在史料的誤記），是爲了躲避日本專門針對宋商的「年紀制」禁令，以便能多去幾次日本進行貿易的行爲。通過對大量史料研究和論證，以證明我這一觀點的可信性，這是我論文的一大收穫和成果。

2. 研究發現，關於在宋日兩國文書中年號的問題，基本上可分爲以下 5 種情況：1，奉金、元正朔，年號同；2，年號殊、日月同；3，雙年號、日月同；4，無年號、日月同；5，對方年號、日月同。宋日兩國文書在標寫年號時，屬於第 2 種情況（「年號殊、日月同」）和第 5 種情況（「採用對方國號、日月同」）的較爲常見。而高麗國在遞交給日本的國書以及宋朝市舶司公憑上則出現過「雙年號、日月同」的現象。在宋商個人之間來往的文書中也出現過不標注年號的現象。而日本對來自宋朝國書和宋商文書不注明年號的現象往往表示不滿和關注。此外，在高麗國書和宋朝市舶司「公憑」中曾出現同時標注兩個國家年號的現象，這是本著雙方對等的原則，還是日本單方面主動要求的結果，這將是今後繼續研究的一個課題。

3. 在日本不同史料裏，同一位「在日宋商」有著不同名字的標記，筆者針對日本史料中這種現象進行考證，對所出現的誤記加以修正。如「孫忠」和「孫吉」，「周文德」和「周文裔」等同一宋商在不同史書裏不同的標記。

4. 日本史料《朝野群載》中記載有一張宋商泉州人李充的「公憑」，這張「公憑」是由「提舉兩浙路市舶司」所頒發，原件現藏於寧波博物館。通過對兩國史料對比研究，筆者發現日本史料《朝野群載》記載的這張李充「公憑」以及我國學者所引用的李充「公憑」和原件有很大的出入，「公憑」上記載的很多船員的名字都不確切，同一個人就有不同的名字，也有多出來的船員名字，還有漏載的，甚至出現根本不存在的船員名字。造成這樣現象的原因很可能是日本人在當時轉載時出現的筆誤，也有可能是宋商故意而爲之。對此通過考證和實物照片比較後，也一一作出說明和訂正。

5. 在日本眾多史書、史料裏，同一事件發生的時間常常標記不一致。筆者經過仔細地研究、梳理，整理出「在日宋商」孫忠完整、準確的「在日活動一覽表」，這對於釐清宋商傳遞國書起到了很大作用，這也是本書裏一大收穫和成果。

6. 在對宋日國書以及地方政府通關文書整理方面也有所收穫。本文對日本入唐僧元珍所攜帶的「大宰府公檢」以及他在唐朝境內所使用的由唐朝地

方政府開具的「福州、溫州和台州官牒」等通關文書進行橫向研究和對比；還對宋朝商人陳文祐的「奉國軍市舶司公憑」、以及李充的「提舉兩浙路市舶司公憑」和日本政府簽發給入宋僧嘉因的「太政官符」等相關通關文書進行橫向對比，揭示宋日兩國在當時沒有正式外交關係的情況下是如何發放通行證「公憑」，以及兩國商人和僧人是如何通關。還通過對唐宋時期兩國官方通關文書的縱向對比，揭示唐宋對外貿易政策的異同，也彌補了唐宋時期中日官方「公憑」文書方面研究不足的缺憾。

7. 筆者在分析和研究北宋時期日本出現僧人偷渡到宋朝的現象時，提出了一個日本官方「派遣僧」和「偷渡僧」這一概念，通過對比揭示北宋初期日本「派遣僧」和「偷渡僧」產生原因和後果。

8. 通過對漢語史料和日本史料考證和研究，給其中 16 位重要的「在日宋商」寫了傳記，記錄了他們在日本的經歷以及和日本僧人交往情況。

9. 在早期日本史料中有大量所謂「日式漢文」，筆者通過對這些「漢文」的認眞解讀，去僞存眞，還原「在日宋商」的歷史眞相。

10. 在研究有關日本對外貿易管理機構時，對日本學者所漏掉的史料加以補充，以大量史料爲例，用實證的方法揭示日方是如何對「在日宋商」進行「存問」、「陣定」、「迴卻」和「和市」等檢查。並把日本對外貿易管理機構和宋朝市舶司機構進行對比研究和探討。

11. 對奉國軍市舶司機構作進一步探討，研究其發展歷程和變遷以及在宋日貿易中的作用。

12. 關於宋日貿易初期宋朝商人是否在日本指定的「鴻臚館」開展貿易，日本學者持兩種意見，但均未進行準確論證。本文以較充分的史料進行實證後認爲，這一時期宋商並不是住在「鴻臚館」從事貿易活動，而大多是住在普通的賓館裏。

注：本人在引用日本原始史料時，爲了保持其原貌，從史料中文字的字體到標點都是照實引用。

第一章　宋朝的對外貿易管理制度

　　本人解讀史料時感到赴日本從事貿易活動的宋代商人可以作為一個專題進行探討。但這個問題離不開對宋日貿易這個大背景的瞭解，況且，有關背景，特別是日本方面的相關內容也有值得探討之處。所以，本文重點圍繞在日宋商進行論證的同時，也對宋日貿易的大背景進行了歸納和考察。

　　本章擬就宋朝的有關對外貿易政策、市舶司以及市舶法規加以研究。有關這方面前期研究國內外學者有很多。陳高華、吳泰在《宋元時期的海外貿易》（天津人民出版社，1981 年）一書中就對宋朝市舶司機構、市舶官制和市舶條法制定的情況及其內容都做過詳細研究。李金明、廖大珂在其合著的《中國古代海外貿易史》（廣西人民出版社，1995 年）一書裏也對宋朝市舶官制的演變和《市舶法》等方面進行過專門研究，並取得了重要成果。另外日本學者桑原隲蔵在《宋末提舉市舶西域人蒲壽庚事蹟》（中華書局，1929 年，陳裕菁譯文，名為《蒲壽庚考》）一書中、榎本涉在《從事宋代市舶司貿易的人們》（青木書店，2006 年）一文中都專門對宋朝市舶司進行過深入研究。

　　中國自古是自給自足的農業經濟，所以中國歷代王朝對海外貿易態度，往往根據不同的政治和利益的需要而變化，有的積極提倡，有的閉關自守。

　　十世紀前半葉，中國唐朝滅亡，五代十國分裂，契丹強大和渤海國滅亡，北越南獨立；在朝鮮半島，高麗取代泰封後統一朝鮮，結束了新羅、後百濟、泰封三國鼎立後的局面；在日本，雖然沒有實現王朝的交替，但是日本東西

部爆發了平將門〔註1〕、藤原純友〔註2〕大規模的叛亂，並且迎來了律令制統治管理的大轉變。

十世紀後半葉以後，宋朝 970 年平定了十國，東海沿岸恢復了安定。宋朝政府對海外貿易的態度一直是積極的，並開始陸續建立市舶機構來管理海外貿易，還派遣使節專程到海外從事貿易活動，積極鼓勵外商來中國做貿易，而且南宋比北宋更加重視海外貿易的發展〔註3〕。

第一節　開放的對外貿易政策

宋太祖建國時，為避免唐「安史之亂」以來藩鎮割據和宦官亂政的悲劇，遂採取重內輕外和重文抑武的國家政策。因此，宋朝內部安定而少有內亂，有利於經濟發展與文化繁榮，但另一方面也因此導致武力積弱不敵北方外敵，割地賠款以致財力不足。党項族首領李元昊憑藉相當富庶的寧夏平原建立了「東盡黃河，西界玉門，南接蕭關，北抵大漠」，方二萬餘里」的西北大國——西夏。西夏隔斷了西北的「絲綢之路」，迫使宋朝經濟中心向南移。

宋朝造船技術水平居當時世界之冠。海船規模大，遠洋能力強，海船結構先進，抗風浪性能好，整個船體「皆以全木枋挽疊而成，上平如衡，下則如刃」〔註4〕。宋神宗元豐元年（1078 年），明州造出兩艘萬料（約 600 噸）神舟；哲宗時，溫州、明州每年官造海船以 600 艘為額。1974 年福建泉州出土一艘宋代古船（見附圖），有 13 個隔水倉，採取了隔水倉技術，即使一兩個隔水倉漏水，船也不會沈。另外，宋海船使用了先進導航技術，當時海外「陰晦觀指南針」〔註5〕這些也都為發展海外貿易奠定了基礎。

宋朝海外貿易拓展使得海外貿易很快成為國民經濟中一個重要部門，並

〔註1〕平將門：平安中期武將，高望王的孫子。935 年由於父親的死後領地問題，殺害伯父國香後，反叛，自稱新皇，佔領關東一帶。

〔註2〕藤原純友：平安時代中期的官員，是平定瀨戶內海海盜的功臣。後發動暴亂（939 年），史稱「承平、天慶之亂」。

〔註3〕陳高華、吳泰：《宋元時期的海外貿易》，天津人民出版社，1981 年，第 173 頁。

〔註4〕徐競：《高麗圖經》卷 34，《客舟》。

〔註5〕朱彧：《萍州可談》卷 2。

在財政上顯示出重要性，這引起了宋朝統治者高度重視，視海外貿易為增加財政收入有效途徑〔註6〕。

宋太宗雍熙四年（987）五月，宋政府就曾「遣內侍八人齎敕書、金帛，分四綱，各往海南諸番國，勾招進奉，博美香藥、犀、牙、眞珠、龍腦。每綱齎空名詔書三道，於所至處賜之」〔註7〕。自此以後，海外貿易有了較大發展。宋太宗以後北宋歷代皇帝，繼續執行積極發展海外貿易的方針，先後採取了一些有力措施，如：增闢設置市舶司港口，制定管理海外貿易有關條例，開闢海船航行海道等。有時某個港口出現「蕃船罕至」情況，立即就會引起宋朝政府嚴重注意，迅速採取相應對策〔註8〕。

陳高華、吳泰先生認為：「北宋政府之所以重視海外貿易，一方面為了滿足從海外地區得到香藥和其它各種寶物，滿足自己奢侈淫佚的需要」〔註9〕。另一方面也是最重要，增加國家的財政收入，「使商賈懋遷」，「以助國用」〔註10〕。宋神宗說過：「東南利國之大，舶商亦居其一焉。若錢、劉竊據浙、廣，內足自福，外足抗中國者，亦由籠海商得法也。「所以他要求臣下」創法講求「，以其」歲獲厚利，兼使外藩輻輳中國，亦壯觀一事也」〔註11〕。

到了南宋時期，金滅北宋，南宋建立，支撐著半壁江山，財政拮据。官僚機構依然臃腫，軍隊數量龐大。為擴大財源，所以對海外貿易更加重視。宋高宗說：「市舶之利最厚，若措置得宜，所得動以百萬計，豈不勝取之之民？朕所以留意於此，庶幾可以少寬民力爾」〔註12〕。

其實所謂「少寬民力」「留意」海外貿易主要是增加財政收入。他還說：

〔註6〕 李金明、廖大珂合著：《中國古代海外貿易史》，廣西人民出版社，1995年，第63頁。

〔註7〕 徐松輯：《宋會要輯稿》職官四四之一，中華書局，1957年。參見陳高華、吳泰：《宋元時期的海外貿易》，第174頁。

〔註8〕 徐松輯：《宋會要輯稿》職官四四之四、之五。參見陳高華、吳泰：《宋元時期的海外貿易》第174頁。

〔註9〕 陳高華、吳泰：《宋元時期的海外貿易，第173頁。

〔註10〕 徐松輯：《宋會要輯稿》職官四四之二七。參見陳高華、吳泰：《宋元時期的海外貿易》，第174頁。

〔註11〕 《續資治通鑑長編拾補》卷5。參見陳高華、吳泰：《宋元時期的海外貿易》，第174頁。

〔註12〕 徐松輯：《宋會要輯稿》職官四四之二三。參見陳高華、吳泰：《宋元時期的海外貿易》，第175頁。

「市舶之利，頗助國用，宜循舊法，以招徠遠人，阜通貨賄」〔註13〕。

　　宋高宗以後歷代南宋皇帝也都採取同樣態度。在南宋時期，還增加了一些對外貿易港口。凡是能夠「招徠舶貨」的綱首和積極販賣舶貨的外國商人，都「補官有差」〔註14〕，「虧損蕃商物價」，因而影響海外貿易開展的市舶官員，則會受到處罰。例如，南宋紹興十六年（1146），三佛齊國王來信提出：「近年商販乳香，頗有虧損」，南宋政府因此還降低了有關官員的官職〔註15〕。

第二節　管理對外貿易的市舶機構

　　爲了管理海外貿易，宋朝設置了專門機構，還制定許多法令。目的是爲了從海外貿易中獲得越來越多的收入。宋朝海外管理機構叫做市舶司或者提舉市舶司，有的下面還分設市舶務、場，分別設置在有海外貿易往來的沿海港口。

　　北宋沿襲唐朝制度在廣州設立市舶機構，宋太宗又在杭州設立杭州市舶司，作爲管理兩浙路各港口對外貿易機構。淳化年間，一度把杭州的市舶司設到明州定海縣，「命監察御史張肅主之。明年，肅上言非便，復於杭州置司」，市舶司又從明州定海縣遷回杭州。到宋眞宗咸平二年，宋政府「又命杭、明州各置司」〔註16〕，保留早已在杭州的市舶司，又在明州設立新市舶司。所以廣州、杭州、明州三個市舶司在北宋被並列成爲「三司」。「三司」並存一直保留到宋神宗時期。北宋末年曾一度廢除過杭州和明州市舶司，但以後又被恢復，宋徽宗崇寧元年「詔杭州、明州市舶司依舊復置」，政和二年五月二十四日，宋徽宗又「詔兩浙、福建路依舊復置市舶」〔註17〕。直到北宋滅亡就再也沒有廢除過一個市舶司，一直維持著廣州、泉州、明州、杭州、密州膠西縣等五個市舶司。

〔註13〕徐松輯：《宋會要輯稿》職官四四之二三。參見陳高華、吳泰：《宋元時期的海外貿易》，第175頁。
〔註14〕徐松輯：《宋會要輯稿》職官四四之一九。參見陳高華、吳泰：《宋元時期的海外貿易》，第175頁。
〔註15〕徐松輯：《宋會要輯稿》職官四四之二四。參見陳高華、吳泰：《宋元時期的海外貿易》，第175頁。
〔註16〕徐松輯：《宋會要輯稿》職官四四之一三。參見陳高華、吳泰：《宋元時期的海外貿易》，第63頁。
〔註17〕徐松輯：《宋會要輯稿》職官四四之八、之九。參見陳高華、吳泰：《宋元時期的海外貿易》，第63頁。

陳高華先生認為：「縱觀北宋市舶機構設置的情況，可以看出，各個港口的市舶機構是「興」而不是「廢」，總是隨著海外貿易的發展而不斷增加新的市舶機構」〔註18〕。

到了南宋前期，政府把杭州兩浙路「市舶司」遷到了秀洲華亭，讓杭州、明州、秀洲華亭等原有的市舶機構以市舶務名義存在。同時又在溫州和江陰郡新增加了兩個市舶務，（其中廣州和泉州市舶司名字不變）。宋孝宗乾道二年六月南宋政府因臨安（杭州）、明州、秀洲、溫州和江陰軍五處都有市舶務，認為在華亭置兩浙市舶司「委是冗蠹」，罷黜了兩浙路提舉市舶司〔註19〕。

到了中期，南宋政府又罷廢杭州、江陰軍、溫州、秀洲四處市舶務，這樣兩浙路港口只有明州繼續有市舶機構存在。後期，南宋政府又在瞰浦（今浙江海鹽縣）設置了市舶務。

九世紀以來，浙東一直佔據著重要位置，其中明州主要負責管理高麗和日本方面商人。這個時期東北亞貿易，是由來往於日本和高麗的宋商來實現，他們接受正式市舶管理〔註20〕。日本方面負責管理貿易的機構是「大宰府」，高麗方面則是在首都開城府外港禮成江。各國政權不僅能享受由徵稅以及官買形式帶來的利益，而且，海商們也實現了在公權力保護下進行安定交易的願望，同時也為國家間外交和文化交流打下了基礎。

第三節　市舶法則

市舶司職責是：「掌蕃貨海舶征榷貿易之事，以來遠人，通遠貨」〔註21〕。所謂「來遠人」，就是招徠外國商客，「通遠物」就是積極進口海外諸國的各種貨物。市舶司日常工作，主要是發遣進出海港的商舶（本國的和外國的），對商舶貨物進行抽解和徵稅，防止商舶貨物走漏等〔註22〕。其職能包括對船舶檢查、緝私、辦理海舶出海和返航手續、抽收貨稅，收購和出售進口貨物、接待和管理外國來華商客等事物。

〔註18〕陳高華、吳泰：《宋元時期的海外貿易》天津人民出版社，1981年，第63頁。
〔註19〕徐松輯：《宋會要輯稿》職官四四之二八。參見陳高華、吳泰：《宋元時期的海外貿易》，第65頁。
〔註20〕大庭康時、佐伯弘治：《中世都市博多を掘る》、榎本涉：《日宋、日元貿易》海鳥社，2008年，第71頁。
〔註21〕《宋史》卷167《官職志》七。
〔註22〕陳高華、吳泰：《宋元時期的海外貿易，第67頁。

此外，宋朝政府還設置了專門管理市舶貨物機構。各市舶司抽解所得市舶物貨按粗、細二色，分別起運。北宋時運到首都汴梁，南宋時運到臨安。粗色一萬斤爲一綱，細色五千兩爲一綱。一綱爲一份之意，每綱都差專人負責押解，所以也叫綱運。

雖然宋王朝對海外貿易採取鼓勵提倡態度，但並不意味宋朝海外貿易是自由經營，它是在封建國家的嚴密控制之下進行，他們認爲必須置於國家嚴格控制和干預之下才能「籠賈人專利之權以歸之公上」〔註23〕。《市舶法》完書今已不復存在，但從宋代史籍所錄的條文和當事人的引述大概可知其主要內容。

一、向商船發放「公憑」

首先，是有關《市舶法》對舶船出海與回航手續的規定。承辦舶船出海與回航手續是市舶司的基本職能。

公元1004年，宋商李充攜帶著提舉兩浙路市舶司頒發的「公憑」來到日本，「公憑」上「敕條下項」條目裏有如下內容〔註24〕：

> 諸商賈於海道，典販，經州，投狀州爲驗實條送，願發舶，州置簿抄上，仍給公據，方聽行。迴日，公據，納任舶州市舶。即不請公據而擅行，或乘船自海道入界河，及往登萊州界者，徒二年，不請公據而未行者減貢等，往大遼國者徒參年，仍奏裁，並許人告捕，給船物半價充賞，內不請公據未行者，減壇行之半，其已行者，給賞外，船物仍沒官。其餘在船人雖非船物主，各杖捌拾已上，保人並減犯人參等。

商人出海貿易，須先向所在州政府提出申請，辦理召保檢驗手續，報市舶司批准，然後由市舶司發給出海貿易許可證「公憑」或「公據」，才能成行。

《市舶法》規定：「番商興販，並具入舶物貨名數，所詣去處，申所在州，仍召本土物力戶三人委保，州爲驗實，牒送願發州舶（市舶司），置簿發公據聽行」。不請「公據」而行者，船物沒官，人「徒二年，五百里編管，許人告捕，給舶物半價充賞。其餘在船人雖非船物主，並杖八十，即不請公據而未行者徒一年，鄰州編管，賞減擅行之半。保人並減犯人三等」〔註25〕。

〔註23〕李燾：《續資治通鑒長編》卷341，中華書局，1979年。
〔註24〕朱彧：《萍州可談》卷3。
〔註25〕徐松輯：《宋會要輯稿》職官44−8。

　　李充「公憑」上還提到，市舶司官員要派人上船「點檢」，防止夾帶兵器、銅錢、女口、逃亡軍人等，違者處罰。「私自貿易之類，前綱首、雜事、部領、梢工令親戚管押同，各徒貳年」。還規定有些是禁區，本國商人不能去經商，禁止走私，並對違背規定的進行處罰。並且海商如果私自到登州、萊州者判二年，私自到大遼國也要判刑半年，判罰非常嚴厲。

　　北宋前期，宋朝與北方遼朝對峙，而高麗則與遼朝接境。宋朝政府害怕商人到高麗去貿易，可能與遼朝發生關係，因而一度禁止商販去高麗。但實際上，許多宋商不顧這些禁令，私自前往高麗經商，有些地方政府也採取支持的態度。宋神宗時，通過宋商往來聯絡，高麗王氏與宋朝之間恢復了聯繫。元豐二年，宋朝政府正式頒佈法令，允許商人去高麗經商〔註26〕。

　　這裏提到的綱首，又稱都綱即船長。係全船之總管，對於水手、貨物買賣、指揮航行，擁有全權；雜事，又稱事頭，經手處理船上日常事務。這兩個職務在船上最重要，所以通常由巨商或船主自己擔任，並由「市舶司給朱記，許用笞治其徒，有死亡者籍其財」〔註27〕。這說明出海後，綱首等人具有代表官府行使管理和處置船上人員的司法權力。

　　儘管如此，還是有宋商不顧政府禁令，私自經由契丹再到日本。如日本史料《中右記》記載：「寬治〔註28〕六年六月二十七日己卯，有陣定，是大宰府解狀也，唐人隆琨爲商客，初通契丹國之路，銀寶貨等持來」〔註29〕。

二、「禁榷」、「抽解」、「和買」制度

　　另外，《市舶法》對「禁榷」、「抽解」、「和買」也作出了規定。所謂「禁榷」，就是規定某些舶貨由政府專買專賣，不許民間交易（和日本的「和市」一樣）。北宋太平興國二年，宋政府開始對舶貨實行「禁榷，規定凡海外進口商品全部由官府收買專賣，「非出官庫者，不得私相市易」〔註30〕。宋把進口商品分爲兩大類：一類爲「禁榷物」，全部由國家收購，專買專賣，有八種：

〔註26〕袁燮：《趙公墓誌銘》，參見陳高華、吳泰：《宋元時期的海外貿易》，第37頁。
〔註27〕朱彧：《萍州可談》卷3。
〔註28〕寬治（1087年4月7日至1095年12月15日）是日本的年號之一。使用這個年號的天皇是堀河天皇。
〔註29〕《中右記》，《太宰府天滿宮史料》卷5，第424頁。
〔註30〕徐松輯：《宋會要輯稿》職官44－1，中華書局，1957年。

「珠貝、玳瑁、牙犀、鑌鐵、珊瑚、瑪瑙、乳香、關錢」〔註31〕；另一類爲「放通行藥物」，允許民間買賣，主要是利潤不高，銷路不暢的舶貨。

「抽解」，就是宋政府對進口海外商品徵收的一種實物稅，它按販到貨物的一定比例抽收，故又稱「抽分」。《市舶法》制訂之後，將舶貨分爲粗細兩類，分別徵以不同稅率。「其抽解將細色值錢之物，依法十分抽解一分，其餘粗色並以十五分抽一分」〔註32〕。「高麗、日本船綱首、雜事，十九分抽一分，餘船客十五分抽一分起發上供」〔註33〕。並且實行「公平抽解，更無留滯，並不強買，即行給還，以故舶貨之價頓減而商舶往來流通」〔註34〕。

政府還按規定價格收買船舶運來的某些貨物並進行博買。「博買」又稱「和買」，即官方收購進口舶貨，但不是自由買賣，而是官方強制性規定對海舶所販貨物，按一定比例和價格由市舶司收購。經過抽分、抽解和博買後所剩貨物仍要按市舶司標準，發給「公憑」才許運銷他處，「願往他州或京東販易物貨者，仰經提舉市舶司陳狀，本司勘驗詣實，給與『公憑』，乃可出行」〔註35〕。所謂「博買」，其實已經演變成一種變相苛稅，「故客旅寧冒犯法禁透漏」也不願意到市舶司抽解和買」〔註36〕。

三、商船返航規定

《市舶法》對海商返航也做了規定。舶船返航，原則上入必報出，於「回日繳納（公據），仍各歸發舶處抽解」〔註37〕。但是也有例外，舶船若遇「風水不便」等情況，「許發非元發舶州往舶抽買」〔註38〕。事實上，海商們在航行過程中經常會遇到「風水不便」情況，1028年宋商陳文祐從日本回國時，「去年八月十三日離日本岸，解纜之後，欲早入唐之處，於途中遭逆風，數日漂流，同九月九日強罷著大宋國明州」〔註39〕。他的船遇到頂風后，在海上漂流多日才到明州。另外，《宋史》中還記載：「咸平五年，建州海賈周世昌遭

〔註31〕 徐松輯：《宋會要輯稿》職官44－1，中華書局，1957年。
〔註32〕 徐松輯：《宋會要輯稿》職官44－19，中華書局，1957年。
〔註33〕 《寶慶四明志》卷6郡志6敘賦下市舶。
〔註34〕 《寶慶四明志》卷6郡志6敘賦下市舶。
〔註35〕 徐松輯：《宋會要輯稿》職官44－8，中華書局，1957年。
〔註36〕 徐松輯：《宋會要輯稿》職官44－11，中華書局，1957年。
〔註37〕 徐松輯：《宋會要輯稿》職官44－29、33，中華書局，1957年。
〔註38〕 徐松輯：《宋會要輯稿》職官44－23，中華書局，1957年。
〔註39〕 《小右記》，《太宰府天滿宮史料》卷5，第51頁。

風飄至日本，凡七年得還，與其國人滕木吉至，上皆召見之」〔註40〕。這位建州商人在日本整整待了七年才回來，不過，令人想不到的是，他並沒有受到懲罰反而得到了皇帝接見。

《市舶法》對出海時間也有限制。規定「自給公憑日爲始，若在五月內回舶，與優饒抽稅。如滿一年內不在饒稅之限，滿一年以上，許從本司根究責罰執行」〔註41〕。歷史上也曾有過宋商由於在日滯留數載，超過所規定時間，宋朝庭派使臣專門到日本，請求日方協助尋找。據日本史料《水左記》記載，公元 1078 年，宋商孫忠載著日本通事僧〔註42〕去了日本，直到 1080年還沒返宋，另外，還有個宋商劉琨父子也是留日逾期不歸，被要求「請疾發遣，回歸本州，不請留滯」〔註43〕。

市舶收入也是宋王朝財政收入中項重要來源。北宋中期，市舶收入達四十二萬緡左右〔註44〕；南宋前期，宋王朝統治危機深重，市舶收入在財政中地位更加重要。南宋初年，歲入不過一千萬緡，市舶收入即達一百五十萬緡〔註45〕，這在一定程度上支撐著財政。

宋代的市舶司強化了地方官府的外交功能，對東亞世界貿易起著積極作用。那些地方官員除了對商品和關稅的追求、還直接促進了宋朝東亞海域國際貿易的發展，並形成了東亞貿易圈。

〔註40〕《宋史》卷 491 外國 7，列傳 259 日本。
〔註41〕徐松輯：《宋會要輯稿》職官 44—27、28，中華書局，1957 年。
〔註42〕通事僧：專門從事翻譯的僧人。
〔註43〕《水左記》，《太宰府天滿宮史料》卷 5，第 356 頁。
〔註44〕馬端臨：《文獻通考》卷 20，中華書局，1986 年。
〔註45〕馬端臨：《文獻通考》卷 20，中華書局，1986 年。

第二章　日本海關檢查和市場管理

　　公元 894 年 9 月 14 日，菅原道眞以唐朝衰微和航海危險爲由，上奏請求中止向中國派遣「遣唐使」，這樣持續兩個世紀的「遣唐使」被終止了。在宋代，日本政府對海上宋商貿易船隻的檢查，受到唐末以來所頒佈一系列延喜禁令的很大影響，而這些禁令顯示出日本對外政策的變化，準確地說，日本對外政策轉向了消極、保守方向。日本「國風文化」〔註 1〕開始抬頭，在此後近 300 年裏，只和當時的高麗等少數幾個國家保持外交關係，進入一種近似「鎖國」的狀態〔註 2〕。

　　本章擬就日本海關檢查和市場管理等問題進行研究和探討，以揭示宋日貿易時代背景以及「在日宋商」是如何進入日本接受對外貿易檢查。有關這一課題先行研究，前期有日本學者秋山謙藏，他著有《日支交涉史研究》（岩波書，1939 年）一書，還有森克己著有《日宋貿易的研究》（國立書院（1975 國書刊行會新訂版）一書，這些論著都對日本對外貿易管理制度方面作過精闢的闡述和研究。近期有榎本淳一的《從〈小右記〉看「渡海制」——律令國家的對外方針和其變化》（吉川弘文館 1991）、梅津一朗的《中世的變革和德政》（吉川弘文館，1994 年）、龜井明德的《日宋貿易關係的展開》（岩波書店 1995 年）、渡邊誠的《平安時代貿易管理的基本構造》（《日本研究》2003 年）和服部英雄的《日宋貿易的實態——和「諸國」來的客人們、チャイナタウン「唐房」——》《（九州大學 21 世紀 COE 計劃）東亞和日本——交流

〔註 1〕　指平安時代中期到後期的優雅的貴族文化。隨著「遣唐使」的被中止，唐文化的影響減弱，日本假名文學、女流文學、大和繪、淨土教藝術興起。

〔註 2〕　田井玲子、冢原晃等：《日中歷史海道 2000 年》，第 9 頁。

和變化》2005 年），他們都曾對日本對外貿易檢查制度作過相關研究。中國學者在這方面的相關研究不是很多。

第一節　延喜年間的「鎖國」禁令

日本寬平六（894）年九月，日本遣唐大使菅原道眞唐朝衰微和航海危險爲由，上奏中止向唐朝派遣「遣唐使」。據《菅家御傳記》記載〔註3〕：「寬平九月十四日，上狀請令諸公卿議定遣唐使進止，同七年五月十五日，敕止遣唐使」。菅原道眞在奏書中這樣寫道〔註4〕：

> 右臣某謹案，在唐中瓘，去年三月附客商王納等所到之錄記，大唐凋敝之具矣，更告不朝之問，終停入唐之人，中瓘雖區區之旅僧，爲聖朝盡其誠，代馬越鳥，豈非習性，臣等伏撿舊記，度度使等或有渡海不堪命者，或有遭賊逐亡身者，唯未見至唐，有難阻飢寒之悲，如中瓘所申報，未然之事，推而可知，臣等伏願，以中瓘錄記之狀，遍下公卿博士，詳被定其可否，國之大事，不獨爲身，且陳欵誠，伏請　處分　謹言。
>
> 寬平六年九月十四日大使參議勘解由長官從四位下兼守左大辨
> 行式部權大輔春宮亮菅原朝臣某

「大唐凋敝之具矣，更告不朝之問，終停入唐之人」。這樣持續兩個世紀的遣唐使被終止了。

日本廢除了「遣唐使」後，日本統治者對外政策變得消極，採取「自我封鎖」或者「鎖國」的對外政策。到了延喜年間（901～923），日本又繼續延續這樣「鎖國」政策，制定了一系列「鎖國」禁令。

日本學者森克己先生認爲，「遣唐使」是一種爲「公的」政策，既然爲「公的」都已經廢除了，那麼像一般個人爲「私的」渡海行爲當然也要被禁止，所以日本在延喜期實際上已經制定了「禁止個人去海外」禁令，後來被稱爲「渡海制」〔註5〕。除了「渡海制」之外，延喜年間還出臺禁止私自購買唐物

〔註3〕　《菅家御傳記》，《太宰府天滿宮史料》卷3，第74頁。
〔註4〕　《菅家文草》九奏狀：「請令豬公卿議定遣唐使禁止。」《太宰府天滿宮史料》卷3，第75頁。
〔註5〕　森克己：《日宋貿易的研究》國立書院，第83頁。

「禁購令」、限制唐船過於頻繁來日的「年紀制」等一系列禁令，也稱為「十二禁制事」〔註6〕，開始了將近 300 年的「平安鎖國」〔註7〕。

一、禁止出海的「渡海制」

延喜年間頒佈的「渡海制」禁令，是平安中期，以官員為對象禁止官吏坐船到海外的法令。雖然原法令已經遺失，但仍可從一些史料知道這項法令。

1070 年日本僧誠尋想來宋朝五臺山求佛法，希望日本政府能允許並下達官符到大宰府（見附圖），批准他到五臺山巡禮，但是日本政府依照「渡海制」禁令拒絕了。誠尋最後只好坐宋商孫忠的商船偷渡到了明州。誠尋在寫給日本朝廷的入唐申文這樣寫道：「請特蒙，天裁，給官符於本府，隨大宋國商客歸鄉，巡禮五臺山並諸聖蹟等狀，……某性雖愚魯，見賢思齊，巡禮之情，歲月已久矣，加之天慶寬延，天曆日延，天元奝然，長保〔註8〕寂昭，皆蒙天朝之恩計，得禮唐家之聖蹟，今世之望，又思何事，望請天裁，給官符於大宰府，隨商客歸嚮之便，遂聖蹟巡禮之望，某誠惶誠恐謹言〔註9〕」。書中提到的「寬延，日延，奝然，寂昭」都是日本的高僧，其中奝然也是個入宋僧，他就得到政府批准於 987 年乘宋商鄭仁德的商船入宋朝〔註10〕，誠尋也希望能夠得到政府的批准入宋，但沒能如願，無奈誠尋只能「私附商客孫忠商船，偷以渡海」〔註11〕。誠尋偷渡宋朝這件事，在《宋史》中也有記載：

> 熙寧五年，有僧誠尋至台州，止天台國清寺，願留。州以聞，詔使赴闕。誠尋獻銀香爐，木槵子、白琉璃、五香、水精、紫檀、琥珀所飾念珠，及青色織物綾。神宗以其遠人而有戒業，處之開寶寺，盡賜同來僧紫方袍。是後連貢方物，而來者皆僧也。

誠尋的「願留」，大概是怕受到「渡海制」的處罰，不敢再回國，所以就一直留在了宋朝。無獨有偶，1082 年日本延曆寺僧人戒覺也請求到宋朝尋求佛法，同樣也遭到了拒絕，最後，他們師弟三人偷偷地乘坐將要被日本遣送回國的

〔註6〕 《類聚三代格》十二禁制事，《太宰府天滿宮史料》卷3，第396頁。
〔註7〕 田井玲子、冢原晃等：《日中歷史海道2000年》神戶市立博物館，1997年。
〔註8〕 長保：（999～1004年）是日本的年號之一，指的是長德之後、寬弘之前，這個時代的天皇是一條天皇。
〔註9〕 《朝野群載》○書陵部所藏，《太宰府天滿宮史料》卷5，第231頁。
〔註10〕 《宋史》：491 外國七列傳 250 日本國，中華書局，1977年。
〔註11〕 《續本朝往生傳》○書陵部所藏，《太宰府天滿宮史料》卷5，第289頁。

宋商劉琨父子的「迴卻船」〔註12〕偷渡到明州。戒覺在自己寫的《渡宋記》（見附圖）中這樣描述當時的情景：「依恐府制，隱如盛囊臥舟底，敢不出，嗟有大小便利之障，仍不用飲食，身忩忩如經三箇年」〔註13〕。戒覺爲什麼要偷渡？史料顯示「依恐府制，隱如盛囊臥舟底，敢不出」，這個令人害怕的「府制」，大概應該就是延喜「渡海制」禁令吧。

　　以上兩位日本僧人是「渡海」成功的案例，那麼如果偷渡不成功將會受到什麼懲罰呢？1046 年日本人清原守武一行五人由於準備偷渡到宋朝，結果人被流放到新瀉，貨物被充公到官家的廚房。日本史料《百練抄》記載了這一事件〔註14〕：

　　　　永承二年十二月二十四日，渡唐者清原守武配流佐渡國，同類五人可浴從年之由被宣下，件守武大宰府召進之，於貨物者納官廚家。

史料《西宮記》也記載了這同一事件：「今日渡唐犯人之首清原守武，配流佐渡國，又從高類五人任勘文，可徒三年宣同下了」〔註15〕。禁止國民出海，違者流放、發配或者判處三年徒刑，由此可以看出日本政府採取的是一種消極的孤立的外交政策，並且這種政策一直左右著對宋朝態度。

二、禁止私自購買唐物「禁購令」

　　唐末的延喜年間，每當唐船到來時，王公大臣不等官使到來，不經政府定價，就爭先搶購唐物，「唐人商船來著之時，諸院諸宮諸王臣家等，官使未到之前，遣使爭買，又郭內富豪之輩，心愛遠物，踴直貿易」〔註16〕。可見對於唐商「唐貨」日本人是採取全面歡迎姿態。但是，日本政府爲了禁止王公大臣大量地私買唐物，於延喜〔註17〕三年，出臺了一系列的禁令，稱爲「十二禁制事」，讓大宰府的官員對大臣們進行嚴加檢察。此條律規定：政府在與唐船交易之前不許私自交易，違者以盜竊罪論處，判刑三年。如被人舉報，貨物一半充公，一半將給舉辦人。延喜禁令對以後日本政府海

〔註12〕迴卻船：指被遣送回國的船。
〔註13〕《渡宋記》○書陵部所藏，《太宰府天滿宮史料》卷 5，第 361 頁。
〔註14〕《百練抄》四後冷泉天皇，《太宰府天滿宮史料》卷 5，第 140 頁。
〔註15〕《西宮記》，《太宰府天滿宮史料》卷 5，第 140 頁。
〔註16〕《類聚三代格》十二禁制事，《太宰府天滿宮史料》卷 3，第 396 頁。
〔註17〕延喜：平安前期，醍醐天皇年號，（901 年 7 月 15 日～923 年閏 4 月 11 日）。

外貿易的管理制度，尤其是對由政府優先定價的「和市」制度產生了很大影響。

三、限制唐船過於頻繁來日的「年紀制」禁令

　　還是在延喜年間，日本爲限制同一位商人（商船）過於頻繁地來日本，頒佈了所謂的「年紀制」，規定了最低來日年限。這部禁令具體內容，史料上也沒有詳細地記載，我們只能夠透過史料中一些事件、案例，窺探它大致內容。據《小右記》長元元年（1028）十一月二十三日癸丑條：「二十九日己未，……左中辨傳下一夜定文，傳仰云，人未國商客文裔等，定申可迴卻之由，若可返給貨物歟，延喜間近代定雖有迴卻，宮不被返貨物，此間可定申者」〔註18〕。從這上面「延喜間近代有迴卻」的記載，可以推出延喜年間是有政府頒佈的禁令存在。

　　另據日本史料《帥記》記載，1069 年在一次日本朝廷公卿合議會議上，大宰府權帥〔註19〕源經信〔註20〕稟報：「僕（指源經信自己）端笏申云，件商客參來者，延喜之比被定年紀之後，或守彼年紀被從迴卻，或憂其參來，被聽安置」〔註21〕。其意爲：宋商來到日本，比照延喜年間制定的「年紀制」規定，違反此規定的應該予以遣返回宋朝，沒有違反應該予以安置接待。這充分表明有關限定同一位商人（唐船）過於頻繁地來日本的「年紀制」是產生於延喜年間。

　　那麼「年紀制」所規定最低來日年限到底是幾年呢？日本史料《權記》中對此也有記載〔註22〕：

　　　　長保五年七月二十日戊申，參內……左大臣（藤原道長）於陣被定申大宰府言上大宋國福州商客上官用銛來朝事，定申云，同人有年紀，而前般客商曾令文未歸去之間，用銛去年回卻之後，不經幾程重以參來，雖陳歸化之由，於安置可無據，任舊制符之旨，可

〔註18〕　《小右記》，《太宰府天滿宮史料》卷5，第61頁。
〔註19〕　大宰權帥：僅次於大帥的大宰府次官。那時一般都是皇族來擔當是個閒職，實權在長官那裏。負責海商管理事務的最高負責人。
〔註20〕　源經信（1016～1097），平安後期歌人，別稱帥大納言、桂大納言。官職從大納言做至大宰權帥。擅漢詩文及琵琶。和歌追求典雅的情趣和聲調美。有《大納言經信集》和漢文體日記《帥記》。
〔註21〕　《帥記》，《太宰府天滿宮史料》卷6，第221頁。
〔註22〕　《權記》，《太宰府天滿宮史料》卷4，第319頁。

> 迴卻之由可給超符，駐卿同之，左右內府（藤原顧光、同公季）、右
> 大將（藤原實資）、左右金吾（藤原公任、齊信）、權（藤原隆家）、
> 勘解中將（藤原有國）等也。

史料上顯示，1005 年 7 月宋商上官用銛來日經商，經過調查，發現他有違反
「年紀制」的嫌疑，因爲他去年回宋之後，今年又來了，雖然藉口想加入日
本國籍，但也不能因此就安置接待他，應該下達遣返令（迴卻官符）。由此我
們能夠判斷出，日本「年紀制」規定的最低年限應該爲兩年以上，不過，事
實上宋商們常常不會遵守這項禁令。

　　日本政府在延喜年間頒佈了這一系列禁令，其實也是日本政府在廢除「遣
唐使」後對國家政策的一個定位，那就是採取保守孤立外交政策，避免過多
和周邊國家接觸，尤其對宋朝。

第二節　「存問」

　　從史料中記載的實例來看，宋商船在日本入關時，需要準備的文書包括：
申文、進上品目錄和大宰府製作的商人容貌、衣裳束裝繪圖，同時宋商還要
準備進獻物品（貢物、方物）。從奉獻唐物這點來看，日本朝廷把商人來日看
成是對天皇的入貢〔註23〕。

　　宋商船靠岸後，首先，大宰府把作成的「存問記」（入國管理、檢查報告
書）報送太政官，即宋船到達後，完成「存問」檢查，由「警固」〔註24〕或
者郡作成「解」〔註25〕呈送大宰府。接到「存問記」後，朝廷展開公卿合議
（陣定）決定是安置（滯在、貿易許可）還是迴卻（歸國命令），最後把經過
敕裁的官符送達大宰府。

　　入關具體流程是：大宰府「存問」→報請天皇→「陣定」→下達官符（宣
旨）→大宰府實施→「和市」。

　　「存問」相當於現在海關檢查，作爲國家的公權力，必須限制和控制不

〔註23〕《白練抄》記載：「承曆二年十月二十五日，諸卿定申大宋國貢物事，錦唐黃
　　　　等也，此事已爲朝家大事，唐朝與日本和親久絕，不貢朝物，近日頻繁有此
　　　　事，人以成狐疑。」《太宰府天滿宮史料》卷5，第322頁。
〔註24〕警固：警戒，加強警備獲知警備所。
〔註25〕牒狀：在官制上，上下級關係不明的時候才用的文書。來自唐人等外國人的
　　　　言上狀叫「牒；宋人的有時叫「解」。警固發出的文書全部叫「解」。

法物資以及人員入關，因爲外國船有可能是侵略船也有可能是不法分子入關。而無秩序地允許入國，就會給人以口實招致外國勢力介入和進攻，使國家受到損失。據日本史料《爲房卿記》記載，1085 年大宰府向朝廷稟報，有六個宋人在日本伯耆（今鳥取縣）登陸後被射傷，經查來自大陸，很可能是偷渡。《爲房卿記》這樣記載〔註26〕：

> 應德二年七月四日丙申，大宰府申解狀九通，宋人來著並被射損事，兼又伯耆唐人揭忠之黨六人自陸地來著事，殿下（藤原師實）令予奏給，仰令諸卿定申者，下奏民部（源經信）卿了，大宰府文必宣下一上卿，而左大臣（源俊房）請假，被始金峯山精進，右府（源顯房）去年九月以後，不被公事，内府不例。

由此可見，「存問」也是對貿易船的一種保護，所以商人、綱首們都希望得到大宰府「存問」，希望受到保護。假如滿載鉅額資產的貿易船得不到國家公權力承認和保護，就會成爲「寄船」也就是「漂流船」，就被搶劫的危險。而實行「存問」機構是大宰府。

接下來，我們通過日本史料來探討大宰府是如何進行「存問」。下面這份史料，是有關日本萬壽四年〔註27〕8月「大宋國福州商客陳文祐來朝」的存問記錄。日本關白〔註28〕藤原賴通收到由大宰府送來的「存問記」後，召開公卿合議會議「陣定」進行討論。據日本史料《小右記》記載〔註29〕：

> 萬壽四年八月二十五日壬辰，……關白（藤原賴通）被談云，太宰言上，唐人乘小船來朝之由，是承輔二郎，父承輔近曾死去，不得其告自來，去年良史歸去彼朝，明年夏必可來者，今般船今月四日解纜，同十日著岸者，禪閣（藤原道長）曰，爲訪父母所來也，不可退卻歟者，無隨身物，只綾錦者紅雪金青獻禪室者。

> 二十七日甲午，……大外記賴隆云，去年慮外乘入唐船者志賀社司云云，乘此度船皈來，希有事也。

〔註26〕《爲房卿記》，《太宰府天滿宮史料》卷 5，第 384 頁。

〔註27〕萬壽（1024 年七月十三日至 1028 年七月二十五日）是日本的年號之一，指的是治安之後、長元之前，1024 年到 1027 年這段期間。此時的天皇是後一條天皇。

〔註28〕關白：《漢書》霍光傳：「諸事皆先關白光，然後奏御天子」。日本平安時代以後，是輔佐天皇的政務的重要職務，相當於首相。

〔註29〕《小右記》，《太宰府天滿宮史料》卷 5，第 51 頁。

四月三十日丁酉，……頭中將顯基傳下大宰府解、肥前國解文，大宋國商人解文云，可定申可安置哉否事，大宰府解文大宋國福州商客陳文祐等參著事，一枚肥前國所進宋人陳文祐等到來解文一通，存問同文祐來由日記一通，同文祐所進大宋國奉國軍市舶司公憑案一枚，同文祐等所進船內徒交名一枚，新人宋人六十四人形體衣裳色繪圖一枚，同文祐等所進貨物解文一枚，同文祐等所進和市物解文，文祐等申云，文祐誠雖假名宋人，從幼小之時，存買賣之心，數度參來，經回當朝，深蒙德化，去年八月十三日離日本岸，解纜之後，欲早入唐之處，於途中遭逆風，數日漂流，同九月九日強罷著大宋國明州，其後無止經留，中心所思，只欲皈參之志也，又今度副綱章仁昶者，先度綱首周文裔之副綱首章承輔之二男也，而父承輔老邁殊甚，起居不合，無心歸唐，去年所罷留也，母又日本高年之老嫗，夫婦共以老衰，仍爲相見其存亡，總依歸參，文祐又先欲報朝恩，兼則依思交關，所早參來也，但以去六月五日離大宋國明州之岸，以同十一日罷者台州之東門，同二十六日解纜，渡海之程，俄暴風出來，離達前途，三箇日夜逗留途中，以同二十九日走皈明州，經三箇日，相待巡風，以今月四日，罷離彼岸，同十日，罷著當朝之內肥前國值嘉島，同十四日罷著同國松浦郡所部柏島者，

九月八日乙巳，……大納言行成卿參入，且令見太宰解文並唐人文等，此間參議經通參入，次大納言齊信卿，件解文等齊信卿見之，……未有事定以前，……先定唐人事。

十三日庚戌，早旦中將來云，……大宋國定文並文書等，付頭中將顯基，十四日辛亥，……今日頭中將下給大宋國商客諸卿定文並文書等，仰云，依上達部定申，可給官符者，即仰左大辨（藤原定賴），定文並文書等相具下給，頭中將於殿上下給，即下大辨。

大宰府言上大宋國福州商客陳文祐來朝事

大臣大中納言參議定申云，商客來朝，憲法立限，而文祐等去秋歸去，今年秋重來，然則於安置，雖年紀未至，存問詞中，或感仁化，或防父母者，暫被優許，令遂孝誠，明春巡與可隨迴卻歟。

　　十五日壬子，……召左大史貞行宿禰，仰大宰府言上大宋國報
符趣，昨日不靜之間，仰大辨，仍子細所仰也。

在大宰府提交到朝廷的「存問記」裏，附有「大宰府解、肥前國解文和大宋國商人解文」三份文件，詳細記載了「肥前國所進宋人陳文祐等到來解文」。這表明陳文祐商船是在肥前國松浦郡所部柏島靠岸，對他進行「存問」的是當地肥前國衙官員，他們通過翻譯根據「大宋國商人解文」作成為「解文」，上面還有常駐肥前府使的畫押，再和大宰府的解文一起呈送給朝廷。

　　這上面記載有陳文祐商船在接受大宰府等入關「存問」檢查時，所需要提供的有關文書材料，材料如下：

1. 大宋國奉國軍市舶司公憑案一枚
2. 船內徒交名一枚
3. 新人宋人六十四人形體衣裳色繪圖一枚
4. 所進貨物解文一枚
5. 和市物解文

　　這 1～3 份文書都是和船員有關。「新人宋人」意爲從未來過日本的新船員，因此他們需要有「形體衣裳色繪圖」，即具有個人特徵的圖形，相當於現在的護照，此次和陳文祐一起來的新船員共有 64 位；他們還攜帶有市舶司頒發的通行證「公憑」。

　　從「以同二十九日走皈明州，經三箇日，相待巡風，以今月四日，罷離彼岸，同十日，罷著當朝之內肥前國值嘉島，同十四日罷著同國松浦郡所部柏島者」的記錄可以確定，陳文祐商船是在八月十四日到達柏島，這件事在八月二十五日很快就傳到了關白藤原賴通那裏，而從九州到京都路程是非常遙遠的。

　　下面是日本史料《朝野群載》上記載的另一份「存問記」史料〔註30〕：

　　《朝野群載》二十大宰府付異國　大宋客商事

　　警固所解　申請申文事

　　　言上　新來唐船壹隻子細狀

　　右件唐船，今日酉時，築前國那珂郡博多津志駕島（志賀島？）前海到來者，任先例，子細言上如件，以解。

〔註30〕《朝野群載》二十大宰府付異國，《太宰府天滿宮史料》卷6，第167頁。

　　　　長治二年八月二十日　　鎰取田口吉任

　　　　　　　　　　　　　　　　本司兼監代百濟惟助

同存問記

　　　長治二年八月二十二日存問大宋國客記

　　　問客云，警固所去二十日解狀偁，今日酉時，大宋國船壹艘，到來築前國那珂郡博多津志駕島前海，仍言上如件者，依例為令存問，所遣府使也，綱首姓名，參來由緒，慇以注申，客申云，先來大宋國泉州人李充也，充去康和四年〔註31〕為莊嚴之人徒，參來貴朝，莊嚴去年蒙迴卻官符，充相共歸鄉先了，彼時李充隨身貨等少々，當朝人々雖借請，負名等遁隱不辨返，仍訴申此由於公家，為徵收，構別船，語人徒，所參來也止申。復問云，李充先度參來之日，有不辨返物之輩者，須言上此由葉，而彼時不言上，今為取返借物，構參來由之條，難取信，來享之利，前跡已明，早隨身貨物、本鄉之公憑、人徒交名、乘船勝載，依例注申。

　　　客申云，本鄉公憑、人徒交名進上之，乘船勝載百餘石也，當朝人借物之條，全非虛妄，負名注文進之，被召問真偽，可顯露商客野心，不得返欠物者為大愁，仍為奏達公家，所參來也，如勘問，先度歸鄉之日，可言商業，然而綱首莊嚴蒙官使之譴責，俄飛帆之間，不能言上，依愁緒不盡，今度為官奏所參來也，早言上可被隨裁下也止申。

　　　復問云，於所進負名注文者，所備府覽也，但今度隨身貨物，可注申色目，李充申云，色目載在所進之本鄉公憑，別不可注申，隨身貨物者最少也，交易糧（米＋斤＝？）欲歸鄉，麁惡之物，何備進官，但先被言上，可被隨裁下也者。

　　　　　　　　　　　　　　　　　　　　宋人　李充　在判
　　　　　　　　　　　　　　　　　　　　府使　府宰直為末
　　　　　　　　　　　　　　　　　　　　通事巨勢友高
　　　　　　　　　　　　　　　　　　　　文殿宗形成弘

〔註31〕康和：平安後期，堀河天皇朝的年號。（1099 年 8 月 28 日～1104 年 2 月 10 日）。

廳頭大中朝臣佐良

府老紀朝臣之實

由這份「存問記」可知，警固所上報解文稱，這艘宋商李充商船，於八月二十日酉時到達，進行聯絡後，於第三天的二十二日就進入了「存問」手續。船到岸地點是志賀島，博多津和志賀島間直線距離大約 10 公里，博多警固到大宰府之間大約 12 公里路程，李充的「存問」手續僅僅兩天時間就完成了。

「存問」內容大概涉及到：宋商李充三年前曾和宋商莊嚴一起被遣返回宋，今年又來日本，並狀告一些日本人三年前以借為名拿走了他的貨物不還，要求大宰府裁決。官吏問：「你當時為何不告官，拖至今日，內容不可信」（「而彼時不言上，今為取返借物，構參來由之條，難取信」）。李充回答：「我的陳述都是事實，有當事人借物證據為證，不信可招來詢問，我要揭露他們企圖侵吞他人錢財的野心。當時之所以沒告官是因為時間太緊，由於莊嚴要被遣送回國，頃刻之間難以決斷……」。最後經過合議陣定，李充受到莊嚴的牽連，沒有被安置接待，將被「迴卻」，即遣返回國。

「存問記」上面除了有「宋人李充在判」（指「畫押」和「捺引」）的簽名外，還記錄著包括通事在內六位官吏的名字。「存問」時還要檢查所在國政府頒發的通行證「公憑」，船員花名冊（人徒交名）。從李充二十日簽名畫押（畫押、位署、加判）這點可以看出，府使和通事常駐在「警固」，「存問記」大概是由府使和通譯一起到志賀島進行「存問」時作成的。

大宰府「存問」完成以後，就要依照程序，把「存問記」報請天皇，朝廷通過公卿合議「陣定」後，再來決定李充是安置接待還者被迴卻遣送回國。

政府接到外國船靠岸報告以後，通過召開「陣定」的公卿合議會議，裁定是否允許宋船留下來進行貿易。朝廷再把合議結果發送到大宰府，大宰府接到命令，開始執行對外國船安置接待或者迴卻遣返命令。

第三節 「陣定」

「陣定」是指日本中世紀公卿合議制度，也稱為「仗儀」。隨著律令太政官政治簡化，合議會議逐漸變成了在左右近衛陣座（仗座）中進行的一種公卿合議會議討論模式。

下面還以剛才大宰府上報朝廷的有關「大宋陳文祐商船來朝事」記錄爲例，來研究探討一下當時公卿「陣定」合議過程。

當時參加討論有關「陳文祐商船來朝事」朝廷合議會議的大臣有：關白藤原賴通、禪閣藤原道長（藤原賴通的父親）、大納言行成卿、次大納言齊信卿和左大辨藤原定賴等人。在「陣定」會議上，有位大臣質疑：「商客來朝，憲法立限，而文祐等去秋歸去，今年秋重來，然則於安置，雖年紀未至，存問詞中，或感仁化，或防父母者，暫被優許，令遂孝誠，明春巡與可隨迴卻歟」。意爲：按照日本的「年紀制」，至少兩年以上才能再次來日，而陳文祐間隔僅僅一年時間就又來了，理應遣返回國，但從陳的言辭之間，感其眞誠，再加上對父母的孝心（其實是感動同船副綱首副綱章仁昶對父母的一片孝心），暫且讓他們等到明年春天順風時再遣返回國。最後對此次陳文祐商船來日「陣定」結果是：暫准借留在日本，明年春天再遣返回國。

宋商是爲貿易而來日的，如果被遣送回國，那麼宋商船上的貨物又將如何處理？眾所週知，當時在日本無論公卿貴族還是民間百姓都是非常喜歡「唐貨」。接下來筆者想再通過一個例子來研究一下被遣返宋商船上貨物的命運。

公元 1028 年 11 月宋商周文裔商船又一次到達日本，史書《右經記》記錄下了當時「陣定」合議情況〔註32〕：

> 長元元年十一月二十三日癸巳，天晴，參內，右府（藤原實資）已下於左仗有定，唐人被留哉否事，……二十九日己未，……關白殿……令余仰右府云，台州商客文裔等，待海安可返卻之由，上達部有定申，期海安之間，暫可經迴當在，然者所進貨物等可返卻給歟如何，其旨重可定申者，……右府以下重定申云，文裔等定申可返卻之由，須返給貨物也，而然文裔等可進解狀，感聖化頻參來之間，已如土民者，頻可有哀憐，就中待海安之間，暫可經迴云云，若被返貨物，定有所思，於貨物者被收，可優彼志歟。

參加「陣定」合議的大臣官員有右大臣（藤原實資）等人，「陣定」結果爲：宋朝台州商人周文裔被遣返，等到風平浪靜時再執行，其貨物也要被遣返（「期海安之間，暫可經迴當在，然者所進貨物等可返卻」）。然而經過周文裔一番請求，公卿大臣們感到，周文裔就像是日本子民一樣，爲了感聖恩才來日本，實屬可憐。如果再遣返他的貨物，勢必使他有所嫉恨」（感聖化頻參來之間，

〔註32〕《小右記》，《太宰府天滿宮史料》卷5，第61頁。

已如土民者，頻可有哀憐），最後決定收購其貨物，讓他感謝天皇的恩典（於貨物者被收，可優彼志歟）。

總之，根據延喜年間規定，宋商船如果被「迴卻」，一般不「迴卻」船上的貨物。《小右記》就記載有「延喜間近代定雖有迴卻，宮不被返貨物，此間可定申者」〔註33〕的史料，可見唐宋商船雖然常常被遣返，但是日本人所喜歡的「唐貨」，卻要留下來的，名義上是憐憫唐宋商，其實是變相讓商人們減價拋售。宋商船經過「存問」「陣定」後，如果都沒被發現問題，那麼大宰府就可以根據朝廷下達的「官符」安置這位商人，讓宋商住在所指定的客棧等待政府定價（和市），這樣就可以開始交易了。

第四節　「迴卻」

按照入關檢查的流程，經過大宰府「存問」、朝廷「陣定」後，宋商是被安置或者被「迴卻」？要等「陣定」的官符下發到大宰府後才能執行。有時考慮到博多和京都的距離，大宰府在入關「存問」後，如果沒有發現什麼重大的問題，一般就會暫時允許其貿易。如果經過「存問」後，發現有問題需要「迴卻」的話，這就相當於一起外交事件了，必須事先緊急傳遞上奏太政官，作為重要案件請求朝廷裁決。「存問記」必須送到京都，再由朝廷給大宰府下達「迴卻」官符。下面以史料為例來具體分析、研究一下被「迴卻」的案例。

日本長曆〔註34〕元年五月，宋商慕晏誠由於漂流到日本，經過朝廷陣定合議，十月將被遣送，「迴卻」的官符已經送達大宰府。據《白練抄》記載〔註35〕：

　　　十月十四日丁丑，宋商慕晏誠等の迴卻の官符、大宰府に下る。

　　　後朱雀天皇長曆元年五月，今月，大宋商客慕晏誠等飄來。二
　　年十月十四日，宋人慕晏誠等貨物迴卻官符。

對於那些被「迴卻」的宋商船，有時日本朝廷也會網開一面。如果宋商按照「年紀制」規定來日本，就被官府接待；如果不期而來，那就要被遣返，但

〔註33〕《小右記》，《太宰府天滿宮史料》卷5，第61頁。
〔註34〕長曆：（1037年4月21日～1040年11月10日）日本年號之一。此時天皇是後朱雀天皇。
〔註35〕《白練抄》四，《太宰府天滿宮史料》卷5，第118頁。

如果宋商以季風問題爲理由，也可以暫不被遣返，「宋人定年紀可來由，給官符了，而不待期早來，若可被追卻歟，宋人若可申彼（持）便風可罷歸之由」〔註36〕。

1085 年大宰府上奏朝廷，有關大宋國商客王瑞柳和㤀丁載等來日經商之事，經過日本朝廷大臣春宮大夫藤原朝臣（實季）、民部卿源朝臣（經信）、左衛門督源朝臣（師忠）、左京大夫藤原朝臣（公房）、右兵衛督源朝臣（俊實）、通俊等朝臣合議「陣定」後，責令其回國，並下達了「迴卻」官符。據《朝野群載》五記載〔註37〕：

朝議下　陣定

　　大宰府言上大宋國商客王瑞柳、㤀丁載等參來事

　　春宮大夫藤原朝臣（實季）、民部卿源朝臣（經信）、左衛門督源朝臣（師忠）、左京大夫藤原朝臣（公房）、右兵衛督源朝臣（俊實）、通俊朝臣等定申云，異客來朝，本定年紀之後，雖不依其年限，或被安置，或被放歸，而近代府司，乍瞻迴卻官符，殊優異客，任情量其意趣，似令出不被行者歟，如風聞者，如此商客，上古待二八月之順風，所往反也，至於近代，不拘時節，往反不利，且喻此旨，早可被迴卻歟，但此事修補船筏，相待順風之間，隨其狀□，可令量行歟，自今以後，被告爲他聽稽留之由者，可□炳誡之狀，可被下知歟，不然者，又爲彼若無事煩者，暫被許安置，何難之有哉，但可經敕定，抑近代異客來著諸國，交開成市，塡城溢廊云云，雖無指疑，猶乖舊典者歟。

　　　　　　　　　　　　　　　　　　　應德二年十月二十九日

公卿合議「陣定」認爲：「外國商人來日，如果不遵守「年紀制」的規定，有的被安置，有的則被遣返。最近，地方官府無視「迴卻」官符，一味優待宋商，任其所爲（而近代府司，乍瞻迴卻官符，殊優異客，任情量其意趣）。因此裁決「陣定」遣返王瑞柳和㤀丁載他們回國。不過，後來「迴卻」令並沒有被立刻執行，王瑞柳和㤀丁載他們以修船爲藉口，還以等順風（但此事修補船筏，相待順風之間）爲由，在日本滯留下來了。

〔註36〕《小右記》，《太宰府天滿宮史料》卷4，第375頁。
〔註37〕《朝野群載》五，《太宰府天滿宮史料》卷5，第388頁。

由於被遣返是件很嚴重的事情，所以宋商費盡千辛萬苦來到日本進行貿易，即使遭遇遣返，也總是要找一些藉口留下來，或者拖延下去。

歷史上就有宋商船理應被遣返回國，但經過「陣定」居然被安置留了下來。1017 年宋商綱首文囊商船靠岸，經過入關「存問」後，日方發現他不僅違反了「年紀制」，而且所持的「公憑」上的年號兩次前後不一樣，前一次注明的是大宋年號，後一次的年號爲唐朝年號。同時也未攜帶船員的「人形體衣繪圖」。如此重大的違紀行爲，理應把文囊理遣返回國，但是經公卿合議「陣定」後，認爲文囊是「感當今之德化參來之由」，最後被安置接待。據《小右記》記載〔註38〕：

> 《小右記》寬仁四年九月十四日壬午，……參上殿上，……左大臣參入，示彼是云，可定申大宋國商客來著事者，諸卿雲，御藥間如何，被奏案內可被從仰歟，仍復陣被奏事由云云，……諸卿復陣，定申大宰言上解文並大宋國商客解文等事，綱首文囊，定申云，年紀不及參來，須從迴卻，而申感當今之德化參來之由，宜被安置也，件定依內內氣色，皆所定申也，但公憑年年驗書，不進正文進案文，府司之愚頑也，又商客解文，初注大宋國年號，上注唐天禧〔註39〕四年，前後相違，又不圖進人形衣□，件等事等，可被載符，只以定申詞，付藏人左少辨章信（藤原）被奏，不令書奏，聞也，……章信云，依諸卿定申可給報符者。

另外一例，宋商周文裔在 1004 年，雖然違反了「年紀制」，但由於向當朝左大辨藤原道長獻上珍貴禮品「天竺觀音一尊和大遼作文一幅」，就沒有被遣返。理由是「須被放卻，而此度時代新遷，初以參著，被安置宜歟者」〔註40〕，意思是：時代變了，要與時俱進。

值得一提的是，前面提到的延曆僧戒覺偷渡到宋朝，乘坐的船竟然是被日本「迴卻」回國「在日宋商」劉坤父子的商船。戒覺在其《渡宋記》裏記載道〔註41〕：

〔註38〕《小右記》，《太宰府天滿宮史料》卷 4，第 476 頁。
〔註39〕天禧：（1017 年～1021 年）是宋眞宗的年號，北宋使用這個年號共 5 年。
〔註40〕《御堂關白記》寬弘九年九月二日丁卯條，《太宰府天滿宮史料》卷 4，第 401頁。
〔註41〕《渡宋記》書陵部所藏，《太宰府天滿宮史料》卷 5，第 361 頁。

延曆寺僧戒覺述

　　永保二年歲次壬戌九月五日，於築前國博多津，師弟三人乘於
唐船，是大（宋）商客劉琨蒙迴卻宣旨之便也，依恐府制，隱如盛
橐臥舟底，敢不出，嗟有大小便利之障，仍不用飲食，身怠怠如經
三箇年，無附驥尾，就中商人由來以利爲先，然予全無備物之儲，
只有祈念苦，今邂逅遂本意，豈非文殊感應乎。

其大意爲：1082 年 9 月 5 日，戒覺和師弟一行三人，博多港乘船準備偷渡到
宋，這條船這是奉命遭到遣返回國宋商劉坤的船。戒覺他們害怕被日本大宰
府頒佈的有關（禁止國民出國的「渡海制」）禁令發現，所以就藏在劉坤船艙
底部，不敢出來。可歎吃喝拉雜都不方面，心事重重，無所依靠，恍如過了
三年。商人向來唯利是圖，而他們自己又沒有酬金支付，所以只能祈禱上蒼，
但願今天是菩薩的安排。

　　由上可知，戒覺向日本政府提出申請出國，沒有被批准，只能偷渡入宋，
而乘坐的宋商船竟然是被日方遣返回國的「迴卻」船。戒覺他們當時爲了躲
避「渡海制」規定，藏在船底，大氣不敢出，惟恐被日本政府發現（師弟三
人乘於唐船，是大宋商客劉琨蒙迴卻宣旨之便也，依恐府制，隱如盛橐臥舟
底，敢不出）。這的確可以說是一種絕妙的諷刺，由此日本當時有關海外貿易
法規之嚴可見一斑。

　　日本不僅禁止國民從事海外貿易，而且一般民間和外國商人交易，也必
須在政府行使先買權之後才能進行〔註42〕。

第五節　「和市」

　　政府接到外國船靠岸的報告以後，根據「陣定」合議結果，再把有關是
否許可貿易（和市）決定的命令官符送達到大宰府，大宰府接到命令官符後，
開始執行對外國船安置或者迴卻等命令，最後再進入「和市」。進入「和市」
就表明宋商已經通過了日方的入關檢查。大宰府到京都路途遙遠，當大宰府
向朝廷送交「存問記」後，有時交易就已經開始。另外有關「和市」貨物價
值談判的結果，都要仰仗朝廷判斷。其實大宰府發出臨時許可後，就承認其
交易開始，報送朝廷只是履行義務。

〔註42〕森克己：《日宋貿易的研究》國立書院，第 109 頁。

　　1133 年 8 月，宋商周新船來到鎮西（九州方面）後，經「存問」後，立刻開始「和市」。日本史料《長秋記》記載〔註43〕：

　　　　……早朝帥中納言（藤原長實）送書云，大切可示合事出來，可來向，差車可下也者，仍午時許行向，云，鎮西唐人船來著，府官等任例存問，隨出和市物畢，其後備前守平忠盛朝臣自成下文，號院宣，宋人周新船，爲神崎（肥前）御莊領，不可經問官之由，所下之也，此事極無面目，欲訟申院也，其上書案可書給，不可振筆，唯和名書二天可作也者，仍書書案。……

　　　　……抑宋人來著時，府官存問，早經上奏，安堵迴卻，所從宣旨也，而可爲莊領之由被仰下條，言語道斷也，日本弊亡不足論，外朝恥辱更無顧，是非他，近臣如犬所爲也。

「府官等任例存問，隨出和市物畢」，意味著宋人周新的商船在完成「存問」以後，不等朝廷裁決就立刻進行「和市」交易。奏表中雖有「抑宋人來著時，府官存問，早經上奏，安堵迴卻，所從宣旨也」，朝廷的中納言藤原長實肯定也非常想和遙遠的大宰府權帥商量，必須通過陣定，敕定，再決定是否安堵（滯在、貿易的許可）還是迴卻（歸國）。大原則是這樣的，但事實卻並非如此，另外也可能由於周新的船屬於神崎（肥前）御莊領，背景很深，權利很大，所以大宰府官員也不敢過問「不可經問官之由」。

　　「和市」是貿易前提，宋日之間的價格協定，必須由國家參與決定，比價不能由民間來定。據說「和市」一詞源於漢語，指調整貿易的意思，是政府在交易之際，爲了衡量物價貴賤和公平對待所在國的物價而制定的規則，相當於現在外國人入國時貨幣兌換（匯率）。當時通貨是兩國通用的「砂金」，後來變爲宋朝「銅錢」（關於宋日貿易的貨幣問題將在第四章第八節裏詳細探討）。「和市」原來是由中國方面制定實施，相當於宋朝市舶司制定的「和買」，即官方收購進口舶貨，不讓商人自由買賣，是官方強制性規定對海舶所販貨物，按一定比例和價格，由市舶司收購。後來日本方面也開始模仿，因此「和市」成爲由大宰府制定先買權的一種手段。有史料《帥記》爲證〔註44〕：

〔註43〕《長秋記》長承二年八月十三日乙未條。《太宰府天滿宮史料》6 卷，第 365 頁。
〔註44〕《帥記》，《太宰府天滿宮史料》卷 5，第 345 頁。

承曆四年……經平朝臣送孫忠件（仲）迴等許下文云，件雜物
等可傳奉奉國軍者，又件送文中，有胡弓鑱刀等，尤不便事也，然
而可隨敕定之由，各所定申也，人人隨世氣色歟，末代（佛家末世
思想？）之事。多以如此歟，唐物多被推取條者，經平陳申云，件
估價者，爲彼府例日久者。

其意爲：「1081 年在記載關於當朝大臣藤原經平送孫忠和仲回禮物的文件中，
其中一些雜物類的禮物是送給宋朝市舶司奉國軍的，不過像包括胡弓、鑱刀
等物不太方便攜帶。但可根據上方指令各隨其便。現在人人浮躁庸俗，大概
是受佛家末世思想的影響吧。還有多起事件，是告發藤原經平巧取豪奪『唐
貨』。但是藤原經平辯解說，在他府裏對『唐貨』進行估價，已是多年的老規
矩」。

根據「唐物多被推取條者，經平陳申云，件估價者，爲彼府例日久者」
這點來判斷，宋商們已經習慣這種由日本政府優先定價的規定。不過假如大
宰府估價不公平，就會和宋商發生貿易糾紛，宋商有時就會到日本朝廷那裏
狀告大宰府。據日本史料《權記》記載〔註45〕：

長保三年十月三日庚子，……詣左大殿（藤原道長）御宿所，……
又奉小舍人貞正所持來大宰請文砂金五百兩，加令文（曾令文）請
文，詞多不遜也，令文奉公家之解文並私送書狀等付頭中將。

其意爲：「1001 年 10 月 3 日，……奉命到左大臣藤原道長的官邸，……隨從
貞正又送來大宰府的公文，請求支付砂金 500 兩，在曾令文送來的申訴書中，
用詞多有不敬」。宋商曾令文經過「和市」交易後，認爲太宰府估價和自己估
價相差有五百兩（砂）金的差距，他請求政府補償砂金五百兩的差價，而當
時一百兩砂金相當於現在的三千萬日元〔註46〕。

公元 996 年，宋商朱仁聰在越前國〔註47〕到岸，「和市」後也認爲當地政
府對所帶的貨物估價不公，於是向大宰府狀告越前國地方政府。據史料《權
記》記載〔註48〕：

〔註45〕 《權記》，《太宰府天滿宮史料》卷 4，第 303 頁。
〔註46〕 服部英雄：《日宋貿易的實態——和「諸國」來的客人們、「唐房」——》《九
州大學 21 世紀 COE 計劃東亞和日本——交流和變化》2005 年，第 58 頁。
〔註47〕 越前國：今福井縣。
〔註48〕 《權記》，《太宰府天滿宮史料》卷 4，第 291 頁。

　　　　皇后（藤原定子）仰云，大宋客朱仁聰在越前國之時，所令獻
　　之雜物代，以金下遣之間，仁聰自越前向大宰之後，令愁申於公家，
　　以未給所進物直之由云云。

日本皇后藤原定子說：「朱仁聰在越前國向當地政府用砂金交了『雜物費
用』，但他到了博多後，就向大宰府申訴越前國，認爲貨物估價不公」。前
面講過，延喜年間王公大臣不等官使（大宰府使）到來，不經政府定價，
就爭先搶購唐物，「唐人商船來著之時，諸院諸宮諸王臣家等，官使未到之
前，遣使爭買，又郭內富豪之輩，心愛遠物，踴直貿易，因茲貨物價直定
準不平，是則官司不愗勘過，府吏簡略檢察之所致也」〔註49〕。爲此，延
喜三年八月朔日戊辰、政府頒佈大政官符，禁止王宮大臣，未經政府定價，
私自交易。

　　　　唐人商船來著の時，院宮王臣家等の私に唐物を買うを禁じ，
　　大宰府官人をして，檢察を嚴にせしむ〔註50〕。

意爲「唐船來時禁止院宮大臣，在官使到來之前，私自購買「唐貨」，將派大
宰府的官員對此嚴加勘察」。朝廷讓大宰府的官員加強嚴格管理，禁止王公大
臣私自買唐貨。但是，現實情況卻不容樂觀，因爲等待「和市」的時間不僅
很漫長，而且價格並非合理，所以甚至大宰府的官員也私自和宋商交易。1081
年4月就發生了前大宰府大貳〔註51〕藤原經平私自和宋商交易的事情，據《帥
記》記載〔註52〕：

　　　　承曆四年五月二十七日己丑，是日，公卿等，牒狀及び信物の
　　こと並びに前大宰府大貳藤原經平，私に宋と和市すること等を議
　　す。

「這一天，公卿大臣等在討論有關官牒文書以及前大宰府大貳藤原經平私自
和宋商貿易之事」。而在《百練抄》上也記載有前大宰府大貳藤原經平私自和
宋商交易的這一事情，朝廷懷疑宋商上報的禮單有問題。「承曆四年五月二十
七日，諸卿定申大宋國進物送文有疑，並大貳加和市直遣宋朝事等」〔註53〕。

〔註49〕《類聚三代格》十二禁制事，《太宰府天滿宮史料》卷3，第396頁。
〔註50〕《類聚三代格》十二禁制事，《太宰府天滿宮史料》卷3，第396頁。
〔註51〕大貳：按律令制，大宰府的次官。官位在少貳之上，帥之下。正五位上，後
　　　　相當從四位下。
〔註52〕《帥記》，《太宰府天滿宮史料》卷5，第328頁。
〔註53〕《百練抄》，《太宰府天滿宮史料》卷5，第328頁。

朝廷似乎懷疑：大宰府大貳藤原經平私下和宋商交易後，會做出對朝廷不利的決定或者會侵吞朝廷的禮物。

其實，即使在「和市」以後，宋商們也常常向朝廷宮裏那些喜歡「唐貨」的皇后、皇太后、皇太子以及王宮大臣送些他們喜歡的東西。例如，1013 年2 月，宋商在「和市」交易後，仍然向大宰府大貳平親信送上「唐貨」。據日本史料《御堂關白記》記載〔註54〕：

> ……從大貳（平親信）許，唐人所送和市貨物等解文、色目等送。
>
> 三日乙丑，從太內出，參中宮（藤原妍子），左大辨（藤原道方）進官唐物並銀等解文持來。
>
> 四日丙寅，參皇太后宮，參大內，奏唐物解文，召即召御前覽之，皇太后宮、中宮、皇后（藤原妍子）宮、東宮（敦成親王）等被少少奉，又皇后宮宮宮少少給之，餘（道長）給錦八疋、綾二十三疋、丁子百兩、麝香五齊、紺青百兩、甘松三斤許，皇太后宮、中宮、東宮御史各賜祿，入夜退出。

記載中寫道：「從大貳平親信那裏得知，唐人送來有關『和市』交易貨物文書和明細表。三日，大貳平親信參見中宮藤原妍子和左大辨藤原道方，帶來『唐貨』、銀子以及文書之類等。四日，又參見皇太后、大內，奏上有關『唐貨』等文書，天皇親自召見並御覽。平親信又分別送給皇太后宮、中宮、皇后藤原妍子、東宮敦成親王等一些『唐貨』，還送給皇後宮中的大大小小的官員一些『唐貨』。其中也給我（指《御堂關白記》的作者藤原道長，筆者注）錦八匹、綾二十三匹、蝦蟆百兩、麝香五劑、紺青百兩、甘松三斤許。然後，大貳平親信在接受皇太后宮、中宮、東宮御史的賞賜後，深夜離開」。

由此，我們從中瞭解到，「錦、綾、麝香、紺青、甘松」等在當時是很受日本人歡迎的「中國貨」。

第六節　船數的限制

南宋末年，日本鎌倉幕府開始限定宋商的船數，每次限定在 5 艘，還頒

〔註54〕 《御堂關白記》長和二年二月二日甲子條，《太宰府天滿宮史料》卷4，第404頁。

佈「唐船者，五艘之外不可置之，速可令破卻」的命令。1249 年，鎌倉幕府在九州地區設立了「西國地頭等所務事」，主要負責管理來自宋朝的商船，不僅限制船上定員而且還限定船數」。據日本史書《吾妻鏡》記載〔註55〕：

> 建長六年四月二十九日辛未，評定，西國〔註56〕莊公地頭等所務事，有其沙汰〔註57〕，是本地頭所務者，可依往者之由緒，故追先規之例，可令止新儀非法也，新地頭者被定率法之上者，其外全可停止濫吹也者，存此趣，可加下知之由，即被觸五方引付云云，又唐船事有沙汰，被定其員數，即今日被施行之，唐船者，五艘之外不可置之，速可令破卻。
>
> 建長六年四月二十九日
>
> 　　　　　　　　　　　　　　　　　勘湛
> 　　　　　　　　　　　　　　　　　實綱
> 　　　　　　　　　　　　　　　　　寂阿
>
> 築前前司殿
> 大田民部大夫殿

1249 年 4 月 29 日，築前前司、大田民部大夫等官員在評價九州地區莊園地頭等事務時，提到「唐船事有沙汰，被定其員數，即今日被施行之，唐船者，五艘之外不可置之，速可令破卻」。其意為：「有關針對『唐船』命令，今天得以實施。規定超出五艘以上的『唐船』不得接待安置，而且要立刻予以擊退」。

1261 年，九州地區的肥前（佐賀、長崎一帶）、築前（福岡西部）、豐前以及對馬一帶出現了大批山賊、海盜以及暴徒騷擾商船百姓的事件，因此，同年 3 月 23 日幕府命令大宰府少貳藤原資能要嚴肅對待強盜、山賊、海盜、夜間受襲等事情。據日本史料《武雄神社文書》記載〔註58〕：

> 諸國盜賊事，山賊海盜夜討強盜之類，守護地頭等可致其沙汰

〔註55〕《吾妻鏡》，《太宰府天滿宮史料》卷 8，第 55 頁。
〔註56〕據《日葡詞典》解釋：泛指日本「九州地區」。
〔註57〕沙汰：亦作「沙汰」。淘汰；揀選。唐杜甫《上韋左相二十韻》：「沙汰江河濁，調和鼎鼐新」。日語中的「沙汰」有：命令、音信、傳說、事件和行為等多種意思。
〔註58〕《武雄神社文書》，《太宰府天滿宮史料》卷 8，第 87 頁。

之子細，被載式目〔註59〕了，而無沙汰之由依有其聞，不可見隱聞隱之旨，雖被召起請文，於御家人等，猶以不斷絕云云，殊可加微肅也，此上猶惡黨蜂起之由有其聞者，云守護云地頭，可被改易其職之由，重所被定置也，早存此旨，可令相觸肥前、築前、豐前、對馬國中之狀，依仰執達如件。

弘長元年三月二十二日　　武藏守　在御判

相模守　在御判

其大意爲：「有關各國出現強盜以及山賊海盜夜襲強盜之事，當地「地頭」必須仔細調查，要按照所規定的相關法規執行命令。但有的「地頭」卻說沒有接到命令，不可隱瞞命令。雖然徵召『御家人』〔註60〕，但強盜仍未斷絕，還要加倍徵召。另外，有關強盜、海盜等暴徒鬧事的起因，對那些牽涉其中的『守備』和『地頭』要進行調離職位（懲戒）重新安排職務。此命令送達肥前、築前、豐前、對馬國等地」。

　　後來，元朝建立，與日本對峙，1264 年日本幕府命令大宰府，禁止中國商船在關東一帶進行活動和貿易，日本切斷了和宋朝的聯繫。據《新編追加》記載〔註61〕：

　　條條　文永元年四月日

　　……

　　一御分唐船

　　可被成御教書於宰府，自分已後，可被停止之。

大意爲：「有關你處『唐船』的情況，要記錄在冊到大宰府備案，並從即日起，停止其活動」。日本海上的對外貿易管理體制其實是與外交政策分不開的，當然也是和周邊國家環境有關係。日本在廢除「遣唐使」後，其外交政策就轉向了保守，希望和宋朝保持一定距離，僅僅是和宋朝民間商人保持貿易關係。日本在延喜年間制定一系列的針對海外貿易管理禁令，對接下來的宋日關係定下了一個基調，那就是敬而遠之，避免過多地接觸。這其實已表明其國策已轉向孤立、封閉的「鎖國」狀態。

〔註59〕式目：中世紀的成文法的名稱。式條。如：「貞永式目」。

〔註60〕鐮倉、室町時代的將軍的嫡系武士。

〔註61〕《新編追加》，《太宰府天滿宮史料》卷8，第87頁。

　　不過，日本學者山內晉次先生認爲，雖然在延喜期，日本政府確定了「鎖國」政策，但實際上並沒有禁止個人「入唐」、「渡唐」行爲，也沒有制定「禁止個人去海外」的禁令。如日本古書《百練抄》上就記載著：「諸卿定申本朝商客渡契丹事」〔註62〕的條記，即日本商人取道契丹到宋朝的事情。日本史料《中右記》同日條也記載有：「有陣定、是大宰府解狀也，唐人隆琨爲商客初通契丹國之路，銀寶貨等持來，子細見解狀」〔註63〕。即宋朝商人經由契丹來日的事例。而且在《遼史》道宗本紀大安七（1091）年己亥條記裏也有「日本國遣鄭元鄭心及僧應範等二十八人來貢」的記載，日本人是在兩位叫做鄭元、鄭心的宋朝商人引導下去遼朝貢。

　　另外，《宋史》卷491列傳第25裏也有記載：「咸平五年、建州海賈周世昌，遭風飄至日本……賜木吉時裝，錢，遣還」。在《日本傳》中也有：「元豐元年，使通事僧仲回來，賜號慕化懷德大師。明州又言，得其國太宰府牒，因使人孫忠還，遣仲回等貢絁二百匹，水銀五千兩，以孫忠乃海商，而貢禮與諸國異，請自移牒報，而答其物直，付仲回東歸。從之」等這樣的記載，可見日本政府並沒有真正禁止個人以及民間的貿易交往。

　　筆者認爲，雖然日本政府沒有完全禁止個人和民間的貿易往來，但是從大量史料上來看，日本人因「恐府制」而偷渡，說明日本當年確有禁止國民出海的法令，再加上宋日貿易中大都是宋商穿梭於兩國之間，因此，宋朝年間日本的對外政策可以說是消極的、近似「鎖國」的。日本在唐末實施的這一系列禁令，勢必將對即將到來的宋日關係產生很大影響，尤其對日本海關檢查以及對宋商管理也勢必會產生影響。

〔註62〕《百練抄》寬治六年六月二十七日，《太宰府天滿宮史料》卷6，第424頁。
〔註63〕《中右記》，《太宰府天滿宮史料》卷6，第424頁。

第三章　宋日貿易及其海上交通

　　在上一章裏，我們研究探討了日本海上貿易管理和影響其貿易管理的國家政策。日本和宋朝沒有國家之間的正式關係，而且也沒打算要建立正式的關係。日本政府頒佈了一系列禁令，不僅禁止官員和國民到海外，而且也禁止公卿大臣隨意和宋商做交易，甚至還規定宋商來日的年限，這些都對宋日貿易的發展產生重大影響。在這一章節筆者將探討一下宋日兩國海上交通情況，考證一下當時兩國海上貿易口岸、海上航道、航行時間和商船建造情況。

　　有關宋日貿易海上交通問題前期研究，中國學者陳高華、吳泰在他們《宋元時期的海外貿易》（天津人民出版社，1981 年）一書裏、李金明、廖大珂在他們合著的《中國古代海外易史》（廣西人民出版社，1995 年）一書裏以及高榮盛在《元代海外貿易》（四川人民出版社 1998 年）的論著中都有過相關論述。近幾年陳傑的《宋元時期東北亞海上交流的考古學觀察》（《北方人物》2008 年）以及黃曉宏的《淺談宋元時期海上絲綢之路陶瓷貿易》（《絲綢之路》，2010 年）論文中也有涉及。日本學者除了早期的秋山謙藏和森克己外，還有川添昭二的《回顧中世 1 東亞的國際都市博多》（平凡社，1988 年）、龜井明德的《日本貿易瓷器史的研究》（同朋舍出版 1988年）、佐伯弘次著的《博多》（《岩波講座日本通史，第 10 卷（中世 4）》岩波書店）1994 年）、岡元司的《南宋期浙東海港都市の停滯と森林環境》（《史學研究》220，1998 年）、石井正敏的《肥前國神崎莊と日宋貿易》（《古體中世資料學研究》下，吉川弘文館，1998 年）、大庭康時的《作爲集散地遺蹟的博多》（《日本史研究》，1999 年）、柳原敏昭的《中世前期南九州的港口和宋人的居住地》（《日本史研究》448，1999 年）、大庭康時的《博多綱

首時代——從考古資料看住番貿易和博多》(《歷史學研究》756，2001 年)和榎本涉的專著《東亞海域與日中研究——九～十四世紀——》(吉川弘文館，2007 年) 以及大庭康時、佐伯弘治的《中世都市博多を掘る》(海鳥社，2008 年 3 月) 等著作裏都有相關研究和探討。

第一節　宋朝和日本的主要貿易口岸

宋朝對日本開展海上貿易的口岸是明州，除此之外，還有泉州和華亭等。設立市舶司是專門負責管理海外貿易的機構。早在唐代就是與新羅、日本貿易交流交通的口岸。而日本負責對宋海外貿易的口岸主要是在九州的博多，後來還有越前的敦賀港、瀨戶港和大輪田港。由日本發船到中國，一般都在三、四月間，利用春季的東北季風。由中國到日本，一般在五、六月間，利用初夏的西南季風。順風時，航期不過六、七天，一般在十天左右。

一、明州（奉國軍、慶元、寧波）

唐開元二十六年設明州，轄鄞、慈谿、奉化、翁山 4 縣，州治也在小溪。長慶元年，州治從小溪遷至三江口，並建子城，爲其後一千多年來寧波城市的發展奠定了基礎。據記載，寧波最早的城垣爲東晉隆安四年劉牢之所築，稱筱牆，故址相傳在今西門筱牆巷一帶。

五代稱明州望海軍，北宋建隆元年稱明州奉國軍，熙寧七年隸屬兩浙東路府。南宋紹興三年置沿海制置使，轄溫臺、明越四郡，南宋慶元元年升爲慶元府。元朝至開元十三年稱慶元衙門，大德七年設浙東道都元帥府。朱元璋吳元年稱明州府，洪武十四年爲避國號諱，朱元璋取採納鄞縣讀書人單仲友的建議，取「海定則波寧」之義，將明州改稱寧波府。寧波之名沿用至今。

明州是中國大陸東邊的港口，是進入中國的玄關，曾是「遣唐使」入唐港口，涵蓋了從山東半島到福州廣闊地域。唐中期以來，隨著民間貿易興盛，唐政府在此設立了市舶司，從中央派官員管理海外貿易。宋以後，由於兩浙路經濟繁榮，擴大了與海外的經濟交流，明州成爲一個繁忙港口。由於國家財政依賴海外貿易程度增加，宋朝整頓了出入國以及貿易管理制度，在廣州、

泉州、溫州、明州、杭州以及秀洲等多個海濱城市設立了市舶司〔註1〕。特別成為與日本和高麗往來的主要港口。民間貿易也特別活躍，商人們「以泛海貿易為業，往來高麗、日本」〔註2〕。

　　南宋到元代稱作「慶元」，明代時期改名為「寧波」一直到至今。位於餘姚江和奉化江合流形成的甬江西側，夾在餘姚江和奉化江之間，街道以勢展開。甬江流淌約 12 公里左右注入杭州灣出口處，餘姚江在上游連接大運河直通南宋都城杭州。明州是水上交通要衝之地，而且，港口附近地區以農業、紡織業和陶瓷業而繁榮，近郊有天童山、阿育王山（見附圖）等中國名剎。以下表格〔註3〕是宋商利用明州作為進出港記錄（由中日兩國史料歸納而成）。

年代	史料出處	宋商名字	明州港	內　容
1023～1032 年	《宋史》四九一外國七列傳二五〇日本《文獻通考》三二四四裔考倭。	孫忠	港口：明州。	《宋史》四九一外國七列傳二五〇日本天聖（萬壽三）四年十二月，明州言，日本國大宰府，遣人貢方物，而不持國表，詔卻之。
1024～1028 年	《太宰府天滿宮史料》卷 5，1964 年，第 51 頁《小右記》。	宋商福州陳文祐和副綱章仁昶等	出發港：明州。到達港：肥前國值嘉島。	他們的船遇到大風，漂流來日。文祐攜帶大宋國奉國軍市舶司公憑案一枚，同文祐等所進船內徒交名一枚，新人宋人六十四人形體衣裳色繪圖一枚，同文祐等所進貨物解文一枚，同文祐等所進和市物解文。
乾道九年 1076 年	《宋史》四九一外國七列傳二五〇日本國。	明州綱首	出港：明州。	明州綱首以方物入貢。

〔註1〕《寶慶四明志》卷6，郡志6，敘賦下市舶：「漢揚州、交州之域，東南際海，海外雜國，時候風潮，賈舶交至。唐有市舶使揔其徵，皇朝因之，置務於浙、於閩、於廣。浙務初置杭州，淳化元年徙明州，六年復故。咸平二年，杭明二州各置務，其後又增置於秀州、溫州、江陰軍。在浙者凡五務，光宗皇帝嗣服之初，禁賈舶至澉浦，則杭務廢。寧宗皇帝更化之後，禁賈舶泊江陰及溫、秀州，則三郡之務又廢。」
〔註2〕郭象：《睽車志》卷3。
〔註3〕筆者根據史料歸納而成。

年代	史料出處	宋商名字	明州港	內　容
1078～1085年	《宋史》四九一列傳二五〇外國七日本《玉海》一五四朝貢獻方物。	孫忠和日本通事僧仲回	出港：明州。	四九一列傳二五〇外國七日本元豐元年（承曆二），使通事僧仲回來，賜號慕化懷德大師。
1077～1081年	《太宰府天滿宮史料》卷5第328頁《帥記》。	宋商孫忠。拿著明州牒到大宰府和敦賀	宋商孫忠。離港：明州到港：敦賀。	（宋皇帝委託孫忠爲使節，攜帶國牒，並送禮籠子給日本朝廷。
1081～1084年	《渡宋記》第361頁〇書陵部所藏延曆寺僧戒覺述。	宋商劉坤綱首	出口港：博多。到港：明州。定海縣之岸。	延曆僧戒覺，乘劉坤父子船，偷渡到大宋。
1190～1194年	《太宰府天滿宮史料》卷6第224頁。《元亨釋書》二傳智一之二。《元亨釋書》2榮西傳。	楊三綱	綱首。出港：慶元。到港：平戶島茸浦。	榮西在慶元坐楊三綱的船回國。後在博多建聖福寺。西趨出到奉國軍今改慶元府，乘楊三綱船，著平戶島浦，本朝建久二年辛亥也。
1208～1224年	《泉湧寺不可棄法師傳》1211～4，第301頁。	蘇張六	綱首。到港：博多。出港：慶元。	日本僧俊芿在宋呆了13年乘蘇張六船回日本。

　　資料顯示，宋朝方面無論從明州出發還是抵達明州，日本方面對應的進出港口岸大都是博多。這表明中日之間由明州和博多連接起了一條海上通道，也可以說是一條海上絲綢之路，宋商們就奔波來往於中日這兩座城市。

　　在寧波博物館裏珍藏著三塊石碑（見附圖），上面記載了，乾道3年（1167）寧波修某個寺廟大道，有三位住在博多的宋商人分別捐了10貫錢，作爲報答，寺廟立了三個石刻在路邊。

　　第一塊石碑（見附圖）的內容是：

　　　　日本國太宰府博多津居住弟子丁淵捨□十貫文砌路一丈〔註4〕

〔註4〕一丈：約三米。

功德奉獻三界諸天十方智聖本□上代本命星官見生□□四惣〔註 5〕

法界眾生同生佛果者乾道三年四月日

第二塊石碑（見附圖）的內容是：

日本國太宰府居住弟子張寧捨身砌路一丈功德奉獻三界諸天宅

神香火上代先先亡本命元辰一切神祇等乾道三年四月

第三塊石碑（見附圖）的內容是：

超生佛界者張六郎妣黃氏三娘路一丈功德薦亡考捨錢十貫明州

禮拜日本國孝男張公意建州普城縣寄日

石碑上清晰地刻著「博多」（見附圖）這個城市，我們瞭解到居住博多的這三位中國人，他們之所以向寧波寺廟布施，大概是來往於寧波與博多之間進行貿易活動的「在日宋商」吧。第一塊石刻記錄的捐款人是「日本國太宰府博多津居住弟子丁淵捨」；第二塊的布施人是「日本國太宰府居住弟子張寧」，這裏的太宰府也許不僅僅是狹義上的太宰府，也可以泛指為博多。以上兩塊石刻使用了「居住」兩個字；而第三塊石碑刻著「建州普城縣寄日本國孝男張公意」，使用了「寄」這個字，而「建州普城縣」是捐獻者的籍貫。這表示捐獻者只是一時「寄寓」住在日本而已。

從以上可以得知，以博多為據點從事貿易活動的「在日宋商」，又分「居住」和「寄寓」兩種，或許分兩個階段更為恰當為好。他們在博多居住方式不一樣，這一點很重要。因為宋商後來在日本經商方式，分為「封閉貿易」「住番貿易」兩種方式。

寧波是造船業興盛的城市，在宋代建造船的數量曾經居中國首位。1979年在寧波發現了一艘宋代船，船長 16.38 米，寬 4.14 米，尖船頭和尖船底，四角形船尾並帶有 3 個桅杆，和 1974 年福建泉州出土一艘宋代古船一樣，都採取了隔水倉技術，船艙被隔成 11 個區域，因此即使一兩個隔水倉漏水，船也不會沈，是一艘具有中國特色的遠洋帆船，具有耐遠洋航海強度。

船出土的地方面向奉化江的一個碼頭，發現船附近的地方，就是南宋、明代市舶司以及宋元造船所的遺址。而且從出土地點的性質來看，這條船來往於寧波至博多之間貿易船的可能性相當高。上述石刻上的丁淵、張寧和張公意等人大概也是乘坐這樣的船從寧波到博多的〔註6〕。

〔註 5〕四惣：全部的意思。

〔註 6〕村井章介：《東亞中的日本文化》，放送大學教材財團法人放送大學教育振興
　　　　會，2005 年。

二、溫州

溫州位處甌江入東海處，有優良的港灣和發達的造船業，海外貿易也相當繁榮。早在唐朝時期，日本入唐僧元珍曾於唐貞觀五年來唐朝求佛法巡禮和修學，一行七人搭乘唐朝王超的商船，隨身攜帶有兩張大宰府開據的通行證「大宰府公檢」。元珍一行分別經過溫州的橫楊縣、安固縣和永嘉縣，溫州各地的當地官府根據日本「大宰府公檢」開據了溫州牒」，並且簽名加蓋官印〔註7〕。

到了宋代，高宗紹興元年以前，宋朝政府就在溫州設立了市舶務，隸屬於設在杭州的兩浙路提舉市舶司，後來這一機構在南宋中期被廢止。南宋詩人徐照在詩中寫到：「兩寺今爲一，僧多外國人」，「夜來遊嶽夢，重見日東人」〔註8〕。從這些詩句可以看出，住在寺廟裏有很多外國僧人，而這些稱作「日東人」的外國僧人就是日本人。當時日僧來宋都是從東海航道過來的。日本僧人在溫州說明此時有一些商船往返於溫州和日本港口，也說明溫州的海外貿易在南宋後仍然在進行〔註9〕。

三、博多

博多是九州第一大城市福岡市的中心區域之一，位於那珂川東側。前面所提明州出入港的目的地和出發港大多是博多，博多似乎是宋商「綱首」停留之地也是日本僧侶入宋辦手續的地方。

宋商船經過「存問」、「陣定」和「安置」，最後才能進入「和市」交易。而「和市」的場所在哪裏呢？當然肯定不會在宋商船上，由於政府有定價優先權，並且不許日本國民私自和宋商交易。那麼宋商肯定要被「安置」在一個能夠得到控制的住處，這個住處就叫做「鴻臚館」（見附表）。

「鴻臚館」原來是政府接待外國使節的迎賓館，在築紫（福岡東南部）和平安京各有一處「鴻臚館」。不過隨著時代的變遷，訪問日本的外國使節強化了其商業的性質，功能變得多樣化。因此日本政府就讓宋商住在鴻臚館裏面，不和外面接觸並接受政府的管理，貿易活動也只在賓館內認可，並且，

〔註7〕 參見第五章第一節四「溫州牒」。
〔註8〕 徐照：《題江心寺》《芳蘭軒詩集》卷上；《移家雁池》，同上卷中。轉引陳高華、吳泰：《宋元時期的海外貿易》，第119頁。
〔註9〕 陳高華、吳泰：《宋元時期的海外貿易》，第119頁。

按照慣例貿易一結束，就立刻回國〔註10〕。交易方法也是政府先買下必要的貨物，剩下的再委託給民間進行交易。政府制定交易價格，這對於貿易商人來說有很大制約。有關宋商是否都住在政府制定的「鴻臚館」這個問題將在第五章第二節裏作詳細探討。

1987 年在福岡市中央區福岡成蹟內的和平臺球場工地上，發現了築紫鴻臚館的遺址（見附表），出土了基石、瓦和大量中國陶瓷。現在，鴻臚館全體平面圖被復原了，據考證這裏曾作為貿易場所的功能，一直貫穿 11 世紀〔註11〕。

博多出土的陶磁有一個最大特徵，陶瓷底部有毛筆書寫的墨書。已發現有上百例帶有這樣文字的陶磁。這些陶瓷碗底部的文字以兩個字居多，前面的字寫有「丁」、「張」、「黃」這樣文字，後面是「綱」字，即「丁綱」、「張綱」等（見附圖）。這到底具有什麼含義？學者研究後認為，第一個字是表示在博多活動的宋商姓氏。至於「綱」字，之前有這樣的觀點，認為這是「綱首」的縮寫，所謂「綱首」是指那些有自己的船在宋日間往來進行貿易的商人。當然也很難斷定，「綱」和「綱首」有關係，最近有學者質疑這一點，認為「綱」有貿易公司的含義。即「丁綱」意思可能指這是一家老闆姓丁的貿易公司名字，這家公司用這種方式來管理寫有這些字樣的陶磁。如果是這樣，這種文字顯示了在博多進行「住番貿易」商人的活動情況，那麼這些大量出土陶磁的地方，是否可以推測就是他們活動的地方？

根據考察發現，博多西邊入江口，彙集了從 11 世紀前半期到 12 世紀後半期廢棄貿易陶瓷器。博多好像是個卸貨和保管貨物的港口，「唐房」（見附圖）也建在在這裏。從 12 世紀中葉，開始向東面日本人居住區擴大，與日本人混居在一起。上節提到的三塊石碑中，三名「在日宋商」「博多津居住弟子丁淵」和「太宰府居住弟子張寧」或許也就住在這裏吧。

縱觀日本中世紀，寧波和博多是中日兩國相互面向對方開設的窗口。這條跨越東海把這兩個城市連接起來的航線，作為東亞貿易海路主航道，其比重遠遠超過了其它航道。

〔註10〕村井章介：《東亞中的日本文化》放送大學教材財團法人放送大學教育振興會 2005 年。
〔註11〕榎本涉：《明州市舶司和東支那海交易圈》「日本歷史」640，2001 年。

四、大輪田泊

「大輪田泊」處於日本近畿內外交接處，自古就是良港。公元 785 年，澱川和神崎川之間被打通，它就開始佔據著從瀨戶內海到京都的海上交通重要位置。港口中心就建在現在兵庫區東南區的「大輪田泊。從 812 年修建開始，直到 10 世紀中期，朝廷和攝津國〔註12〕常常對其修整。但是由於這裏常刮東風以及東南風，使得大型船舶無法躲避風浪以及自由、安全地停靠。因此平盛清就設想建造一個能起到防波功能的巨大人工島。目前的「神戶人工島」是現代人造海灣的先驅，其實早在平安時代，平盛清就在神戶建立起這樣一個「人工島」。這兩個「人工島」手法相同，都是「塡山造海」，即炸掉港口背後的鹽槌山，塡海造一個島。據推測，這是一個面積相當於 7、8 個甲子園球場（兵庫縣著名的棒球場）大的人工島。

通過「大輪田泊」可以駛向南宋的明州，因此「大輪田泊」成爲宋日雙方名副其實的「歷史海道中轉站」，也有人稱此爲「800 年前的長江貿易促進工程」〔註 13〕。日本從宋進口昂貴的絲織品、陶瓷器，各種香料、顏料、經典以及書籍等各種物品，尤其是中國貨幣「銅錢」的流入對日本經濟發展產生巨大作用。而日本向宋輸出的除了有屏風、扇子、刀劍、珍珠外還有砂金、水銀河硫磺等物品。

平盛清通商貿易立國的構想不僅是想從宋日貿易中獲得巨大利益，對「大輪田泊」的改建也僅僅是他規模宏大的國家經營計劃的一部分，從中還可以看到一位具有國際視野大政治家的雄心，他想要在 1180 年遷都福原〔註14〕。平盛清在毗鄰大輪田泊的地方建造了福原京，並不顧高倉上皇和平氏家族強烈反對想把京都遷往福原，企圖通過擴大宋日貿易建立起一個強大的海洋國家，後被源義仲燒毀〔註15〕。

〔註12〕攝津國：日本古代的令制國之一，屬京畿區域，爲五畿之一，又稱攝州。攝津國的領域大約包含現在的大阪市（鶴見區、生野區、平野區、東住吉區各區的一部份除外）、堺市的北部、北攝地域、神户市的須磨區以東（北區淡河町除外）。

〔註13〕田井玲子、冢原晃等：《日中歷史海道 2000 年》，第 9 頁。

〔註14〕位於今兵庫縣神户市，平安時代末期的平清盛在治承 4 年（1180 年）計劃所遷的日本新首都名稱，當時計劃稱作和田京。

〔註15〕高橋昌明：《平盛清福原的夢想》講談社《講談社選書メチエ》，2007 年。

五、肥前

除了博多和南宋開始繁榮的大輪田泊，日本史書裏也曾出現過宋商以及日本僧人出海的其它港口。肥前為舊國名，現為佐賀和長崎縣的一部分。在《扶桑略記》二十七一條天皇上記載：「長保五年秋時，參河守大江定基出家入道，法號寂照，八月二十五日，寂照離本朝肥前國渡海入唐，賜圓通大師號」〔註16〕。上一章裏提到，誠尋也是從肥前偷渡出海，是在肥前國松浦郡壁島乘船（「延久〔註17〕四年三月十五日乙未，寅時，於肥前國松浦郡壁島，乘唐人船」〔註18〕）的。

六、環日本海的港口越前

越前即現在的福井縣，是以日本海為出口的港口，也是宋商貿易往來中唯一以日本海為港口的。《權記》中記載：「長保二年八月二十四戊辰，……皇后（藤原定子）仰云，大宋客商仁聰在越前國之時，所令獻之雜物代，以金下遣之間，仁聰自越前向大宰之後，令愁申於公家，以未給所進物直之由云云」〔註19〕。宋商朱仁聰由於認為越前的官員對其貨物估價不公而告到太宰府。史料上集中出現「唐人」的記載，是從康平三年的大約 60 年間，「唐人」來到日本在越前、但馬（今兵庫縣）一帶的日本海海岸的港口定居下來。在這一地域，從長德元年到長保年間，最後一位到訪問若狹（福井西部）、越前的就是「大宋商人朱仁聰」，從此以後，在大約六十年間就再也沒有發現過「唐人」的身影〔註20〕。另外，大宋國使黃逢在 1080 年，也是從越前國上岸然後到太宰府的，不過那已是八十多年以後的事情〔註21〕。

> 承曆四年閏八月二十六日乙酉，申初參內，此間右府（藤原俊家）被參，相次人人參入，右府以下著陣，被下越前國解，大宋國使黃逢隨身牒狀參著了，副牒狀案等。

〔註16〕 《扶桑略記》，《太宰府天滿宮史料》卷5，第310頁。

〔註17〕 延久（1069 年 4～1074 年 8）是日本的年號之一。使用這個年號的天皇是後三條天皇與白河天皇。

〔註18〕 《參天台五臺山記》，《太宰府天滿宮史料》卷5，第286頁。

〔註19〕 《權記》，《太宰府天滿宮史料》卷5，第291頁。

〔註20〕 村井章介：《日本史出版系列、跨越境界的人們》，山川出版社，2006 年，第26頁。

〔註21〕 《水左記》，《太宰府天滿宮史料》卷5，第340頁。

另外，在宋朝方面，由於走私、季風等各種原因，有的商船不從明州出發，也有不到像博多這些指定港口。據《一代要記》記載：「長保五年八月二十五日，寂昭上人離日本進發西海〔註22〕，九月十二日，著大宋國明州府云云」。西海是指日本長崎和對馬一帶，從那裏到達明州，寂照居然用了二十三天時間。這會不會是開闢的另外一條新的航線？另一位宋商周良史則是從對馬上岸，據《小右記》記載〔註23〕：

> 　　長元元年十月十日辛未，……中將來，又云，大宋國商客，初商客爲大貳（藤原惟憲）稱藏人所召，被召取隨身唐物等之□文，付唐物使小舍人進之云云，頭中將談，或人云，□中將云，今見世間氣色，商客之愁連益歟者，盛算闍梨持初來宋人書，商客（周）良史，八月十五日來著對馬島，次到著築前怡土郡北埼，都督於今不中。

還有據《中右記》中記載：「寬治六年六月二十七日己卯，有陣定，是大宰府解狀也，唐人隆琨爲商客，初通契丹國之路，銀寶貨等持來」〔註24〕。這裏記錄了宋商隆琨從契丹來到日本的歷史事件。

第二節　航海線路

一、明州——博多線

　　從宋商和入宋僧的往來記錄來看，除了平戶、五島列島這些需要等待順風開船的港口有出海事例、以及回國時發生漂流的事例外，幾乎還沒有發現博多以外還有其它和宋進行貿易的港口，博多一直處於統治地位。畿內、鐮倉的寺院以及權貴爲確保博多周邊利益，以博多「綱首」爲媒介獲取唐物。從博多「綱首」的角度來看，以博多爲據點才是最安全。即使政府貿易管理制度崩潰了，博多到明州這條宋日間的主要貿易線路也不會改變。

〔註22〕　西海：西方之海。特別指九州地區的海。或指西海道，古日本八道之一，包括現在九州，壹岐、對馬。
〔註23〕　《小右記》，《太宰府天滿宮史料》卷5，第61頁。
〔註24〕　《中右記》，《太宰府天滿宮史料》卷5，第424頁。

二、大輪田泊──明州線

　　平盛清很早就注意到了「大輪田泊」的重要性，開始經略靠近「大輪田泊」的福原之地，1162 年實施了對包含「大輪田泊」在內的 8 個郡的土地勘探〔註25〕。

　　平盛清修建「大輪田泊」的其中一個意圖就是開展日宋貿易。過去中國宋朝商船大都是到北部的九州地區開展貿易，而宋商人也都居住在博多。平盛清著眼於宋日貿易，開始修繕大輪田泊，以便讓宋商船能夠通過瀨戶內海，在大輪田泊進行交易。

　　「大輪田泊」修建難點在於它常刮東南大風和早晚起大浪，需要經常加以治理修繕。因此平盛清首先於 1173 年以己之力，修建了「新島」。這個新島也叫做「經之島」或者叫「兵庫島」。後來由於「平源之亂」使得計劃擱淺，在一谷合戰中化為泡影。

　　平清盛對海外貿易採取積極進取的政策，對赴日貿易的宋船給予優厚的待遇，除了在原來的博多港之外，又開放了越前的敦賀港，還開闢了瀨戶港和輪田港，供宋商停泊，宋日貿易就更加頻繁。

　　當時日本從宋進口了大量陶瓷器和銅錢，雖然從「大輪田泊」交易數量上來看數量不多，但是這種對外貿易的政治意義還是不能小覷〔註26〕。

三、其它線路

　　有人指出也有可能存在和博多──明州路線不同的其它線路。其證據是，在鹿兒島縣的萬之瀨川流域發現了持躾松遺蹟。以 12～13 世紀為中心，出土的貿易陶瓷量超過了其它的遺蹟，而且還發現了據認為是相當於集裝箱、可以盛放很多商品的壺、甕等物品。另外還在奄美大島的倉木崎海底也發現了和持躾松遺蹟相同的貿易陶瓷器遺蹟，不過這些陶瓷器從南方運過來的可能性也比較高〔註27〕。

　　近年來，有些學者指出在很多地點也有從事貿易的可能性，但是無可否認的是，即使是在持躾松遺蹟這個地方也和博多遺蹟群有著相當大的隔絕性

〔註25〕田井玲子、冢原晃等：《日中歷史海道 2000 年》，第 28 頁。
〔註26〕同上。
〔註27〕大庭康時、佐伯弘治：《中世都市博多を掘る》，海鳥社，2008 年。榎本涉《日宋、日元貿易》。

〔註 28〕，即便承認其爲西南諸島到南九州的貿易路線，但從宋日交通的主體來看，也只能是一條次級的貿易路線。

第三節　航海時間

　　眾所週知，中日兩國都是環太平洋國家，中世紀通過木帆船的航海貿易，其航程時間是比較容易受到太平洋季風影響。下面我們研究一下宋朝海商是如何利用季風開展貿易。首先看一看日本史料記載有關兩國海上來往所花費的時間。《朝野群載》中提到宋商來往於日本大都是「如此商客，上古待二八月之順風，所往反也，至於近代，不拘時節，往反不利」〔註 29〕。即古人一般在二、八月時利用順風到日本，三、九月時再利用順風回宋朝，而當代人卻違反這樣自然規律，所以常常會變得不順利。

　　第二章裏提到，宋商李充的商船，於八月二十日酉時到達，進行聯絡後，第三天的二十二日就進入了存問手續。這表明從中國到日本的最佳時間是在八月份。還有宋人周新的商船在完成「存問」以後，不等朝廷裁決就立刻進行「和市」，「府官等任例存問，隨出和市物畢」〔註 30〕，周新的船也是八月到日本。

　　接下來，我們通過誠尋撰寫的《新羅神明記》來研究一下他乘船偷渡到明州大概需用多少時間〔註 31〕：

　　　　誠尋阿闍梨，入唐，爲求法，「……延久四年三月下向九州，年六十二歲，同十九日離日本，七日七夜任風泛海，同二十五日至大唐大惣持教天台圓頓教達摩宗教五百山，記文殊千臂千缽經，三井唐院被送之。」

由此可見，誠尋從日本到達宋朝是三月十九日至三月二十五日，歷經七個畫夜，這說明一年中的三月份是可以揚帆從日本來宋朝。下面再研究一下延曆寺僧戒覺偷渡到宋朝的時間〔註 32〕：

　　　　永保二年歲次壬戌九月五日，於築前國博多津，師弟三人乘於

〔註 28〕　大庭康時：『集散地遺跡としての博多』，『歷史學研究』756，1999 年。
〔註 29〕　《新羅神明記》，《太宰府天滿宮史料》卷 5，第 298 頁。
〔註 30〕　《長秋記》，《太宰府天滿宮史料》卷 6，第 48 頁。
〔註 31〕　《新羅神明記》，《太宰府天滿宮史料》卷 5，第 298 頁。
〔註 32〕　《渡宋記》，《太宰府天滿宮史料》卷 5，第 361 頁。

> 唐船，……十三日日者之間，留北崎浦，是待順風也，今朝適朝風
> 吹送，仍□帆而著肥前國土部之泊矣。二十二日著明州定海縣之岸，
> 已上乘船之後經十八個日，離岸之後經九個日，但征帆之間，若論
> 晝夜都盧十八個日也。

從以上史料可以斷定，戒覺是九月份順風季節渡宋的；誠尋和戒覺渡宋時間分別是三月和九月，由此可見從日本到宋朝的最佳時間是每年的三月和九月。

　　由於季風等原因，加上宋商有時像剛才提到的那樣，常常不按時節行船，貨船就會被風吹到別的地方，成為漂流船（民）。《金史》就曾記載：「興定元年〔註33〕（建寶五）十二月戊申，既墨移風寨於大舶中得日本國太宰府民七十二人，因糴遇風，飄至中國。有司覆驗無他，詔給以糧，俾還本國」〔註34〕。顯然這些人不是在三月或九月出海的，而是在十二月份出發的，所以才遇到大風。《宋史》也記載了同一件事情：「乾道〔註35〕十年，日本七十三人復飄至秀州〔註36〕華亭縣，給常平義倉錢米以振之」。我們前面提到宋商漂流到日本卻遭到「迴卻」遣返的例子〔註37〕。

> 　　長曆元年五月，今月，大宋商客慕晏誠等飄來，二年十月十四
> 日，宋人慕晏誠等貨物迴卻官符」。

慕晏誠之所以漂流過來是因為來日的最佳時間是在每年的二、八月，而他在十月份才飄過來，錯過了最佳時節，或許也可能他是故意找個藉口想去日本做生意吧。

第四節　商船

　　眾所週知，從事海上貿易離不開商船，那麼宋日兩國當時的商船又如何呢？直到宋朝末期，商船一直頻繁往來於宋日之間，也可以說，宋朝和日本之間貿易的最鼎盛時期是在宋朝最末期。從十三世紀前半葉起，許多日本商船也「冒鯨波之險，舳艫相銜，以其物來售」〔註38〕。有的年份來明州、溫

〔註33〕興定（1217～1222年）是金宣宗的第二個年號。金宣宗使用興定這個年號一共6年。
〔註34〕《太宰府天滿宮史料》卷7，第343頁，轉注《金史》。
〔註35〕乾道（1165～1173年）是南宋皇帝宋孝宗趙眘的第二個年號，共計9年。
〔註36〕秀州：今上海淞江縣。
〔註37〕《百練抄》，《太宰府天滿宮史料》卷7，第118頁，轉注《宋史》。
〔註38〕梅應發、劉錫纂修：《開慶四明續志二》《蠲免抽博倭金》，北京圖書館出版社，2004年。

州、台州一帶貿易的日船達四、五十艘之多〔註 39〕，這雖說有些誇張但也可說明當時宋日海商貿易呈現出空前盛況。

一、宋船

從事海外貿易的船隻，統稱爲海舶或者船舶。宋代的造船技術十分發達，所造海舶載重量可達五千石（三百噸）。這個時期的船舶，大的可容數百人，小的也能載一百多人〔註40〕。大型船舶，「舟若巨室，帆若垂天之雲，柂長數丈，一舟數百人，中積一年糧，豢豕、釀酒其中」〔註 41〕。北宋後期，指南針已廣泛應用於航海，還出現了記載海路的專著《針經》。與宋王朝有海上貿易的達五十個國以上，進出口貨物在四百種以上。《寶慶四明志》（卷 3 官僚造船官）記載了當時宋朝造船的情況：

> 國朝皇祐中溫明各有造船場。大觀二年，以造船場並歸明州，買木場並歸溫州，於是明州有船場官二員，溫州有買木官二員，並差武臣。政和元年，明州復置造船、買木二場官各一員，仍選差文臣。二年，爲明州無木植，並就溫州打造，將明州船場兵級及買木監官前去溫州勾當。七年，守樓異以應辦三韓歲使船，請依舊移船場於明州，以便工役。尋又歸溫州。宣和七年，兩浙運司乞移明溫州船場並就鎮江府，奏辟監官二員，內一員兼管買木。未幾又乞移於秀州通惠鎮，存留船場官外省罷，從之。中興以來，復置監官於明州。

從以上可以明確看出，宋朝造船廠大都在明州和溫州這些地方，因爲是木船，所以溫州船廠負責購置木材，而海港城市明州則負責造船。明州還設有市舶司，各有兩個官員，後又設監官兩名，這樣便於加強管理。

還有前面提到的在 1979 年寧波發現的一艘宋代商船，這艘船長 16.38 米，寬 4.14 米，尖船頭和尖船底，四角形的船尾並帶有 3 個桅杆，船艙被隔成 11個區域，這是一艘遠洋船，是具有中國特色的遠洋帆船，並且具有耐遠洋航海強度。寧波是造船業興盛的城市，在宋代建造船的數量曾經居中國第一位。當時船的壽命平均大概爲 10 年，造好後經過一段時間後很容易出問題，比如，

〔註39〕 包恢：《敝帚稿略》，卷一，《禁銅錢申省狀》。
〔註40〕 《萍洲可談》卷 2 記載：「甲令，海舶大者數百人，小者百餘人，以巨商爲綱首，副綱首，雜事，市舶司給朱記，許用笞治其徒，有死亡者籍其財」。
〔註41〕 周去非：《嶺外代答》卷 6，《木蘭舟》。

會出現漏水，有時會在航海的過程中臨時在漏水的地方堵上一些樹皮。而航行東海的帆船則具有耐用性。

那麼宋船上的人員配備大概有多少呢？在第二章裏曾提到的宋商陳文祐在接受「存問」時，曾提交過「新人宋人六十四人形體衣裳色繪圖一枚」〔註42〕的資料，說明他的船上有新船員六十四名，如果再加上老船員以及綱首等人員還要多一些。南宋時期商人李充在提交的公憑中包括綱首李充、梢工林養、雜事莊權和部領兵吳弟等四人在內，一共有七十名人員〔註43〕。

那麼宋船從明州到達日本所需時間又要多少呢？

宋商陳文祐從明州出發，「八月四日，中國，以今月四口，罷離彼岸，同十日，罷著當朝之內肥前國值嘉島，同十四日罷著同國松浦郡所部柏島者」。由此可知，到達肥前是八月十日，很順利共歷時七天〔註44〕。前面一章也證實，誠尋也是用了七天，三月十九日到三月二十五日共七個晝夜〔註45〕。而戒覺只用了六天，永保二年（1082）九月十四日肥前國土部出發，十九日到唐海，二十二日到達定海，八百公里六天時間，一晝夜一百三十公里，平均時速五公里〔註46〕。

不過，陳文祐在前一年的 1026 年，從日本回宋時竟用了二十六天，「去年八月十三日離日本岸，解纜之後，欲早入唐之處，於途中遭逆風，數日漂流，同九月九日強罷著大宋國明州」〔註47〕。很難想像在這段時間裏，七十人左右生活在狹小的船艙裏，還要消耗大量的水和食品。因此，一到目的地就會盡可能地趕快卸貨，還要修理一下漏水的地方。所以當大宰府官員「存問」完後，要「迴卻」遣返宋商王瑞柳、念丁載等人時，他們提出請求：「但此事修補船筏，相待順風之間」〔註48〕。可見當時宋船經過一次單向航行是必須要進行修理的。

在泉州博物館裏有一艘後渚出土的宋代貿易船模型（見附圖），但是能充分展現出這個時代貿易情況的是 1975 年 5 月發現從韓國新安沖打撈上來的元代沉船。這是一艘巨大帆船，船中裝載有 800 萬枚銅錢，還有陶瓷器、香料

〔註42〕《小右記》，《太宰府天滿宮史料》卷5，第51頁。
〔註43〕《朝野群載》，《太宰府天滿宮史料》卷6，第167頁。
〔註44〕《小右記》，《太宰府天滿宮史料》卷5，第51頁。
〔註45〕《參天台五臺記》，《太宰府天滿宮史料》卷6，第286頁。
〔註46〕《渡宋記》，《太宰府天滿宮史料》卷6，第361頁。
〔註47〕《小右記》，《太宰府天滿宮史料》卷6，第51頁。
〔註48〕《朝野群載》，《太宰府天滿宮史料》卷5，第388頁。

和記錄貨物人員的木簡，對解讀宋日貿易史以及宋代商船也具有極其珍貴的
參考價值。沉船中還可以看到中國式、日本式以及朝鮮式的生活用品，表明
似乎有各種各樣的人乘坐過此船。新安沉船發現中國帆船特有的船底隔板，
這說明元代已經解決了宋船的漏水問題〔註49〕。

二、倭船

剛才我們探討了宋朝商船，其實日方也想要造自己的遠洋船。日本鎌倉
幕府時期，宋商以及一些工匠來到日本後，有的暫時不能回去，也有的想反
覆來往於中日之間，但苦於自己沒有船，因爲當時只有綱首才可能擁有自己
的船隻。

宋孝宗淳熙八年壬寅，日本要建造鎌倉大佛，宋朝鑄造師陳和卿來到日
本幫助建造大佛〔註50〕。陳和卿同時也是一位商人，據日本《玉葉》記載：「宋
朝鑄師，年來吾朝，且居鎮西，想歸宋朝，忽聞船破，無法成行，欲罷不能」。
這表明陳和卿雖然是一位商人但他並沒有自己的商船，不能自由地往來於宋
日之間。其實當時「在日宋商」大都也都沒有自己的商船，其中有的宋商還
是擁有工匠才能的商人。

日本鎌倉三代幕府將軍源實朝非常想去明州學習佛法，一天，源實朝做
夢夢見自己到了明州的醫王山（即阿育王山），在聽一長老講法。醒來竟發現
他的部下竟有三人同時夢到他（將軍）去了醫王山，因此幕府將軍認定自己
是醫王山長老的前身，所以堅決要去宋學習佛法，由於日本當時沒有足夠大
能夠從事宋日貿易的商船，他爲了實現自己的心願，命工匠造遠洋船。據《善
鄰國寶記》記載〔註51〕：

> 正續院佛牙舍利各記曰，日本國相州鎌倉都督〔註52〕右府將軍
> 源實朝〔註53〕，一夕夢到大宋國，入一寺〔註54〕嚴麗，因見長老升

〔註49〕 服部英雄：《日宋貿易的實態——和〈諸國〉來的客人們〈唐房〉——》，第
44 頁。

〔註50〕 《東大寺續要錄》造佛篇。

〔註51〕 田中健夫：《善鄰國寶記新訂續善鄰國寶記》東京：集英社刊行，1995 年，第
72 頁。

〔註52〕 鎌倉都督：都督是中國地方軍事長官的名稱。在日本大宰帥也使用唐朝的名
字。這裏是指鎌倉幕府將軍。

〔註53〕 源實朝：鎌倉幕府第三代將軍。在位 1210～1221 年。

〔註54〕 能仁寺：也叫興聖萬壽禪寺、徑山寺。在杭州郊外，五山之首。

座講法，眾僧圍繞，道俗滿庭，實朝向旁僧問彼寺名，僧曰京師〔註55〕能仁寺，次問長老誰，僧曰當寺開山南山宣律師〔註56〕，又問宣律師入滅年久，何今現在，曰汝未知耶，聖者難測，生死無隔，應現隨處律師今現再，誕日本國，鎌倉雪下供僧〔註57〕良眞僧都也。實朝夢中問答數刻而覺，心中生奇異想，便以使者召良眞僧都，僧都又夢，早晨謁幕府，使者於路相遇，即隨使者參謁，實朝先問曰，僧都來何也，僧都仍說，夢中事，實朝曰，與我夢合也，其時壽佛開山千光禪師〔註58〕又有夢，三夢〔註59〕不少差，實朝於是自悟，南山之後身，深希拜彼靈跡，因廢世務，思之在茲，因懷度宋之志，便命工造船。

但是船造好了卻不能開動，於是源實朝派十二人作爲使節到宋朝學習造船技術，「諸官聚議令工作船不動之謀也，船成以啓實朝，即致祓禊之祭，推欲泛海，果是船不動也，以爲不祥而止矣，便遣十二人使節於大宋國」〔註60〕。最後，將軍不聽大臣苦諫，命令陳和卿造「唐船」並選定了去過宋朝的 60 人協助他，1217 年四月，陳和卿造好了唐船〔註61〕，在十七日的滿朝日，幕府將軍源實朝御駕出訪，中午時分「唐船」行駛到一片淺灘時就再也無法開動〔註62〕。

由此可以確定，宋日海外貿易中的商船，全部都是宋朝造的「唐船」，日本當時還無法建造遠洋商船。而日本船開始渡宋的時期大概是在南宋時期平盛清整治「大輪田泊」時期〔註63〕。

第五節　海盜

十二世紀以降，宋朝沿海和日本瀨戶內海都相繼出現了海盜，兩國政府都在全力打擊海盜以確保國民生命財產安全和海上航道暢通。

〔註55〕京師：南宋都城臨安府。
〔註56〕唐僧道宣（596～667 年）。
〔註57〕雪下供僧：也叫雪下僧都，良眞的別稱。
〔註58〕壽佛開山千光禪師：指：榮西。
〔註59〕三夢：實朝、良眞和榮西三人的夢想。
〔註60〕田中健夫：《善鄰國寶記新訂續善鄰國寶記》，第 72 頁。
〔註61〕村井章介：《東亞中的日本文化》2005 年放送大學教育振興會，第 140 頁。
〔註62〕同上。
〔註63〕田井玲子、冢原晃等：《日中歷史海道 2000 年》，第 9 頁。

　　據《四庫全書四明續志》卷六里記載，宋嘉熙和寶祐間海盜騷擾明州、溫州和台州等地以及軍民防範的情況。當時往來於高麗和日本海上貿易航道的情況是：「鯨波吐吞，渺無津涯」。「商舶之徃來於日本、高麗，虜舟之出沒」，航道不僅驚險，而且海盜也出沒於此。因此，市舶司以及官府經常調集明州、溫州和台州居民嚴防定海等入海口以防海盜，「使司調明溫臺三郡民船防定海、戍淮東京口，歲以爲常」。有二十多年航海經驗的商船經常被驚濤駭浪摧毀、被海盜掠奪，使人苦不堪言，「而船之在籍者垂二十年，或爲風濤所壞，或爲盜賊所得，名存實亡」。官府於是就徵調這三個地方一丈以上的民船 3833 艘、一丈以下的船 15450 艘用於防海盜。《四庫全書·四明續志》裏記載道〔註64〕：

> 明爲左馮翊而州瀕於海，鯨波吐吞，渺無津涯，商舶之徃來於日本、高麗，虜舟之出沒於山東、淮北，撐表拓裏，此爲重鎮。

> 嘉熙間制置使司調明溫臺三郡民船防定海、戍淮東京口，歲以爲常。而船之在籍者垂二十年，或爲風濤所壞，或爲盜賊所得，名存實亡，每按籍科調，吏並緣不恤有無，民苦之。寶祐五年七月大使丞相吳公慨然曰：人心固則天險固，根本動搖奚恃無恐？乃立爲義船法白於朝，下之三郡，令所部縣邑各選鄉之有材力者以主團結，如一都歲調三舟，而有舟者五六十家，則眾辦六舟，半以應命，半以自食，其利有餘貲，俾蓄以備來歲用，凡丈尺有則印烙有文，調用有時，井然著爲成式。且添置幹辦公事三員，分蒞其事。三郡之民無科抑不均之害，忻然以從。船自一丈以上共三千八百三十三隻，以下一萬五千四百五十四隻，又下而不堪充軍需者，或謂飄忽去來於滄溟汗漫之中，呼儔嘯侶，亦得以貽吾憂，並爲之印籍，陰寓防閒。公先事而慮銷患未形，至是無遺算矣。

日本史書同樣也記載有關於海盜出沒的情況。12 世紀初，在日本瀨戶內海出現了海盜，使博多到京都的通道受到了威脅，嚴重影響了百姓和朝廷官員的人身安全。以至於鎮西安成寺的僧官（別當）在經過瀨戶內海去京城途中，還順便抓住了 11 名海盜（鎮西安詳寺別當捔進海賊十一人事），可見海盜是非常猖獗。據日本史料《中右記》記載〔註65〕：

〔註64〕 宋梅應、劉錫同撰：《欽定四庫全書四明續志》卷六三郡隘船。
〔註65〕 《中右記》，《太宰府天滿宮史料》卷6，第256頁。

　　　　永久〔註66〕二年三月五日，……紀伊三位使前所眾廣實來云，
　　鎮西之安成寺別當上洛之間，備前國〔註67〕赤尾泊所搦取海賊可受
　　取者，仍仰明兼（阪上）、行重了，海賊十一人，行重、明兼將來，
　　大略令簡之處，不承認，後日可拷問由仰了。六日，……其次奏事，
　　鎮西安詳寺別當搦進海賊十一人事，仰云，聞食了」。

瀨戶內海的海盜，甚至還殺害宋商和高麗使者，嚴重影響了宋商和當地百姓
的安全、損害了國家的形象。《弘贊法華傳》裏這樣描述〔註68〕：

　　　　弘贊法華傳者，宋人莊永蘇景，依予之勸，且自高麗國所奉渡
　　聖教百餘卷內也，依一本書，爲恐散失，勸俊源法師，先令書寫一
　　本矣，就中，蘇景等入海中少濕損，雖然海賊等，或爲宋人被殺害，
　　或爲嶋引被搦取，敢□（無力）散失云云，宋人等云，偏依聖教之
　　威力也云云。

　　　　　　　　　保安〔註69〕元年七月五日於大宰府記也　大法師覺樹
　　　　　　　　　　　　　　　　　　　此書本奧有此日記。

前面已經瞭解到，此時平氏勢力在日本已經開始抬頭，平忠盛任備前（今瀨
戶內海）地區的國司，開始抓捕、平定海盜，並支配了瀨戶內海的海上航行，
開始和南宋開展貿易。

　　後來他的兒子平清盛任日本的太政大臣時，爲了確保和南宋的貿易航道
的安全，修築了音戶的瀨戶海峽和大輪田泊（現神戶港一部）港，建立起了
一條大輪田泊到明州線航線。

　　後來，公元 1261 年九州地區的肥前、築前、豐前以及對馬一帶出現了大
批山賊、海盜以及暴徒騷擾商船百姓的事件，而且海盜之間也發生發生火拼，
幕府命令大宰府少貳負責消滅海盜等這些暴徒。並將對打擊不力的官員進行
撤職和調職，「改易其職之由，重所被定置」〔註70〕。

　　以上史料說明，在南宋中日貿易航道周圍海域，海盜四起已經嚴重地影

〔註66〕永久：平安後期，鳥羽天皇朝年號。（1113 年 7 月 13 日～1118 年 4 月 3 日）。
〔註67〕備前：岡山縣。
〔註68〕《弘贊法華傳》10 東大寺圖書館本，《太宰府天滿宮史料》卷 5，第 295 頁。
〔註69〕保安：平安後期，鳥羽天皇、崇德天皇年號。（1120 年 4 月 10 日～1124 年 4
　　　　月 3 日）。
〔註70〕《武雄神社文書》，《太宰府天滿宮史料》卷 8，第 87 頁。

響了宋日兩國的貿易。後來南宋滅亡，日本幕府命令大宰府禁止商船來往，取消並中止了與宋的貿易〔註71〕。

　　總言之，宋日之間海上貿易通道，絕大部分時期是暢通安全的，兩國主要港口明州和博多已成爲了連接宋日之間的貿易樞紐，通過這兩個港口再向其國內輻射。海上貿易商船絕大部分是宋朝製造，大概能容納得下七十多人，航海時間大約一個星期左右，從明州到博多順風時間是二月和八月，從博多到明州爲三月和九月。南宋以後，宋朝明州、溫州、台州以及日本瀨戶內海海域都相繼出現了海盜，嚴重影響了國內和兩國貿易發展。宋朝軍民全力防範打擊海盜；日本方面平氏家族掃清了瀨戶內海的海盜，修建了瀨戶港和大輪田港，並積極開展與南宋貿易，開闢了一條新的宋日貿易航道。

〔註71〕 《新編追加》，《太宰府天滿宮史料》卷8，第95頁。

第四章　宋日貿易與平氏

　　公元 894 年 9 月 14 日，菅原道眞以唐朝衰微和航海危險爲由上奏中止向中國派「遣唐使」，這樣持續兩個世紀的遣唐使被中止了。日本除了和當時少數幾個國家保持外交關係外，國家進入一種鎖國狀態。

　　平盛清打破了廢除「遣唐使」後日本近 300 年的「鎖國」局面，他試圖打開日本的國門。在確立了平氏政權以後，他不顧具有貴族們的反對，積極地和南宋開展貿易。平盛清最初的目標是想通過日宋貿易以通商貿易立國，因此大力修整航路和建設港口以便宋朝的大商船隨時能夠進出瀨戶內海。他不僅成功地控制了九州到瀨戶內海的制海權，還開鑿打通了瀨戶內海最危險的難關──音戶，尤其是擴建作爲海外貿易中樞的「大輪田泊」港。

第一節　平盛清「開國」

　　平盛清修建「大輪田泊」其中一個意圖就是發展宋日貿易。過去宋朝商船大都是到北部的九州開展貿易，而宋商們也都居住在博多。平盛清著眼於宋日貿易，一旦大權在握就開始修繕大輪田泊，以便讓宋商船能夠通過瀨戶內海，實現在大輪田泊進行宋日交易的夢想。但是這種讓宋商船到嚴島〔註1〕，接受把日本視爲附屬國的宋朝「國書」這種無視先例的做法是和日本「鎖國型」的傳統方針背道而馳，因此招來很多非議。

〔註 1〕嚴島：是日本瀨戶內海廣島灣西南部的島嶼，鄰近廣島市，俗稱宮島，被列爲日本三景之一，稱爲安藝之宮島，島上最主要的景點是位於海上的鳥居及嚴島神社，已被列入世界遺產。面積約爲 30 平方公里，人口約 2000 人；行政區劃屬於廣島縣廿日市市。

「大輪田泊」處於日本近畿內外交接處，自古就是良港，但是由於這裏常刮東風以及東南風，使得大型船舶無法躲避風浪以及自由、安全地停靠。因此平盛清就設想建造一個能起到防波功能的巨大人工島。其手法都是「填山造海」，即設法炸掉港口背後的鹽槌山，填海造一個島。據推測這是一個面積相當於 7、8 個甲子園球場大的人工島，這是在當時既沒有翻斗車也沒有傳送帶的條件下，全靠人海戰術來完成。

在《平家物語》裏有「經之島」這一章節。記述了人們過去在遇到艱難工程時，常常用豎立人柱的方法來解決，當時就有人建議用這種好方法來推進工程，但是平盛清反對這樣做，認為這是「相當罪過的做法」。取而代之的是，他讓人把《一切經》的經文一個字一個字地寫在石頭上，然後把石頭沈到海裏，因此人們就把用這種方法建起來的島命名為「經之島」，如今這些寫有經文的石頭已經被發現。

在人工島建設處於最艱難的時候，「大輪田泊」也迎來了內外船隻進出最繁盛的時期，作為宋日貿易的基地充滿著活力。此時日本商船也開始經由「大輪田泊」，駛向南宋的明州，「大輪田泊」已成為宋日雙方名副其實的「歷史海道的中轉站」，也有人稱此為「800 年前的長江貿易促進工程」〔註2〕。日本從宋朝進口的貨物，有昂貴的「絲織品、陶瓷器，各種香料、顏料、經典以及書籍」等各種物品，尤其是宋朝貨幣「銅錢」的流入對日本經濟發展將產生巨大作用。而宋朝從日本進口的物品，除了有「屏風、扇子、刀劍、珍珠外還有砂金、水銀河硫磺」等物品。

平盛清通商貿易立國的構想，不但是想從宋日貿易中獲得巨大利益，而且對「大輪田泊」使我們從中可以看到作為具有國際視野大政治家的雄心，他想要在 1180 年遷都福原〔註3〕。在毗鄰大輪田泊的地方建造福原京，並不顧高倉上皇和平氏家族的強烈反對要把京都遷往福原，企圖通過擴大日宋貿易建立起一個強大的海洋國家，福原京後被源義仲燒毀〔註4〕。如果從安於「鎖國」現狀的保守政治理念來看，他這種把首都建在最大的港口邊無疑是「天狗所為」的異想天開。但是，平盛清並不退讓，因為把首都建在深山裏面是極其不利於和像宋朝這樣的大國展開外交和貿易活動，他認為應該把首都遷

〔註2〕 田井玲子、冢原晃等：《日中歷史海道 2000 年》，第 9 頁。
〔註3〕 位於今兵庫縣神戶市，平安時代末期的平清盛在治承 4 年（1180 年）計劃所遷的日本新首都名稱，當時計劃稱作和田京。
〔註4〕 高橋昌明：《平盛清福原的夢想》，講談社《講談社選書メチエ》，2007 年。

到靠臨海邊的地方，應該是座「水之都」。日本學者神木哲男認爲，平盛清最終目標是想建造一個集貿易窗口、具有國家意志的政治機關和經濟活動爲一體的濱海都城，可以說具有開國思想、通商立國理念的政治家所應有的理念和行爲〔註5〕。

平盛清這種理想最終沒能實現，福原新都只存在半年，對手對平氏的圍攻、加上自己體弱多病使得他不得不退卻，最後在平氏滅亡的 4 年前死去，終年 64 歲。但是人們不會忘記，雖然只有短短半年，神戶在歷史上曾經作過日本的首都。雖然現在我們無法確定福原京的遺蹟，但是可以說是平盛清奠定了當今神戶的國際港口地位。

後來一個叫做俊乘房重源的東大寺僧人繼承了平盛清的未竟事業，他完成了因戰火而荒廢的大輪田泊改建。經過平盛清到重源連續不斷地建設，名稱也從「大輪田泊」變爲「兵庫津」。進入中世紀以後，大輪田泊作爲「歷史海道的中轉站」再一次迎來它的輝煌。

第二節 治理瀨戶內海

東海是東北亞文明傳播的最大航線，無論是日本人生活中不可少的大米、文字還是國家制度、佛教文化都是通過東海傳到日本列島的。而瀨戶內海則是通往日本京都的必經之路，因此，東海——瀨戶內海被稱做「歷史海道」或者日本的「母親海」。

在爲數不多的瀨戶內海入海口中，靠近神戶的「大輪田泊」港，自古就被譽爲天然良港，據說是瀨戶內海裏的船隻必須要停泊的港口。它具體位置至今有許多說法，大致爲今天兵庫港一帶，這裏處於寧靜寬闊的海灣深處，還有伸向大海抵擋著海浪的和田岬。位於近畿的統一王朝建立後，並確立了律令制，從此「大輪田泊」港在地政學上的優勢就變得格外高。這裏處於畿內和畿外的中心位置，相當於瀨戶內海和古代國道一號線山陽道之間高速公路的中轉站。曾有「得瀨戶內海者得日本」〔註6〕的說法，而且「大輪田泊」港這裏的海道連接著遙遠的中國大陸。特別是日本遷都到京都以後，作爲首都外港的「大輪田泊」港成了瀨戶內海中最重要港口，「大輪田泊」就成了「歷史海道的中轉站」。

〔註 5〕 神木哲男：《歷史海道的中轉站》，神戶新聞綜合出版中心，1992 年。
〔註 6〕 田井玲子、冢原晃等：《日中歷史海道 2000 年》，第 8 頁。

在瀨戶內海見證了遣隋使和遣唐使。7世紀初，聖德太子爲了謀求提高國際地位和吸收先進文明向中國隋朝多次派遣使者。小野妹子攜帶的那封著名的「日出之國天子致日落天子皇帝」的國書雖然激怒了隋煬帝，但是隨行來的留學生和僧人所學到東西推動了日本「大化改新」以及佛教文化的傳播。即使到了奈良和平安時代，聖德太子的國策還在延續，隋朝滅亡後依然向中國的唐朝派遣「遣唐使」。

從公元630年第一次派遣到最後一次的9世紀後半，日本向中國共計派遣的20次計劃中，只有2次是平安地順利地到達唐朝，所以，其中大多數的使節船或慘遭沉沒、或漂流歷經磨難才到達目的地。遣唐船從難波津（今大阪）出發，穿過瀨戶內海是非常艱難的。當人們乘坐著「寬平的船」〔註7〕的遣唐船行駛在東海時，就完全把性命交給了上天，最初是沿著朝鮮半島的北路，後來又開闢了南路，這是以中國大陸的門戶明州和揚州爲目標的一條航道。海難、漂流不斷發生，許多人死於非命，而平安靠岸後，還要繼續穿過大運河沿著杭州、蘇州河揚州北上，最後歷經千難萬險才能到達長安。

第三節　修建「大輪田泊」

公元785年澱川和神崎川之間一被打通，神戶港口就佔據著從瀨戶內海到京都海上交通的重要位置。但是港口中心就是建在現在兵庫區東南區的「大輪田泊。從812年修建開始，直到10世紀中期，朝廷和攝津國〔註8〕常常對其修整。不過，可能由於受到史料的制約，一直到平安時代末年，都沒有發現「大輪田泊」是作爲平氏家族在神戶的根據地的證據。

12世紀初，瀨戶內海出現了海盜，使得博多到京都的通道受到了威脅，嚴重影響了百姓和朝廷官員的人身安全。

此時平氏勢力在日本開始抬頭，平忠盛任備前（今瀨戶內海）地區的國司，開始抓捕和撲滅海盜，最後控制了瀨戶內海的海上航道。後來他的兒子平清盛任日本太政大臣，爲了確保和南宋貿易航道的安全暢通，修築了音戶

〔註7〕司馬遼太郎語。見田井玲子、冢原晃等：《日中歷史海道2000年》，第9頁。
〔註8〕攝津國：日本古代的令制國之一，屬京畿區域，爲五畿之一，又稱攝州。攝津國的領域大約包含現在的大阪市（鶴見區、生野區、平野區、東住吉區各區的一部份除外）、堺市的北部、北攝地域、神戶市的須磨區以東（北區淡河町除外）。

的瀨戶海峽和大輪田泊，建起了一條大輪田泊至明州的航線。當時大輪田泊可謂是：「輪田崎者，上下諸人經過無絕，公私諸船往還有數，而東南之大風常扇，朝暮之逆浪難凌，是則無泊之所致也云云，任延喜例被修築彼石椋者，海路被行之怖畏不聞，官物私財之損失永絕者」〔註9〕。

大輪田港常刮東南大風，早晨和晚上波浪滔天，海路之險令人膽寒，官家和百姓常常損失財產。因此，太政大臣平清盛號令技工水手，三班倒用巨石擴建了大輪田港，「應下知管內諸國雜物運上船梶取水手下向時，人別三日勤仕攝津國大輪田泊泊石椋造役事」。日本史料《山槐記》裏記載了當時的擴建情況〔註10〕：

《山槐記》治承四年三月五日丁巳，……日向國辯濟使右官掌職直曰，輪田泊石椋木造築役事，賜便路諸國官符到來，可出請文由仰了，爲後代彼案文並請文案召取續歷。

太政官符太宰府

　　應下知管內諸國雜物運上船梶取水手下向時，人別三日勤仕攝津國大輪田泊泊石椋造役事。

　　右，得入道前太政大臣（平清盛）家今日解狀偁，謹考案內，輪田崎者上下諸人經過無絕，公私諸船往還有數，而東南之大風常扇，朝暮之逆浪難凌，是則無泊之所致也，爰近年占攝州平野之勝地，爲遁世退老之幽居，依其境之相近，聞此崎之爲要，方今仕數代之聖王，飽殊私之朝恩，遂登相國之官，更入菩提之道，寤寐所思者四海之靜謐，造次所求者萬國之歡欣，是以老爲救諸國之歎，一爲除諸人之怖，殊勵私力雖築新嶋，波勢常嶮，石椋不全，自非凝國國之力者，爭得致連連之營築乎，伏尋舊記，粗訪故事，延喜〔註11〕聖代下綸旨，仰山陽南海〔註12〕之兩道，修輪田船瀨之舊泊，聖代之政尤足因准，然則下知畿內河內和泉攝津〔註13〕並山陽南海

〔註9〕　田井玲子、冢原晃等：《日中歷史海道2000年》，第9頁。
〔註10〕　《山槐記》，《太宰府天滿宮史料》卷5，第201頁。
〔註11〕　延喜：平安前期，醍醐天皇朝年號。辛酉革命改元。（901年7月15日～923年閏4月11日）
〔註12〕　指南海道，今四國、兵庫三重縣一帶。
〔註13〕　畿內：又稱五畿內。指大和、山城，河內，和泉和攝津一帶。奈良京都一帶。

兩道諸國，不分莊公不論權勢，令致不日之勤規，籥逆風之難，其
人夫者田一町別畠二町別各宛一人，可被雇召，與其時節者，各可
依申請，但播磨造小安殿，備前造大極殿，已以營大功，不可准他
國，宜除留支配莊國，至於東海西海兩道國國者，當國大小雜物運
上之時，其船梶取水手下嚮之次，憇任先例役經三日，望請官裁，
被下宣旨於件國國，任任喜例，被修築彼石椋者，海路□行之怖畏
不聞，官物私財之損失永絕者，右大臣宣、奉敕、依請者，府宜承
知，依宜行之，符到奉行。

　　　　　正五位上行右少辯藤原朝臣　修理左判官（城脫）正五位下
　　　　　　　　　　　　　　　　　　治承四年二月二十日
日向國雜掌調成安解申請　官符事
　　壹紙　被載應下知管內諸國雜物運上梶取水手下向時人別三個
日勤仕攝津國大輪田泊石椋木
　　造築役事
　　右，去年二月二十日下大宰府太政太政到來俻，得入道前太政
大臣（平盛清）家今日解狀俻，輪田崎者，上下諸人經過無絕，公
私諸船往還有數，而東南之大風常扇，朝暮之逆浪難凌，是則無泊
之所致也云云，任延喜例被修築彼石椋者，海路被行之怖畏不聞，
官物私財之損失永絕者，右大臣宣、奉敕、依請者，仍所請如件，
謹解。

　　　　　　　　　　治承四年三月五日　雜掌調成安
一般認爲平氏家族主要以西國爲基礎，平盛清的父親平盛忠曾經和宋朝開展
貿易〔註14〕，平盛清本人也曾任大宰府大貳，並把對外貿易獲得的財富作爲

〔註14〕　《長秋記》，《太宰府天滿宮史料》卷5，第365頁：「長承二年八月十三日乙
　　　　未，……早朝帥中納言（藤原長實）送書云，大切可示合事出來，可來向，
　　　　差車可下也者，仍午時許行向，云，鎮西唐人船來著，府官等任例存問，隨
　　　　出和市物畢，其後備前守平忠盛朝臣自成下文，號院宣，宋人周新船，爲神
　　　　崎（肥前）御莊領，不可經問官之由，所下之也，此事極無面目，欲訟申中院
　　　　也，其上書案可書給，不可振筆，唯和名書二天可作也者，仍書書案。……
　　　　抑宋人來著時，府官存問，早經上奏，安堵迴卻，所從宣旨也，而可爲莊領
　　　　之由被仰下條，言語道斷也，日本弊亡不足論，外朝恥辱更無顧，是非他，
　　　　近臣如犬所爲也」。

政治基礎的重要支柱。因此平盛清很早就注意到了「大輪田泊」的重要性，開始經略靠近「大輪田泊」的福原之地，1162 年實施了對包含「大輪田泊」在內的 8 個郡的土地勘探。1169 年在福原修建完成了家族別墅，並多次把後白河天皇迎接到福原。「大輪田泊」的修建難點在於它常刮東南大風和早晚的大浪，需要經常治理修繕。因此平盛清首先於 1173 年以己之力，修建了「新島」。這個新島也叫做「經之島」或者「兵庫島」。當平盛清完全接掌權力的之際，作爲國家的一項宏偉計劃，於 1180 年開始對此進行大規模的修建，但是後來由於「平源之亂」使得計劃擱淺，在一谷合戰中化爲泡影。

第五章　在日宋商的貿易活動及其與當地社會

　　本章將探討宋商在日本的貿易實態。進一步研究「在日宋商」們是如何開展貿易、如何從駐在賓館的「封閉貿易」（或叫「賓館貿易」）過渡到自己建「唐房」開展「住番貿易」的？宋商們又是如何與官府打交道、打官司以及當地日本人通婚、在大寺廟裏兼職，並捲入當地的寺廟間的糾紛的？通過這一章我們將能瞭解到宋商這一群體在日本的貿易實態。

　　關於「在日宋商」綱首以及對日貿易、通婚、「住番貿易」以及「唐貨」和「倭貨」等問題的先行研究，中國學者有陳高華、吳泰、李金明、廖大珂和高榮盛等學者對宋商綱首以及「唐貨」作過相關的研究，而日本學者這方面研究的成果比較多。研究有關宋商綱首方面的日本學者有：林文理的《博多「綱首」的歷史位置——博多的權利貿易》（清文堂出版，1998 年）、大庭康時的《博多綱首時代——從考古資料看住番貿易和博多》（《歷史學研究》756，2001 年）和榎本涉的《宋代的「日本商人」再研究》（《史學雜誌》110～2，2001 年）。研究有關住番貿易方面的有：四日市康博的《從實物來看海域亞洲史——蒙古——宋元時代的亞洲和日本交流》（九州大學出版會，2008年）和服部英雄的《日宋貿易的實態——和「諸國」來的客人們、チャイナタウン「唐房」——》（《（九州大學 21 世紀 COE 計劃）東亞和日本——交流和變化》，2005 年）等多部論著。有關通婚方面的有：村井章介的《東亞中的日本文化》（放送大學教材財團法人放送大學教育振興會 2005 年）和《日本史出版系列、跨越境界的人們》（山川出版社，2006 年）。還有秋山謙藏的《日

支交涉史研究》（岩波書店，1939 年）的一書中和山內晉次的《關於 9～13 世紀的日中貿易的史料》（《大阪市立大學東洋史論叢》別冊特集號，2006 年）論文中都對「唐貨」和「倭貨」等方面有著深刻地研究。以上專著和研究成果都對「在日宋商」的活動進行過研究和探討。

第一節　宋商「綱首」

綱首：是負責綱運之商人首腦。據《萍州可談》卷二對綱首的記載：「甲令：海舶大者數百人，小者百餘人，以巨商爲綱首、副綱首、雜事。」《續夷堅志・張童入冥》中也提到：「寺有一僧呂姓者，年未四十，儀表殊偉，曾上州作綱首」。《元典章・戶部八・市舶》中也有：「於上先行開寫販去物貨，各各名件觔重若干，仰綱首某人親行填寫」的描述。

「綱首」即船長，或是商人的首領，總之是大商人。在宋日貿易中，就有很多宋朝「綱首」活躍在宋日兩國之間。

上一章提到在博多出土了一些上面帶有墨書的中國陶器。這些陶瓷碗底部的文字寫有「丁綱」、「張綱」等字樣。有學者認爲這是綱首的縮寫；也有學者質疑說「綱」有貿易公司的含義，即「丁綱」的意思，表示這是一家老闆姓丁的貿易公司的名字，這家公司用這種方式來管理這些寫有字樣的陶磁。總之這說明在博多住著很多來自宋朝的大商人。

在《宋史》中出現的有關綱首的史料共有 6 條。如圖所示〔註1〕：

《宋史》中的綱首一覽表：

中國史料名卷	綱首名	主要內容
宋史卷 185 志第138	綱首蔡景芳	紹興六年：六年，知泉州連南夫奏請，諸市舶綱首能招誘舶舟、抽解物貨、累價及五萬貫十萬貫者，補官有差。大食蕃客囉辛販乳香直三十萬緡，綱首蔡景芳招誘舶貨，收息錢九十八萬緡，各補承信郎。
宋史卷 186 志第139		乾道七年，詔見任官以錢附綱首商旅過蕃買物者有罰，舶至除抽解和買，違法抑買者，許蕃商越訴，計贓罪之。

〔註 1〕 筆者根據史書歸納而成。

中國史料名卷	綱首名	主要內容
宋史卷 487 列傳第 246	高麗綱首卓榮	紹興二年閏四月，詔候到日，高麗綱首卓榮等量與推恩。
宋史卷 487 列傳第 246	高麗綱首徐德榮	紹興三十二年三月，高麗綱首徐德榮詣明州言，本國欲遣賀使。
宋史卷 489 列傳第 248	廣州南蕃綱首	元豐三年，廣州南蕃綱首以其主管國事國王之女唐字書，寄龍腦及布與提舉市舶孫迴，迴不敢受，言於朝。詔令估直輸之官，悉市帛以報。
宋史卷 491 列傳第 250 頁。	明州綱首	乾道九年，始附明州綱首以方物入貢。

　　在上面的列表中，只有一條記載的是乾道九年明州「綱首」事宜，其餘記載的似乎都是外國「綱首」。關於宋朝的外國「綱首」，其實有些並非是真的外國「綱首」。如上表中的高麗「綱首」徐德榮，有關他的情況，日本學者榎本涉在《東亞海域與日中研究——九～十四世紀——》中的對『高麗綱首』一節有過研究〔註2〕。他研究發現，「高麗史」中有過這樣的記載：「明州奏進武副尉徐德榮船，自高麗入定海縣港，稱『去年五月被旨，差載國信往高麗國，今回信。有彼國人使內殿崇班趙冬曦、左侍禁孫子高、客軍朴光通、黃碩、親隨趙鳳、黃義永、從得儒、朴珪八人及國信在船，聽旨』」。這裏提到徐德榮除了「綱首」還有一個宋朝的官職——進武副尉，而且強調他是受命於宋朝才去的高麗，這說明徐德榮是宋朝方面的人。榎本涉在書中還提到，高麗方面雖然沒有記載徐德榮的出生地，但是在宋朝史料中可以查出他的出身。據樓鑰《攻媿集》卷八六記載〔註3〕：1169 年，知明州沿海制置使趙伯圭在得到金軍聯合高麗要攻打過來的情報後，曾派「郡人」（明州人）徐德榮去進行偵查。由此可以證明徐德榮是以明州為據點來往於高麗和宋之間的宋朝海商。

　　日本文獻上首先出現「綱首」名稱的時期，大約是在鐮倉時代前半期。史書《小右記》上寬仁四年（1017）首次出現了「綱首文囊」字樣〔註4〕：
　　　　寬仁四年九月十四日壬午，……諸卿復陣，定申大宰言上解文

〔註2〕 榎本涉：《東亞海域與日中研究——九～十四世紀——》吉川弘文館，2007年，第 78 頁。
〔註3〕 轉引榎本涉：《東亞海域與日中研究——九～十四世紀——》，第 80 頁。
〔註4〕 《小右記》，《太宰府天滿宮史料》卷 4，第 476 頁。

並大宋國商客解文等事，綱首文囊，定申云，年紀不及參來，須從迴卻，而申感當今之德化參來之由，宜被安置也，件定依內內氣色，皆所定申也，但公憑年年驗書，不進正文進案文，府司之愚頑也。

下面我們通過以下圖表〔註5〕來進一步研究分析日本史料中宋商「綱首」的情況：

附：日本史料中的中國綱首一覽表

年　代	日本史料名卷	綱　　首
1017～1021 年	《太宰府天滿宮史料》卷 4，1964年第 476 頁《小右記》。	綱首文囊。
1024 年	《太宰府天滿宮史料》卷 4，1964年第 401 頁《御堂關白記》。	綱首周文裔和副綱首章承輔。
1024～1028 年	《太宰府天滿宮史料》卷 5，1964年第 51 頁《小右記》。	宋商福州陳文祐和副綱章仁昶等。
1069～074 年	《太宰府天滿宮史料》卷 5 第 235頁、第 286 頁《扶桑略記》《參天台五臺山記》。	一船頭宋商曾聚南，二船頭吳濤，三船頭鄭慶字和日僧誠尋。
1081～1084 年	《渡宋記》第 361 頁○書陵部所藏延曆寺僧戒覺述。	宋商劉坤、綱首。
1081～1084 年	《太宰府天滿宮史料》卷 5 第 361頁《水右記》，《百練抄》。	宋商孫忠、綱首。
1104～1106 年	《太宰府天滿宮史料》卷 6《朝野群載》二十大宰府付異國。	宋國泉州人李充和莊嚴。綱首。
1113～1118 年	《太宰府天滿宮史料》卷 6 第 263頁《兩卷疏知禮記》上西教寺所藏。	築前國博多津唐房大山船龔三郎船頭房。
1152～1183 年	《青方文書》1228／3／13 關東下知狀案《鐮倉遺文》。	船頭。
1190～1194 年秋	《太宰府天滿宮史料》卷 6 第 224頁《元亨釋書》二傳智一之二《元亨釋書》2 榮西傳。	楊三綱綱首。

〔註 5〕筆者根據日本史書歸納而成。

年　代	日本史料名卷	綱　　首
1187～1211 年	興聖寺所藏《色定法師一筆書寫一切經》奧書《大日本史料》5～15 第 252 頁。	張成本經主綱首。
1188～1195 年	同上	李榮墨檀越綱首·墨助成尊靈、綱首。
1190～1199 年	《太宰府天滿宮史料》卷 7，1964 年第 61 頁《興禪護國論》第 201 頁《玉葉》	宋商楊榮、陳七太墨檀越綱首、墨助成尊靈綱首。
1194～1196	《日吉山王利生記》7。	李宇通事、船頭。
1208～1224 年	《泉湧寺不可棄法師傳》第 301 頁。	蘇張六
1218 年	《石清水文書》丙納文書目六，第八《鎌倉遺文》4430。	（張）秀安、綱首
1218 年	《華頂要略》122，《天台座主記》3 承元建保 6／8。	張（長）光安神人、通事、船頭。
1219～1219 年	《石清水文書》第 355 頁。	宋商秀安通事、船頭。
1232～1233 年	《歷代鎮西要略》二，第 425 頁。	宋商謝國明綱首。
1241 年	《聖一國師年譜》1241／8／15《聖一國師語錄》補遺張四綱。	張四綱、綱首。
1253 年	《石清水文書》筥崎宮造營材木目錄《筥崎宮史料》第 940 頁。	張興博多綱首、御通事。
1259 年	《無象和尚語錄》下，示張都綱使。	張都綱使。

　　從資料中顯示出「綱首」的情況來看，北宋時期「綱首」共有八位，南宋有「綱首」稱呼的占十四位，這似乎表明，到了南宋，宋商的實力越來越強，規模也越來越大。這是否可以認為由於日本政策變化，使得宋商們深得其利？或者是由於商人們改變了貿易手段和經營方式而積累了財富？

　　在上面表格中，有兩名博多「綱首」張興和張英。張興即是「綱首」又是「御分通事」，他是否和鎌倉幕府有關的翻譯呢；另一個張英，「號稱鳥飼二郎船頭」，他們兩位的名字具有日本風格，而「船頭」是日語「綱首」的意思。也就是說，他們一方面被稱為「博多綱首」，另一方面又被叫做「御分通事」或「船頭」，具有雙重身份，從中可以看出他們是以「日本通」的面目而存在。

表格中還有一位名爲張光安的人，叫做「神人、通事、船頭」，具有三重身份。通事和船頭的意思前面例子已經解釋，但是爲什麼又叫「神人」呢？在中世紀，隸屬神社的人不僅具有不會輕易和別人打交道的神聖性格，而且還具有過關卡不交關稅的特權。張光安是隸屬於山門末寺的大山寺神人，而且又是以博多爲據點開展貿易活動的宋商綱首。

不過他後來被筥崎宮（見附圖）的人殺害了，而且還引發了很大騷動〔註6〕。大山寺本寺延曆寺，筥崎宮的本寺石清本寺〔註7〕，它們在京都朝廷之上爲此事發生了爭執。在這場訴訟中，延曆寺方面認爲「殺害張光安的地方在博多津和筥崎宮，應該屬於佛門之地」。即應該把發生這件事的博多筥崎宮歸屬於比叡山的領地。這是基於「墓所的法理」主張，簡言之，發生殺人流血事件的地點應該歸屬於被害人的集團。比叡山應用這個法理，想要把博多的筥崎宮整個搞到手。

「在日宋商」「綱首」中具有代表性的人物是謝國明（見附圖），他在博多修建了禪宗寺院「承天寺」〔註8〕（見附圖），還把「東福寺」〔註9〕開山主持丹爾請來作爲「承天寺」的開山主持。另外，謝國明還是玄界灘小呂島的「地頭」〔註10〕。這個島因爲是宗象社的領地，所以圍繞著是否應該向宗象社交納年貢（社役）這個問題，宗象社和謝國明之間發生了訴訟，並且訴訟

〔註6〕《仁和寺日次記》，《太宰府天滿宮史料》卷7，第344頁建保6年（1218），九月二十一日，石清水八幡宮領筥崎宮留守行遍等，殺害大山寺神人博多船頭張光安。大山寺本寺延曆寺眾徒，再一次，抬著日吉、北野、祇園的神輿（神轎），抗議申訴。另據《仁和寺日次記》記載：建保六年九月二十一日庚寅，叡山惡徒振日吉神輿三基王子宮、客人、十禪師，祇園三基。辰刻參閱院左衛門陣，奉安之，次北野神輿二基奉振右衛門陣，以官兵禦之之間，右兵衛尉藤光明射群徒，大山寄人博多船頭張光安，爲筥崎檢校宗清法印被殺害之故云云，同二十二日，曉更神輿等奉送祇園，又北野神輿奉迎本社，十月十二日庚戌，神輿造替之後，奉迎日吉畢。

〔註7〕寺社的本末關係：大山寺是天台宗在北部九州的據點，頭注「大山寺」。筥崎宮在11世紀中期是宇佐彌勒寺的別宮，12世紀前半期彌勒寺被石清水八幡宮的末社化了。筥崎宮也成了石清水的末社。

〔註8〕承天寺：位於福岡縣福岡市博多區，是臨濟宗東福寺派的寺院。日本仁治2年（1224年）大宰少貳武藤資賴請來丹爾做主持，由宋朝商人謝國明資助修建。日本寬元元年（1243年）成爲官寺。

〔註9〕東福寺建於公元1255（建長7）年，佔地面積17萬平方米，是京都五大寺院之一。東福寺取奈良東大寺和興福寺的頭兩字爲名，稱爲東福寺。

〔註10〕《吾妻鏡》，《太宰府天滿宮史料》卷8，第55頁。

被提交到鐮倉幕府。朝廷的判決文書是幕府執權和連署〔註11〕對住簽過，讓守備發出的，命令謝國明向宗象社交年貢。

　　謝國明還從筥崎宮買下了博多近郊的野間、高宮、平原等三個村子，把它捐獻給「承天寺」。「綱首」謝國明不僅擁有財力，而且還融入了日本的社會，同時又獲得了擁有土地的權利。

　　由此可見，「在日宋商」「綱首」或者「船頭」，不僅擁有大量財富，而且還在當地享有多重身份；精通中日雙語語言，熟知兩國文化，擁有土地和官職。他們的足跡已經遍佈各個階層，深深融入到了日本社會。

第二節　從賓館式的「封閉貿易」到「唐房」的「住番貿易」

　　第三章曾提到，寧波的三塊石碑上寫有「日本國太宰府博多津居住弟子丁淵捨」、「日本國太宰府居住弟子張寧」和「建州普城縣寄日本國孝男張公意」。碑刻上使用了「寄」字，而捐獻者的籍貫則是「建州普城縣」。這表示捐獻者只是一時「寄寓」住在日本。從中可以確定這是以博多為據點從事貿易活動的「在日宋商」。「在日宋商」又分「居住」和「寄寓」兩種，或許說兩個階段更為恰當。那麼宋商們在博多或者大宰府又是怎樣居住、住在哪裏？上一節裏我們探討了宋商綱首的情況，發現他們擁有多重身份，還擁有自己土地。那麼他們是在什麼時候開始擁有自己的房子？他們在剛來日本時又是如何住的？本節想就這一問題展開研究和探討。

一、封閉貿易

　　宋商船到達日本，經過「存問」、「陣定」，如果沒發現什麼問題，就會被安置在日本官方所指定的賓館裏，按照政府制定的價格開始交易，也稱作「和市」。

　　日本官方指定的賓館是「鴻臚館」，原來只是接待外國使節，後來也開始接待外國客商，兼作國家允許的外貿市場，在築紫（今福岡市中央區）、難波（今大阪府）以及平安京（今京都）各有一個鴻臚館。早在唐朝時期的 865

〔註11〕執權和連署：是擔當幕府將軍的監護人或輔佐的官職，由北條家族制定並獨佔。連署是副執權，因為和執權一起連署下達命令所以有「連署」這一稱謂。這是北條為了掌握了幕府的實權而設的職務。

－85－

年 7 月，大唐商人李延孝等六十三人來到日本時，大宰府依照朝廷之命把他們安置在「鴻臚館」〔註 12〕之內。第二年 9 月大唐商人張言等四十一人乘船靠岸後，大宰府依舊按照命令，將其安排到鴻臚館〔註 13〕。這說明鴻臚館的功能其實在唐朝就開始變化，由政治功能蛻變為商業功能。

那麼為什麼要把來自中國唐朝的商人集中安排在鴻臚館居住呢？

其原因主要有兩點：一方面是便於對商人的統一管理。日本貞觀六年（864），大宰府向朝廷報告：「大唐翻譯張友信回國，不知其回程，唐人的來往，實在是沒有定期，就把唐朝僧人法惠安排在觀音寺里居住，以等待所以在張友信的歸來」〔註 14〕。另一方面日本擔心唐朝商人不斷地來日本會危及日本國家安全，所以就把中國商人集中安排在鴻臚館里居住。據資料《三代實錄》卷十二記載：「關司出入，理用過所，而今唐人入京，任意經過，是國宰不慎督察，關司不責過所之所至也，自今以後若有驚忽，必處嚴科」〔註 15〕。由此可見擔心國家的安全才是其主要原因。

把中國商人集中安排在鴻臚館裏進行管理，這種做法到了宋朝，漸漸地演變成了讓宋商集中住在指定的賓館裏。有日本學者指出，「宋朝以後海商被安置在大宰府的鴻臚館居住，政府支付滯留費」〔註 16〕。筆者認為這種說法有點牽強。其實到了宋朝以後，宋商們並不是一定被安排在鴻臚館裏，而是被安排在普通的賓館。公元 986 年，宋商周文德來到博多後，被安置在普通賓館。日本僧人源信〔註 17〕聞訊趕到博多，想把自己所著的《往生要集》和他老師良源撰寫的《觀音贊》託周文德獻給宋朝天台山國清寺，由於他們之間語言不通，所以源信就給住在賓館的周文德寫了封信，表明來意。而且周文德在賓館也給源信回了一封信，並委託大宰府官員貫首〔註 18〕豐島才人轉

〔註 12〕《三代實錄》卷十一：日本貞觀 7 年（865）大唐商人李延孝等六十三人來到日本時，大宰府依朝廷之命，並照例提供供給。轉引秋山謙藏：《日支交涉史研究》，岩波書店，1939 年，第 212 頁。

〔註 13〕《三代實錄》卷十三，轉引秋山謙藏：《日支交涉史研究》，第 213 頁。

〔註 14〕《三代實錄》卷二六，轉引秋山謙藏：《日支交涉史研究》，第 212 頁。

〔註 15〕轉引秋山謙藏：《日支交涉史研究》，第 213 頁。

〔註 16〕大庭康時、佐伯弘治：《中世都市博多を掘る》，第 71 頁，榎本涉「日宋、日元貿易」一節。

〔註 17〕源信：（942～1017）平安中期的天台宗學僧。通稱，惠心僧都。師從良源，著有《往生要集》。

〔註 18〕貫首：統領；藏人頭（秘書）的異稱；天台座主的異稱。各宗本山以及諸大寺住持的敬稱。

交給源信。信中表達了對源信要獻三卷《往生要集》給天台山國清寺，以及源信決定用結緣男女弟子的財物向天台山國清寺施財建了五十間廊屋一事表達敬意。這封回信的內容如下〔註19〕：

大宋國某賓旅下

返報

　　　大宋國台州弟子周文德謹啓，仲春漸暖，和風霞散，伏惟法位無動，尊體有泰，不審不審，悚恐悚恐。唯文德入朝之初，先向方禮拜禪室，舊冬之内喜便信，啓上委曲，則大府貫首豐島才人附書狀一封，奉上先畢，訃也經披覽歟，鬱望之情朝夕不休，馳憤之際，遇便腳重啓達，唯大師撰擇往生要集三卷捧持，詣天台國清寺附入既畢，則其轉當僧請領狀予也，爰緇素隨喜，貴賤皈依，結緣男女弟子五百餘人，各各發虔心，投捨淨財，施入於國清寺，忽飾造五十間廊屋。彩畫柱壁，莊嚴内外，供養禮拜瞻仰慶贊，佛光重光法燈盛朗，興隆佛法之洪基，往生極樂之因緣，只在於斯，方今文德忝遇衰弊之時，免取衣食之難，仰帝皇之恩澤，未隔詔敕，並日之食甑重欲積塵，何避飢饉之惑，伏乞大師垂照鑒，弟子不勝憤念之至，敬表禮代之狀，不宣，謹言。

　　　　　　　　　　　二月十一日　大宋國弟子周文德申狀

　　　　　　謹上　天台楞嚴院源信大師禪室　法座前

通過周文德讓大宰府官員轉交信函這件事來看，一方面說明其所住的賓館是歸大宰府管轄，另一方面也說明商人的行動可能受到限制。宋商被安置在大宰府指定賓館居住，由政府支付滯留費〔註20〕。賓館的封閉空間起著隔離宋商的作用，這也是官府先買的前提。政府先買下必要的貨物，剩下的再委託給民間交易。當然政府制定交易價格，這對於貿易商人來說具有很大的制約性。

　　第二章「和市」裏曾提到「唐物多被推取條者，經平陳申云，件估價者，為彼府例日久者」。宋商告發藤原經平在自己府中對「唐貨」進行估價，巧取豪奪。從「件估價者，為彼府例日久者」這點來判斷，說明大宰府對宋商的

〔註19〕《往生要集》卷下卷末遣唐消息，《太宰府天滿宮史料》卷4，第169頁。
〔註20〕村井章介：《東亞中的日本文化》。放送大學教材財團法人放送大學教育振興會，2005年。

貨物進行估價已成爲慣例，而宋商們似乎已經習慣了這種政府優先定價的行爲，只能被迫地接受政府的定價以及官吏的巧取豪奪，不能隨意和其它人交易和往來。

官賣品呈送朝廷起初由大宰府實施，但到了9世紀後半葉，由藏人所〔註21〕派遣唐物使進京呈現，甚至由藏人所支付派遣返金使的費用。貿易的代價由大宰府貢棉變成了藏人所管轄的陸奧〔註22〕貢金。

這些例子都表明宋商所住的賓館未必就是鴻臚館。《扶桑略記》曾記載，公元1046年11月，大宰府抓住四名放火燒毀宋商住賓館的罪犯。「永承二年十一月九日，太宰府捕進大宋國商客宿放火犯人四人，依宜旨禁獄」〔註23〕。這進一步說明在博多，宋商的確是住在賓館裏，所從事的是一種被限定在一定空間的「封閉貿易」。不過宋商住的這個賓館未必就是「鴻臚館」，因爲如果有人隨便把擁有國賓館地位的「鴻臚館」給燒毀，那肯定是當時一件轟動全國的大事。

公元1027年，宋商周良史來到日本，周的父親是宋朝人，母親是日本人，儘管如此，他作爲商客來到日本也必須住在賓館接受管理。他因爲思念母親就在賓館上書日本朝廷，希望能留在日本，並申請授予自己爵位。爲此，他還向當權者關白（藤原賴通）送名貴書畫。不過他的申請被拒絕了，理由是周良史爲宋朝國籍。爲此，藤原還專門寫信給住在賓館裏的周良史，並隨信送砂金二十兩以表彰其孝心〔註24〕。這說明「延喜制」的一系列禁令在當時影響還是很大，對宋商和國民的管理和約束甚嚴。此事在史料《宇槐記抄》裏有詳細記載〔註25〕：

〔註21〕 藏人所：810年由嵯峨天皇設立，負責管理機要文書。相當於現在的秘書處。
〔註22〕 日本地名舊稱，現青森縣及岩手縣的一部分。
〔註23〕 《扶桑略記》二十九，《太宰府天滿宮史料》卷5，第139頁。
〔註24〕 《宇槐記抄》，《太宰府天滿宮史料》卷5，第51頁：「萬壽三年六月二十四日資房記云，今日關白殿遣唐人返事，先是大內記孝信承仰作之，件唐人獻名籍於相府，申請當朝之爵，而被納彼籍，不被敍爵，只作此仰書，副砂金三十兩遣之，件唐人父大宋人，母當朝之女也云云。被關白左丞相尊閣嚴旨云，商客周良史如上狀者，父是大宋之人，母則當朝之女也，或從父往復，雖似隨陽之鳥，或思母稽詣，可謂懷土之人，令（今）通其籍，知志之至，砂金二十兩附便信，還雖頗輕尠、古人之駿骨之意也者，嚴旨如此，悉之。萬壽三年六月日權辨章信奉周良史旅館」。
〔註25〕 《宇槐記抄》，《太宰府天滿宮史料》卷5，第47頁。

仁平〔註26〕元年九月二十四日，去年宋國商客劉文沖與史書等，副名籍，勘先例，萬壽三年六月二十四日資房記云，今日關白殿遣唐人返事，先是大內記孝信承仰作之，件唐人獻名籍於相府，申請當朝之爵，而被納彼籍，不被敘爵，只作此仰書，副砂金三十兩遣之，件唐人父大宋人，母當朝之女也云云。

被關白左丞相尊閣嚴旨云，商客周良史如上狀者，父是大宋之人，母則當朝之女也，或從父往復，雖似隨陽之鳥，或思母稽詣，可謂懷土之人，令（今）通其籍，知志之至，砂金三十兩附便信，還雖頗輕尠、古人之駿骨之意也者，嚴旨如此，悉之。

　　　　　　　　　　萬壽三年六月日　權辨章信　奉
　　　　　　　　　　　　周良史　　旅館

以上清晰地表明，宋商周良史儘管母親是日本當朝之女，卻只能住在政府指定的賓館裏，不能出門隨便交易與人交往，也不能回家看望自己的母親。

　　當然鴻臚館在宋代已經失去了官方的色彩，大宰府也不再把宋商安排在這裡居住，但是也不是完全就沒有宋商居住。另據日本史書記載：「寬治五年（1087）八月，於鴻臚館，以大宋商客季居簡模本，或比較之，即右墨字是居簡本耳」〔註27〕。說明直到1087年「鴻臚館」依然是宋商活動場所，一直貫穿11世紀。

　　由大宰府負責安排宋商居住的賓館，並對其進行「存問」，決定雙方是否能「和市」交易。後來，隨著日本政策變化，宋商的貿易方式從賓館開始走向城區，又建立了自己的房子——「唐房」，並和日本人通婚，娶妻生子，最終完成了由「封閉貿易」到「唐房」貿易的轉變，這樣的貿易形態在中國歷史上叫作「住番貿易」，據說是華僑源流的一個分支。

　　在史料《朝野群載》裏可以找到有關「在日宋商」從「封閉貿易」轉變爲「住番貿易」的證據：北宋末年，宋商李充向大宰府投書，報告去年家中遭強盜，財物失竊，唐牌以及簚子等書畫不見了，而且直到現在也沒有破案，請求盡快偵破。下面是李充的投書〔註28〕：

〔註26〕仁平：（1151年正月二十六日至1154年十月二十八日）是日本的年號之一，指的是久安之後、久壽之前，1151年到1153年這段期間。這個時代的天皇是近衛天皇。

〔註27〕《熾熾盛光佛頂大威德銷災大吉祥陀羅尼經》○久原文庫本，《太宰府天滿宮史料》卷5，第429頁。

〔註28〕《朝野群載》，《太宰府天滿宮史料》卷6，第55頁。

宋朝李侁稽首再拜謹言

言上

右，先年宰府御館見參之日，進獻拙詩數首，一覽有答有和，以爲面目，又爲家寶，侁往歲遭於強盜，竟無裁報，申文一通，經大府被施行否，唐牌以筴子二損進，幸恕率易，惶恐々々，侁頓首再拜謹言。

天仁〔註29〕三年四月二十六日　宋朝李侁申文

這份史料表明，北宋末期「在日宋商」們已經不再住在賓館進行「和市」交易，他們可以擁有自己的家。由於家中有很多財物，導致家中失竊。這一事件表明南宋以後，「住番貿易」已經開始，宋商們開始有了自己的「唐房」，有了中國的「唐人街」。

博多由此成爲「在日宋商」「住番貿易」的最大基地，雖然「鴻臚館」衰落了，但是大部分宋商還是一成不變地從博多入港。其個中理由，除了博多作爲大宰府外港這樣的政治因素之外，還有博多作爲國際貿易城市其經濟發展，在日本獨一無二，這點可以從博多出土的具有壓倒性數量的貿易陶瓷上得到證明〔註30〕。

寧波發現的三塊宋代石碑，分別刻有「日本國太宰府博多津居住弟子丁淵捨」、「日本國太宰府居住弟子張寧」，這裏的太宰府也許不僅僅是狹義上的太宰府，也可以泛指爲博多。以上兩塊石刻使用了「居住」兩個字；而第三塊石碑刻著「建州普城縣寄日本國孝男張公意」，不僅使用了「寄」這個字，還記有捐獻者的籍貫「建州普城縣」。

從以上可以得知，以博多爲據點從事貿易活動的「在日宋商」，又分「寄寓」和「居住」兩種，他們在博多居住方式不一樣，也表明宋商在日本經商的方式，分爲賓館式的「封閉貿易」和「唐房」式的「住番貿易」兩種方式。

二、唐房

史料中第一次出現「唐房」的字樣，是在日本史料《兩卷疏知禮記》上

〔註29〕天仁（1108～1110 年）是日本的年號之一。使用這個年號的天皇是鳥羽天皇。
〔註30〕村井章介：《東亞中的日本文化》，放送大學教材財團法人放送大學教育振興會，第 87 頁。

卷中的注釋裏，寫有「築前國博多津唐房大山船龔三郎船頭房」的稱呼。另外在《觀音玄義疏記》裏也有關於「唐房」的記載〔註31〕：

> 永久四年歲次丙申，五月日，築前國博多津唐房大山船龔三郎船頭房，以有智山明光房唐本移書畢云云。承安〔註32〕二年十二月五日以彼本書寫之了。求法沙門成豪，二十四歲。永正〔註33〕十一年甲戌秋九月十七日，右本自水院覺林房兼順僧都請出之，遂書功了。

從以上可以看出，博多津有「唐房」這個地方，這裏的大山寺〔註34〕和有智山是同一個意思。大山船是指龔三郎，屬於大山寺的船頭（綱首）。資料中「以有智山明光房唐本書畢」，意思表示，這是從大山寺所屬明光房僧侶所有的唐本（從中國帶來的書）中抄寫過來的，而且是由乘坐貿易船來往於宋日之間的僧人帶過來的。而駕駛這艘貿易船的也可能就是像「龔三郎」這樣的「在日宋商」。「三郎」這個名字中國人和日本人都有，而「龔」姓卻只有中國人有。這位龔三朗宋商所居住的「唐房」，屬於大山寺的管理之下。龔三郎「唐房」即有表示中國人居留區的意思，也表明博多存在像這樣的街區。

日本禪宗的代表人物榮西〔註35〕，曾兩次來中國學習禪宗，仁安三年（1169）二月榮西先來到博多的「唐房」，四月從博多出發赴宋。而在這之前的二個月期間，據說榮西在向宋人學習漢語〔註36〕。史料《興禪護國論》中記錄，榮西在博多津遇到了宋人李德昭，一位歷經兩朝的中日翻譯，並向他請教禪宗〔註37〕：

> 仁平三年癸酉秋，十三歲，登睿山得度，諱曰榮西，……二十

〔註31〕　《觀音玄義疏記》，《太宰府天滿宮史料》卷5，第263頁。
〔註32〕　承安：平安末期，高倉天皇朝的年號。（1171年4月21日～1176年7月28日）。
〔註33〕　戰國時代，後柏原天皇朝的年號。由甲子革命改元。（1504年2月30日～1521年8月23日）。
〔註34〕　大山寺：在福岡縣太宰府市內山寶滿山的一個巨大的天台寺院。也叫龍門山寺、有智山寺。
〔註35〕　榮西：1124～1215年。在比叡山學天台教學，1168（仁安3）年入宋。1187（文治3）年再次入宋，從天台山虛庵懷敞那裏繼承了臨濟宗的衣缽，1191（建久2）年回國。在博多開建聖福寺，在鎌倉開壽福寺，被譽爲日本臨濟宗的開山祖師。著有《興禪護國論》《吃茶養生即》等著作。
〔註36〕　榎本涉：《中世都市研究會報告》，2004年。
〔註37〕　《興禪護國論》，《太宰府天滿宮史料》卷7，第61頁。

七歲，在耆州大山，勤修一夏，偶然有得唐本法華經，則自以爲渡
海之祥，遂告父母而赴築州，會遇宋國通事李德昭者於博多津，聞
彼地禪宗之盛，發佈有思，時二十八歲，仁安〔註38〕三年戊子四月
十八日，乘船放洋，二十五日到宋國明州，五月十九日登天台山，
二十四日到萬年寺，二十五日，供茶羅漢，甌中現應眞全身，遂渡
石橋，忽見青龍二頭，於是有所感悟，自知前身梵僧而在萬年，二
十七日復返明州，六月十日育王山，……九月歸朝，在宋半歲。

這上面表明李德昭是宋朝的翻譯，榮西於仁安三年四月十八日出發，二十五
日來到明州，五月十九日來到天台山，在宋巡禮求法有半年時間。雖然沒有
跡象顯示榮西向李德昭學習過語言，但下面的史料或許能夠說明一些問題。
據《興禪護國論》記載〔註39〕：

榮西予日本仁安三年戊子春有渡海之志，到鎮西博多津，二月

遇兩朝李德昭，聞傳言有禪宗弘宋朝云云，四月渡海到大宋明州。

這份《興禪護國論》清晰地說明了榮西在二月遇到李德昭，四月才出發去明
州。也印證了前面提到的「博多津唐房」確實存在，這說明博多確有宋人長
期居住。而前面講過的那三位在乾道 3 年嚮明州捐助鉅資的「日本國太宰府
博多津居住弟子丁淵捨」和「日本國太宰府居住弟子張寧」他們二人也應該
就住在博多津「唐房」。

從永久四年第一次史料出現「唐房」到榮西渡宋的仁安三年，再到乾道 3
年已經過去了五十年了，所以，可以肯定「在日宋商」居住的地方就是博多
津的「唐房」。明末天啓元年（1611）完成的《武備志》裏有關於「唐房」的
一些記載〔註40〕：

花旭塔津爲中津，地方廣闊，人煙湊集，中無不聚，此地有松

林方長各十里有百里松，土名法哥殺機乃廂先也，有一街名大唐街，

有一條街名曰大唐街，唐人居彼，相傳今盡爲倭也。

這份史料表明：在一個叫做「花旭塔津」的地方，是有很多人聚集的大都市，
中國海商到了日本，都要聚集到這裏，另外還有個地方叫做「法哥殺機」也

〔註38〕 仁安：平安末期，六條‧高倉天皇年號。（1166 年 8 月 27 日～1169 年 4 月 8
日）。

〔註39〕 《興禪護國論》第五十三，《太宰府天滿宮史料》卷 7，第 62 頁。

〔註40〕 《武備志》卷 231，日本考。轉注服部英雄：《日宋貿易的實態——和「諸國」
來的客人們、「唐房」——》。

叫做「廂先」，這條「大唐街」和 12 世紀的「唐房」大概具有相同意義。當然這些宋人的後代慢慢都被同化為日本人了」。而「花旭塔津」其實就是「博多」（はかた）的發音，這裏地廣人稀，慢慢變成了海商聚集的地方；而「法哥殺機」其實就是現在福岡「箱崎」（はこざき）的日語發音，距離博多大概十多里地。

日本學者服部英雄在《日宋貿易的實態——和「諸國」來的客人們——「唐房」》一文中指出，九州海岸線上有叫「唐房」的地名，又叫「唐坊」或「當房（姪浜：舊唐房）」。福岡縣的博多和箱崎都有叫「唐房」的地方（見附圖）；宗象郡津屋崎町，福岡市西區姪浜，下山門等也都有叫做「唐房」的地方。

另外，佐賀縣的唐津市；長崎縣的松浦市大崎，口之津町和失上，都有宋人住的「唐房」。平戶、松浦（肥前國松浦郡柏島）、唐津市不僅是到博多的中轉站，而且還是獨立的貿易港。

商人陳文祐〔註41〕到達的港口就是肥前的國松浦郡柏島。日僧誠尋也是從這裏乘唐船渡宋的〔註42〕；另外寂昭是從日本西海出國的〔註43〕。可見到唐津灣的唐船比較多，在它對岸九州本土一側形成了唐人（宋人）的居住區——「唐房」。

在千石灣（橘灣）、有明海（島原灣）和長崎的矢上或者口之津有「唐房」。這些和到肥前國神崎莊（神崎郡、築後川河口）以及杵島莊（杵島郡、迴江津川河口）的航道重疊。有學者主張在有明海一帶也存在宋日貿易〔註44〕。神崎莊具有像有明海這樣的特殊地理優勢位，從宋商船來到神崎莊、杵島莊以及從橘灣岸、長崎矢上有明海岸、口之津的「唐房」來看，表明有明海和玄界灘一樣有可能是另一個宋日貿易的場所。有明海的西北部最接近大宰府，所以後院領（天皇家領）的神崎莊尤其是築後川的河口蒲田津成了大陸和日本的窗口。

引人注目的還有，在萬之賴川流域也有叫做「唐房」、「唐人原」的地名。有學者指出這些地方可能和博多的「唐房」一樣，也是「在日宋商」居住和

〔註41〕《小右記》，《太宰府天滿宮史料》卷 5，第 61 頁。
〔註42〕《新羅神明記》，《太宰府天滿宮史料》卷 5，第 289 頁。
〔註43〕《扶桑略記》，《太宰府天滿宮史料》卷 4，第 310 頁。
〔註44〕服部英雄：《日宋貿易的實態——和「諸國」來的客人們、「唐房」——》。

從事貿易的地方〔註45〕。從山口縣到九州的沿岸也殘留很多名叫「唐房」地方，如果這些都是宋人居住區的話，那麼，宋日貿易的景象就會發生更大的改變。另外在鹿兒島縣的西、南海岸的川內市五代町和加市田市別府也有「唐房」。

　　以上所言的「唐房」均在海邊。那麼，宋商和宋人爲什麼能這些地方建立「唐房」，並能在這裏繁衍後代呢？

　　日本建保六年（1218），政府在箱崎宮二十六町實施了「宋人御皆免田」的制度，制度規定：免除平時的年貢，取而代之的是納高價的唐絹。箱崎田地很少，把各地的田分給宋人，讓他們納獻五倍於國產絹大唐絹。在箱崎出土有帶有中國人喜歡的「牡丹」花紋，可以說是宋人住在箱崎的證據〔註46〕。關於「宋人御皆免田」的情況，《石清水八幡宮所藏類聚國史裏文書》有詳細記載〔註47〕：

　　　　筥崎宮寺調所

　　　　　　注進　建保六年輕物御年貢物結解事

　　　一　宋人御免田二十六町

　　　　　所當準絹二千六百匹　町別百匹

　　　　　前留守行遍先納

　　　　　一千七十匹

　　　　　三百三十六匹

　　　四百三十六匹　建保七年正月十六日送文在御返抄。

　　　尚殘

　　　　　七百六十九匹

　　　　　青地錦壹段　代四百匹

　　　　　　　已御唐鞍三口用途米十斤內宛之，

　　　　　大唐絹柒段　代二百二十四匹

〔註45〕柳原敬昭：1999年「中世前期南薩摩の湊・川・道」，《中世の道と物流，》山川出版社，1999年，《中世前期南九州の港宋人居留地に関する》，《日本史研究》448。

〔註46〕服部英雄：《日宋貿易的實態——和「諸國」來的客人們、「唐房」——》。

〔註47〕森克己：《日宋貿易的研究》國立書院，第246頁。

大神殿御簀子十一間

若宮殿御簀子五間

　已上十六間倍利增額之，

未進

百八十匹　席内院御皆免田以町八段

　　　　　　　　　　　　丁別百匹

一　大撿校田五町

　　代地子米二十五石　町別五石　已輕物納

鐘樓田四町

　　代地子米二十五石　町別五石　已輕物納

傔仗田五町

　　代地子米二十石　町別四石　已輕物納

鳥飼定田十町

　　所當地子米三十石　町別三石　已輕物納

已上米九十五石

　　前留守行遍先納

　　　九石六斗

　　殘米代輕物

一　米代輕物

　　白大木錦綾七段　分米十八石九斗　段別二石七斗

　　大顯文沙三段　分米八石一斗　段別二石七斗

　　白樣綾壹段　分米三石二斗

　　女吉綾貳段　分米五石四斗　段別二石七斗

　　十一月十九日付腳力恒時運上之，　在送文

尚殘

　　四十九石八斗内

當進

白大木錦綾十段　段別二石七斗

　分米二十七石

大唐絹七段　段別一石五斗

　分米十石五斗

定未進十二石三斗

傔仗田地子米九石二斗　領主忠家

鐘樓田地子米三石一斗　領主

右建保六年宋人御免物代米結解，大略注進如件

承久元年六月　日　調所公文

　「宋人御皆免田」的實施，使得宋人在日本居住時耕者有其田，免去後顧之憂。「在日宋商」們既能居有其屋，也能開展貿易，不用再居住在由大宰府提供的賓館，完成了由「封閉貿易」到「住番貿易」的轉變。「住番貿易」的出現標誌著宋商對日本的貿易進入了一個新階段，宋商開始全面走進日本社會，開始影響日本社會，融入日本社會，當然，這樣的全面融入也使得三、四代以後的「在日宋商」完全被同化。「住番貿易」也可以說是北宋和南宋時期宋日貿易以及「在日宋商」的重大區別。

第三節　貿易衝突

　「在日宋商」雖然努力搞好和當地官員、居民的關係，參加各項當地重大活動，甚至與當地百姓和權貴通婚。但是在進行貿易的過程中，還是出現了很多貿易摩擦，並常常和當地官員發生貿易糾紛、打官司，甚至出現「在日宋商」被殺害的事件。

一、貿易糾紛

　上一節裏，那個曾獻過羊的宋商朱仁聰，由於「雜物代」問題以及當地官員（公家）對自己的貨物估價不公「以未給所進物直之由云云」，向大宰府投訴。「長保二年八月二十四日戊辰，大宰府，宋商朱仁聰の訴うる雜物代につき、解文を上る」〔註48〕。

〔註48〕　《權記》，《太宰府天滿宮史料》卷4，第291頁。

　　朱仁聰在越前國上岸後，當地官府讓其繳納「雜物費」，朱到了大宰府後就對其申訴，稱其亂收費，並稱對自己的貨物估價不公，「仁聰自越前向大宰之後，令愁申於公家，以未給所進物直之由云云」。這件事後來由大宰府上報給了日本朝廷的左大臣（藤原道長），還驚動了皇后。

　　另一名宋商慕晏誠由於在海上受季風等影響，漂流來到日本，大宰府不僅扣押了他的貨物，還下達了遣返的官符，準備把他遣送回國。《百練抄》上記載：「長曆元年五月，今月，宋朝商客慕晏誠等飄來，二年十月十四日，宋人慕晏誠等貨物迴卻官符」〔註49〕。於是慕晏誠就向日本朝廷狀告大宰府前權帥藤原實成扣押自己的貨物，據《春記》記載〔註50〕：

　　　　長曆四年五月二日丙辰，又太宰府解文、唐人（慕晏誠）解文云，前帥（藤原實成）以唐人財府領了由所申也如何，此由觸關白（藤原賴通）也者，此間內大臣（藤原教通）以下諸卿參入，六日庚申……此次被付奏實成所進之府官並唐人請文也，被奏云，請文如之，在昨日記，但內內牢籠不可計知也，唐人愁申旨，不可默至，以此旨被問前帥，以彼陳申之旨，下遣太宰府，召問唐人可言上之由可被仰下歟，將只（亦）以件請文遣彼府，此雜物尤其實者，給其直可進上件物等之由，可被仰下歟，事有二端，只可隨御定者，……即參內，──奏聞之，仰云，唐人申事，不可默至，請文見了，猶問實成卿，隨被申下遣太宰府，召問唐人可左右之由，可仰下歟，迴卻官符先日下宣旨了，暫可停止之由可仰下歟，件事被仰遣之故也，……又參被殿申仰旨等，被仰云，唐人事，尤可被尋仰事也，以晏誠解文遣前帥許，可辨此由之狀可被問仰也，同可被仰右大臣也。

日本關白藤原賴通和內大臣藤原教通非常重視，就此事詢問了前大宰府權帥，問明情況後裁決暫停使用遣返官符「迴卻官符先日下宣旨了，暫可停止之由可仰下歟」，並命令對慕晏誠的貨物重新進行估價「此雜物尤其實者，給其直可進上件物等之由」。宋商和官府的貿易糾紛看來大多是對貨物估價的不均以及貨物被扣產生的。

　　宋商孫忠也曾把大宰府前大貳源經平朝臣告到朝廷的公卿合議會上，狀

〔註49〕　《百練抄》四後朱雀天皇，《太宰府天滿宮史料》卷5，第118頁。
〔註50〕　《春記》，《太宰府天滿宮史料》卷5，第126頁。

告他不僅侵吞自己的貨物「唐物多被推取條者」，而且也沒給自己的四千餘匹（錦緞）的貨物進行估價和分類，「唯四千餘匹未請估價由，不注色目」。據《水右記》記載〔註 51〕：

> 承曆四年九月二十日己酉，晴，……今日陣定也，大宋國□錦綺返牒子細事，孫忠申文並前大貳經平朝臣陳狀事，右兵衛督俊實朝臣讀舉申文等，同朝臣書定文，具旨見件狀。……仰云，可有定者，被下文書，經平朝臣解狀二通一通重被仰文，一通本辨申文，加調度文書，多以如此歟，唐物多被推取條者，經平陳申云，件估價者，爲彼府例日久者，又孫忠隨雖申唯四千餘匹未請估價由，不注色目，仍先可遣尋彼府例由，被定了。

還有在第二章第二節「入關的『存問』檢查」中，長治二年八月二十二日的《存問大宋國客記》記載著宋商李充與日本人發生貿易糾紛的事例〔註 52〕，狀告當地日本人乘人之危，騙走了他的貨物「彼時李充隨身貨等少々，當朝人々雖借請，負名等遁隱不辨返，仍訴申此由於公家」。

在日宋商除了貿易糾紛外，還要面臨一些民事糾紛。例如：公元 1046 年「在日宋商」的客舍被燒毀，告官以後，官府抓住了四名放火犯，並依法收監〔註 53〕。又例如：1120 年宋商莊永和蘇景被海盜殺害〔註 54〕。還有公元 1191 年綱首楊榮和陳七太在宋朝犯罪，日方協助宋朝將其抓獲並引渡回國〔註 55〕等事例，這也是中日兩國歷史上的聯合抓捕罪犯的一個成功案例。

二、經濟利益的犧牲品

在南宋初期，日本發生了一件事，日本仁平元年（1152）六月，大宰府目代宗賴派遣大宰府的檢非遣使別當安清、大宰府大監（大藏）種平和季實率領五百餘騎軍兵，在筥崎、博多展開大搜捕，這些官兵不斷襲擊博多以及與此相鄰的筥崎富人家庭、搶奪財物。據史料《宮寺緣事抄》記載〔註 56〕：

> 仁平元年九月二十三日庚申，於宮廳對問大宰府目代宗賴、大

〔註 51〕 《水右記》，《太宰府天滿宮史料》卷 5，第 345 頁。
〔註 52〕 《朝野群載》二十大宰府付異國，《太宰府天滿宮史料》卷 6，第 167 頁。
〔註 53〕 《扶桑略記》二十九後冷泉天皇，《太宰府天滿宮史料》卷 5，第 139 頁。
〔註 54〕 《弘贊法華傳》10 東大寺圖書館本，《太宰府天滿宮史料》卷 6，第 296 頁。
〔註 55〕 《玉葉》，《太宰府天滿宮史料》卷 7，第 201 頁。
〔註 56〕 《宮寺緣事抄》，《太宰府天滿宮史料》卷 7，第 438 頁。

監種平、季實，筥崎宮權大宮司經發、兼仲等，是彼宗賴以檢非遣使別當安清、同執行大監（大藏）種平，季實爲使張本，引率領五百餘騎軍兵，押混筥崎、博多，行大搜捕。始自宋人王升後家。運取千六百家資財雜物，亂入當宮，打開大神殿若宮殿寶藏殿等，令押取新造御正體神寶物之間，死穢出來，六月晦，七月七日御節供，次第神事闕怠，八月御放生會，污穢神殿不造改者，於何所可勤仕哉，且被下宣旨於宰宮，令造替污穢神殿等，勤行恒例神事，且召上濫行人並與力輩，任法可被行罪科之由，筥崎宮神宮等，依宰府追捕，交山野，先可安堵之由，可被宣下之旨申請，仍仰帥卿（藤原清隆），且可令安堵之由，被宣下畢，

　　右，文簿所住（注），粗以勘錄，

　　　　　　　　文治二年八月十五日　主稅頭兼大外中原朝臣師尚勘申

據稱，當時官兵首先搶了「在日宋商」王升的遺孀（後家）家的家財，接下來又搶劫了 1600 戶人家的財產和雜物。最後把還亂闖筥崎宮〔註57〕並搶走了神寶。筥崎宮附近有很多宋人的家庭，很多人逃到筥崎宮裏避難，騎馬的軍兵也追了進去。軍兵打開了大神殿，若殿，寶藏，還搶走了新造的神像和寶物，使得筥崎宮很多祭祀活動都停止了。因此筥崎宮權大宮司經友、兼仲上訴大宰府，希望能改建筥崎宮，還希望逃到別處的人能返自己的家園。九月二十三日筥崎宮權大宮司一方經友、兼仲與大宰府宗賴、種平一方在宮庭展開對質，但是筥崎宮一方並沒有強烈要求給予目代宗賴、張本安清、種平以及季實處分，這或許是因爲大宰府一方也有其追捕的正當理由吧。由此可見大宰府的攻擊目標是王升等這些「在日宋商」，是想消滅不服從自己的「在日宋商」，從保護宋人的人也受到了攻擊這點可以說明，筥崎宮內也有宋人的勢力。

　　遺憾的是，不知道究竟爲什麼會發生這樣的事件，但是恐怕這裏是不是也有圍繞著宋日貿易而產生的利益糾紛呢〔註58〕？這一事件反映出了「在日宋商」的地位還是比較薄弱，一旦日本社會發生危機，他們的利益就會受到

〔註57〕筥崎宮：是祭祀日本應神天皇、神功皇后的延喜式內社，在博多的東面。和大宰府的官員關係密切，也從事經營和中國的貿易。

〔註58〕大庭康時、佐伯弘治：《中世都市博多を掘る》，榎本涉《日宋、日元貿易》，第 71 頁。

損害。這一事件也是「在日宋商」辛酸經歷的一個縮影，宋商成了大宰府和筥崎宮宗教衝突的犧牲品。

三、教派紛爭的受害者

　　「在日宋商」遵紀守法、主動融入日本社會，結交權貴並和他們聯姻，甚至有的還在寺廟任職，但是同時也會常常捲入當地宗教的紛爭。前幾章提到有位叫張光安的「在日宋商」，這個人被稱做「神人〔註59〕、通事、船頭」，具有三重身份。「神人」意味著張光安他是隸屬於山門末寺大山寺的神人，而且又是以博多爲據點開展貿易活動的「在日宋商」。可是他後來被筥崎宮留守行遍殺害，引起山寺本寺延曆寺眾徒，抬著日吉、北野、祇園的神輿（神轎），抗議申訴，並發生了騷亂，而且，愈演愈烈，遍佈整個日本的大小神社。據《仁和寺日次記》記載〔註60〕：

> 建保六年九月二十一日庚寅，叡山惡徒振日吉神輿三基王子
> 宮、客人、十禪師，祇園三基。辰刻參閒院左衛門陣，奉安之，次
> 北野神輿二基奉振右衛門陣，以官兵禦之之間，右兵衛尉藤光明射
> 群徒，大山寄人博多船頭張光安，爲筥崎檢校宗清法印被殺害之故
> 云云，同二十二日，曉更神輿等奉送祇園，又北野神輿奉迎本社，
> 十月十二日庚戌，神輿造替之後，奉迎日吉畢。

大山寺的本寺爲延曆寺，筥崎宮的本寺是石清本寺〔註61〕，它們爲此事在京都朝廷之上發生爭執。在這場訴訟中，延曆寺方面認爲「殺害張光安的地方是在博多津的筥崎宮，應該屬於佛門之地」。換言之，應該把發生這件事的博多筥崎宮劃歸屬於比叡山的領地。這是基於所謂「墓所的法理」的規定爲判斷標準的。「墓所的法理」規定：「發生殺人流血事件的地點應該歸屬於被害人集團」。因此比叡山基於這個法理，想要把博多筥崎宮整個納入自己囊中。

　　這一事件標誌著「在日宋商」介入了當地的宗教衝突，這兩家神社之爭其實不僅是爲了爭奪寺廟遺產，而且也是爲了爭奪與宋朝貿易權。當史料第

〔註59〕 在中世紀，隸屬神社的人具有不會輕易和別人打交道的神聖性格，而且還具有過關卡不交關稅的特權。

〔註60〕 《仁和寺日次記》，《太宰府天滿宮史料》卷7，第344頁。

〔註61〕 寺社的本末關係：大山寺是天台宗在北部九州的據點，頭注「大山寺」。筥崎宮在11世紀中期是宇佐彌勒寺的別宮，12世紀前半期彌勒寺被石清水八幡宮的末社化了。筥崎宮也成了石清水的末社。

一次出現「築前國博多津唐房大山船龔三郎船頭房」〔註62〕時，從此大山寺與其它寺廟圍繞著「宋日貿易」發生的一系列糾紛就逐一展開了，宋商綱首似乎也成為攻擊的對象和犧牲品，而「宋日貿易」似乎也演變成了大寺廟和宋商們的貿易。

這件事告訴我們兩件事，第一，居住在博多的「在日宋商」已經深深地融入日本社會，在當時的社會結構中，一旦發生這種事情，就會立刻反過來影響中央政府。第二，「在日宋商」甚至會成為貿易糾紛的受害者。

公元1243年，一群太宰府寺內的暴徒，要求燒毀由「在日宋商」綱首謝國明創建的承天寺，承天寺位於博多，是臨濟宗東福寺派的寺院。日本仁治2年（1224年）大宰少貳武藤資賴請來丹爾做主持，由宋朝商人謝國明資助修建。日本寬元元年（1243年）成為官寺。這就侵害了智山寺的利益，所以他們請求朝廷拆毀承天寺，由於政府不允許，進而請求把承天寺和崇福寺都定為官寺。據《聖一國師年譜》記載〔註63〕：

> 後嵯峨天皇寬元元年癸卯，師四十二歲，……宰府有智山寺〔註64〕，關西講肆，其徒嫉師禪化，欲聞於朝以毀承天新寺，朝廷不許，乃敕升承天・崇福二剎，以為官寺，有智山眾議乃寢，師揭敕賜大字，世亦欽佛鑒先知焉。

後來承天寺還是被人燒毀，謝國明很快又重新修復，並重建了十八間殿堂。「築前承天寺火，圓爾長老自洛至承天，謝國明不日造殿堂十八宇」〔註65〕。

下面，我們研究一下日本當時複雜的宗教大門派的關係，即寺社的本末關係。當時日本有兩大對立門派：延曆寺派和石清水八幡宮派。

延曆派的分支為：延曆寺（比叡山）→大山寺（智山寺）→大宰府

石清水八幡宮的分支為：石清水八幡宮→筥崎宮

1. 延曆寺（比叡山）→大山寺（智山寺、寶滿山）→大宰府派

大山寺是天台宗在日本北部九州的據點，大山寺是福岡縣太宰府市內山寶滿山的一個巨大的天台寺院，也叫龍門山寺或有智山寺。由於歷史上的「廢佛毀釋」等原因，現只殘留龍門神社，據傳是最澄渡海前祈禱航海平安的地

〔註62〕《兩卷疏知禮記》，《太宰府天滿宮史料》卷6，第263頁。

〔註63〕《聖一國師年譜》，《太宰府天滿宮史料》卷8，第8頁。

〔註64〕智山寺即大山司，屬於延曆寺派，大宰府屬於大山司門派。和承天寺臨濟宗不同派。

〔註65〕《歷代鎮西要略》二寶治二年戊申，《太宰府天滿宮史料》卷8，第38頁。

方。最鼎盛期是在平安末到鐮倉時期,在內山、南谷、北谷就有 370 間坊舍。據《中右記》記載,長治二年十月三十日,京都圍繞大山寺別當(僧官名稱)補任職務的問題,延曆寺眾徒和石清水神人發生了爭執,其史料中寫有「大山寺者天台之末寺也」的字樣,把大山寺作爲比叡山延曆寺的末寺看待,換言之,這表明延曆寺支配著大山寺。

《百練抄》中永曆元年十月十二日條上也記載有:「大宰府竈門宮並大山寺安樂寺院燒亡」,延曆寺大眾抬著神輿到京都鬧事的事件,也說明了延曆寺控制著大山寺。

另一方面,石清水八幡宮也有想支配大山寺的強烈願望。在明應三年(1494)的石清水文書裏,記載著作爲筥崎宮三所「八幡大菩薩,香椎聖母大菩薩,竈門宮寶滿大菩薩」的文字,寶滿山(大山寺)、竈門宮處於筥崎八幡的「叔母」級的位置,《筥崎宮緣起》也是八幡信仰的中心。八幡宮和延曆寺是對立的,他們對立的理由是因爲大山寺在大宰府貿易中起到中心的作用。

從「唐房」那一節瞭解到,第一次出現「唐房」的字樣是在史料《兩卷疏知禮記》的上卷的注釋裏,上面記載著「築前國博多津唐房大山船冀三郎船頭房」這樣的稱呼。這充分表明博多津的大山寺和「在日宋商」是有密切貿易關係的。

2. 石清水八幡宮→筥崎宮派

筥崎宮在 11 世紀中期是宇佐彌勒寺的別宮,12 世紀前半期彌勒寺成爲石清水八幡宮的末社,即筥崎宮是八幡大菩薩、石清水的別宮。《石清水文書》記載了大宰府和香椎社神人激烈爭鬥,香椎宮(筥崎宮)向大宰府請求歸屬八幡宮,公元 1197 年朝廷右大辨藤原朝臣、右大史三善朝臣下令任命法眼幸清執掌社務的的這一事件〔註66〕:

太政官太宰府

應以管築前國香椎宮付石清水八幡宮,令法眼和尚位幸清執行社務事,右,得彼宮司檢校權大僧都法印大和尚位成清去三月二十日解狀偁,謹檢案內,件社者,大菩薩御母儀神功皇后並皇考仲哀天皇靈廟也,振古爲當宮之末社,敢不問他所之執務,而保延年中,大宰府於筥崎宮香椎社神人等依鬥爭,一旦爲誡狼籍,被止本所之

〔註66〕 《石清水文書》二八幡別當令兼任彌勒寺講師例,《太宰府天滿宮史料》卷7,第 228 頁。

社務，以彼兩社被付宰府，然間怪異薦示，天下不靜，因茲於筥崎者，被返付宮寺了，依慶清之舉奏，道清於今知行之，至於香椎者，故大納言（平）賴盛都督之時，猥寄進蓮花王院，凡停廢神領，寄附佛寺之條，付冥有恐，付顯無謂，就中後白川院御不豫之時，御領支配之間，香椎社事豫議出來，以靈社付佛寺，神鑒有恐，早可除寺領之由，有其沙汰云云，仍可被返付宮寺歟之由，相待，聖斷之處，大事出來之後，被付宰府，猶雖暫間，非無鬱望，此事神慮難測，訴訟彌深，抑宮寺修造事，成清之勘既超先規，可有勸賞之由，被下如汗之，綸言了，誠是陰德不空，神戚之彰者歟，縱雖無先例，以皇考皇妣之靈社，被奉大菩薩，尤可爲善政，定相叶神慮歟，況於有先例乎，況於爲勸賞乎，望請天裁，且任庚午之例，且依筥崎之例，以香椎社，可令弟子修理權別當幸清執行社務之由，被下宣旨者，彌奉祈聖朝安穩天下泰平之御願者，縱二位行權中納言源朝臣通資宣，奉敕，依請者，府宜承知，依宣行之，符到奉行。

右大辨藤原朝臣　　右大史三善朝臣

建久八年五月三日

保延六年（1140）大山、香椎、筥崎由於張本的原因，發生了燒毀大宰府數十間房屋的事件。《百練抄》記載了當時筥崎宮攻擊大宰府這一事件[註67]：

保延六年六月二十日，諸卿定申大宰帥顯賴卿訴申去月五日九國所所大眾神人燒拂宰府已下屋舍數十家事，此中大山、香椎、筥崎爲張本。

後來在公元 1152 六月，又發生了前面我們提到的大宰府目代宗賴派遣大宰府的檢非遣使別當安清，大宰府大監（大藏）種平和季實率領五百餘騎軍兵在筥崎、博多展開大搜捕的事件。搜捕的目標首當其衝的是「在日宋商」王升後家（王升的遺孀家），其結果有一千六百戶人家被財產和物品搶走，「在日宋商」們成了大宰府和筥崎宮宗教衝突的犧牲品。

但是，令人深思的是，大宰府和筥崎宮關係其實也非常密切，而且非同小可。寬弘二年（1005）大宰帥平惟仲就是在大宰貫首秦定重家去世的。據《小右記》記載[註68]：

〔註67〕《百練抄》六崇德天皇，《太宰府天滿宮史料》卷 6，第 394 頁。
〔註68〕《小右記》，《太宰府天滿宮史料》卷 4，第 358 頁。

　　　　寬弘二年四月七日甲申，……前築前守高規（藤原）朝臣申上
大貳（藤原高遠）許之書云，帥去月十五日申時薨買首秦定重宅者，
宇佐宮降誅戮，寂可畏，僉議間頗有駁定，後日可驗，高田牧雜人
悉追渡壹岐島，是帥所行也，下官宇佐定間，依無用意所爲云云，
極奇怪也。

　　　　二十三日辛丑，……今日中納言惟仲薨奏治部卿奏云云。
同時在史料《今昔物語》和《宇治拾遺物語》裏也能看到鎮西築前國貞重的
名字，並顯示他是筥崎大夫則重的祖父。在《散木奇歌集》裏也可以記載有
「のりしげ」的名字。

　　這裏的定重、貞重其實都是一個人。秦定重（貞重）在大宰府爲官，大
宰府的權帥經常到他的官邸住，而他的孫子則重是筥崎神主，被稱爲「筥崎
大夫」。據認爲貞重也曾在筥崎宮任神職，則重按照門第家世也曾任大宰府的
官職，換言之，筥崎神主同時又在大宰府裏任職〔註69〕。

　　另外，「在日宋商」博多綱首也常常在寺院任職，並以「神人、寄人」的
形式出現。比如，公元1218年，被筥崎宮留守行遍殺害的張光安就被稱爲「大
山寺神人」「大山寄人」，他屬於延曆寺的末寺大宰府組織下的神人。大山寺
於12世紀初，成爲延曆寺末寺，他們起到了連接博多綱首和延曆寺之間的作
用。

　　殺害張光安的行遍是筥崎宮的留守，而筥崎宮是石清水八幡宮的末社，
即石清水和筥崎宮的關係與延曆寺和大山寺的關係是一樣。令人吃驚的是，
張光安也是「八幡神人」〔註70〕，即張光安同時屬於大山寺和筥崎宮，換言
之，延曆派的末寺大山寺和石清水八幡宮的末寺筥崎宮雖然分屬不同兩大
派，但是這兩個派別的上層或者基層的人員都是「你中有我，我中有你」關
係十分密切。

　　還有在永承六年（1051）的事例中，筥崎宮大檢校職補任的任命是由大
宰府發出的，《宮寺緣事抄》〔註71〕認爲，從這點來看可以認爲筥崎宮是大宰
府機構的一部分：

〔註69〕川添昭：《古代、中世紀的博多》昭和56年。
〔註70〕《石清水文書》公卿僉議文書《鐮倉遺文》2404記載：1218年九條道家認定
　　　　被殺者（張光安）是八幡宮的神人。
〔註71〕《宮寺緣事抄》，《太宰府天滿宮史料》卷2，第224頁。

《宮寺緣事抄》官

大宰府符　築前國司

　　法眼和尚位清成

右人，補任筥崎宮大檢校職既畢，國宜承知，符到奉行。

參議正三位行大貳源（資通）朝臣在判　正六位上行典代大中臣朝臣

　　　　　　　　　　　　　　　　永承六年十二月五日

筥崎宮的再建也常常請求大宰府給予資金上的支持，因此可以認為它們二者是一體的，更為複雜的是筥崎宮又是「國營神社」。但是筥崎宮畢竟又是八幡大菩薩、石清水的別宮。由於石清水宮是和朝廷對立的，所以筥崎宮也並不是完全按照朝廷指令行事。由此可見，日本當時的政治宗教關係可謂錯綜複雜，撲朔迷離，而「在日宋商」們卻要在這夾縫中生存，開展貿易，稍有疏忽就會淪為寺廟之間的犧牲品。

第四節　唐貨

宋朝的對外貿易遍佈海外，「唐貨」天下聞名。日本人更是「唐人商船來著之時，諸院諸宮諸王臣家等，官使未到之前，遣使爭買，又郭內富豪之輩，心愛遠物，踴直貿易」〔註72〕。唐船一靠岸，日本王公大臣、豪門貴族不等官使制定好價格，就私自交易，買下自己喜歡的唐貨。以致日本政府為了禁止王公大臣大量的私買唐物，專門出臺了一系列的法令，讓大宰府的官員對大臣們進行嚴加檢察，可見「唐貨」魅力無窮。

本節試通過史料來研究宋日貿易中的「唐貨」都有些什麼？日本史書《小右記》上就記載過太宰府權帥藤原隆家率領官員們分唐貨的情景〔註73〕：

長和四年九月二十四辛未，左衛門尉為親云，帥昨獻公家之物，例進率分絹七百餘疋外，唐皮皮籠一荷，蘇芳臺、同杴、螺鈿，件皮籠有懸子，其上居小皮籠八合，以唐錦推筥上，筥內納種種香，丁子百餘兩、麝香十臍、甘松、衣香、甲香、沉香，今二種若欝金、薰陸歟，為親云不覺者，懸子下納種種唐錦、綾等，從左相府被傳

〔註72〕《類聚三代格》，《太宰府天滿宮史料》卷3，第396頁。
〔註73〕《小右記》，《太宰府天滿宮史料》卷4，第434頁。

獻，又奉左相府之物，絹千匹、檳榔五里、色革十枚，中宮、帥宮

（敦道親王）、一品宮（脩子内親王），又奉種種物者。

從資料中可以看到，大宰府官員們分發的「唐貨」大多是爲絹、香料、唐錦、皮革以及工藝品皮籠等物品。公元 1013 年大宰府大貳平親信向皇太后宮、中宮、皇後宮、東宮和左大臣（藤原道長）進獻「唐物」。這些「唐貨」有「錦、綾、麝香還有紺青、甘松」〔註74〕等。

另外，據李金明、廖大珂合著的《中國古代海外貿易史》一書記載，宋朝向日本輸出的貨物主要有錦、綾、香藥、瓷器、文具、書籍、銅錢、茶葉〔註75〕等。

接下來我們再通過史料來探討一下宋商綱首的商船上都裝有哪些貨物？宋商周文裔在（1026 年）託築前國高田牧使妙忠，讓他分別轉給太政大臣和右大臣（藤原實資）一封信，想讓他們高抬貴手，信中附有送禮的清單，不過最後被右大臣退回去了，信是這樣寫的〔註76〕：

大宋國台州商客周文裔誠惶誠恐頓首謹言

　　言上案内事

　　右文裔，以去萬壽三年七月辭聖朝，歸本國，復以今秋九月參來，是即仰德化之無涯，冀忠節之有終也，仰從弱冠及今衰邁，伏聞殿下德聲政譽，其來久矣，然而貴賤有殊，達名無路，雖存奉仕之願，未顯犬馬之功，蓋恐聲威之貴，徒送多迴之春秋也，已往之咎追悔何益，但於此度欲遂舊望，仍特寫寸誠，忝聞高聽，伏垂恩遇，明鑒愚衷，以所進之表章，乞達關白相府，以奏天聽，然後早申下敕使，撿頒貨物，是國家念久參之勤，異俗感老來之幸也，不宜，文裔誠惶誠恐頓首謹言，

　　　　　　　　　　萬壽五年十二月十五日商客周文裔佳且（拜具）

　　　　　　　　　　　　　　　　　　進上右相府　殿下

信中表達了周文裔對右大臣的敬仰，還說自己已年邁，以前之所以一直沒給對方奉獻，主要是怕惹對方生氣把自己遣送回國，現在想來已追悔莫及，這

〔註74〕《御堂關白記》，《太宰府天滿宮史料》卷 4，第 404 頁。

〔註75〕李金明、廖大珂合著：《中國古代海外貿易史》，第 86 頁。

〔註76〕《小右記》，《太宰府天滿宮史料》卷 5，第 61 頁。

次想亡羊補牢。雖然周文裔的慷慨陳詞沒能打動藤原實資，但我們可以從他附在信中的禮單看到當時周文裔船上大致都裝些什麼貨物以及日本王宮貴族都喜歡些哪些「唐貨」，周文裔的禮單如下〔註77〕：

件書奧卷加解文

進上

　　翠紋花錦壹疋

　　小紋綠殊錦壹疋

　　大紋白綾參疋

　　麝香貳臍

　　丁香伍拾兩

　　沉香佰兩

　　薰陸香貳拾兩

　　何梨勒拾兩

　　石金青三拾兩

　　光明朱砂伍兩

　　色色錢紙貳佰幅

　　絲鞋參足

右件土宜，誠雖陋尠，爲備微禮，所進上如件，

萬壽五年十二月十五日　宋人周文裔拜具

進上右相府殿下

縱觀這些禮品，依然是錦緞、香料居多，裏面還有朱砂、鞋子和錢紙。可見這些唐貨深受日本人的歡迎。

日本史書也記載有宋朝政府送給日本朝廷禮物的資料，這也許代表「唐貨」的最高水準。那麼宋朝政府又會送些什麼「唐物」？《水右記》有關於這方面的「唐貨」記載〔註78〕：

承保〔註79〕三年六月二日，未時右大臣殿御供參內，大宋國方

〔註77〕《小右記》，《太宰府天滿宮史料》卷5，第61頁。

〔註78〕《水左記》，《太宰府天滿宮史料》卷5，第322頁。

〔註79〕承保：白河天皇1074年8月23日。

物使等悟本與孫文忠告對問之由，或云，火取玉、水銀、美乃長絹、

真珠，或云，長絹、細布、金銀類，或云，被和琴相加，何事有哉。

由此可知，宋朝官方送的禮物大多是：玉器、水銀、絹、珍珠和中國琴等物。

另外，宋朝商人除了送日本人喜歡的「唐貨」，還常常送給他們一些珍奇的動物。日本史料《江記》記載了「永延二年，朱仁聰獻羊」的事例〔註80〕。宋商獻羊，不知當時羊在日本是否爲珍奇動物，或許這是朱仁聰是爲了向日方表示一種美好的祝福吧。值得關注的是：剛才提到的宋商周文裔曾給右大臣送禮但遭到拒絕，當時在此之前的1015年，他還曾向日本天皇獻過禮物，那次他送的居然是孔雀和鷲。據《日本略記》記載〔註81〕：

長和四年二月十二日癸亥，……今日大宰大監藤原藏規進鷲二翼、孔雀一翼。閏六月二十五日癸卯，大宋國商客周文德（裔）所獻孔雀，天覽之後，於左大臣（藤原道長）小南第作其巢養之，去四月晦日以後，生卵十一九，異域之鳥忽生卵，時人奇之，或人云，此鳥聞雷聲孕，出因緣自然論論，但經百餘日，未化雛，延喜之御時，如此之事云云。

從以上記載推斷，在周文裔之前，日本人好像從來都沒見過孔雀這種動物，也就是說，孔雀這種動物，歷史上最早可能是由宋商周文裔帶到日本後，日本人才第一次看到孔雀，並發現孔雀是產卵的，但又不知道怎樣孵化成小孔雀。由此可知，宋商船上經常會把一些珍惜動物帶到日本。

宋商孫忠曾向日本朝廷獻過一個籠子，但備受質疑，懷疑他是假冒的方物使〔註82〕。博多的「在日宋商」於1147年曾給藤原忠實獻過「孔雀、鸚鵡、青毛龜」等動物〔註83〕，這已經是距離周文裔獻孔雀130年以後的事情了。

還有公元1104年，宋商泉州人李充在他接受「存問」時，所提交的由提舉兩浙路市舶司所開具的「公憑」裏附有商船所運輸貨物一覽表，下面讓我們看看到李充商船上所載的都是些什麼「唐貨」〔註84〕：

一、象眼四拾疋　生絹拾疋　白綾貳拾疋　寶坑貳拾床　寶堞壹百床

一、防船家事　鑼以面　鼓一面　旗伍口

〔註80〕《江記》，《太宰府天滿宮史料》卷4，第108頁。
〔註81〕《日本略記》後篇十二三條天皇，《太宰府天滿宮史料》卷4，第420頁。
〔註82〕《帥記》，《太宰府天滿宮史料》卷5，第328頁。
〔註83〕《本朝世紀》，《太宰府天滿宮史料》卷6，第421頁。
〔註84〕《朝野群載》，《太宰府天滿宮史料》卷6，第167頁。

一、石刻本州物力戶　鄭裕　鄭郭仁　陳祐　參人委保

一、本州令　給杖壹條　印壹顆

宋商也把「陶瓷器、香料、纖維製品」以及「書籍、書畫」等多種物品出口到日本。日本史學家藤原明衡在《新猿樂記》中，就記載著以下「唐貨」〔註85〕：

> 沉香　麝香　衣比　丁子　甘松　薰陸　青木　龍腦　雞舌　白檀　赤木
>
> 紫檀　蘇芳　陶砂　紅雪　紫雪　金益丹　銀益丹　紫金膏　巴豆　雄黃
>
> 可梨勒　檳榔子　銅黃　綠青　燕脂　空青　丹朱砂　胡粉　豹虎皮　藤
>
> 茶碗　籠子　犀生角　水牛如意　瑪瑙帶　琉璃壺　綾錦羅谷　吳竹　吹玉

綜上所述，當時輸出到日本的唐貨，大致有以下幾類：

（1）紡織類。當時日本稱中國的絲織品為「唐綾」、「唐錦」，而日本本國出產的絲織品為「和綾」、「和錦」。「唐綾」和「唐錦」在日本很風行，其價值遠在「和綾」、「和錦」之上。日本文獻中常常稱道「蜀江之錦」、「吳郡之綾」，就是四川和平江出產的絲織品。上面提到的宋商李充商船上運到日本的貨物裏，有「象眼四拾疋　生絹拾疋　白綾貳拾疋」。周密的《癸辛雜識》的記載也有，日本居民「說衣皆布，有極細者，得中國方面綾絹則珍之」〔註86〕。

（2）香藥。上述《新猿樂記》中列舉的「唐物」，香料和藥材佔了很大部分。周密的《癸辛雜識》評述說，「其地絕無香，尤以為貴」。

（3）陶瓷器。《新猿樂記》中列舉的有茶碗，宋商李充商船帶往日本的貨物裏就有「甕坑貳拾床　甕堞壹百床」〔註87〕，可見當時宋商銷往日本的瓷器相當可觀。

〔註85〕　《圖說日本文化史大系》第5冊《平安時代（下）》第102頁。見陳高華、吳泰：《宋元時期的海外貿易》。

〔註86〕　周密《癸辛雜識》續集下，《倭人居處》，見陳高華、吳泰：《宋元時期的海外貿易》，第58頁。

〔註87〕　《朝野群載》，《太宰府天滿宮史料》卷6，第167頁。

（4）竹木。如上述所舉出的紫檀、白檀、甘竹和吳竹等「唐貨」。

（5）珍奇動物。如周文德獻的「孔雀」和「鸚鵡」以及朱仁聰獻過「羊」，還有人獻過鵝〔註88〕，甚至青毛龜等。這些動物運到日本後，日本朝野「豪家競而豢養」〔註89〕。

（6）書籍。中國古典書籍以及佛教經典也是日本非常喜愛的「唐貨」。「宋雍熙元年，日本僧奝然，與其徒五六人浮海而至，奉職貢，並獻銅器十餘事。奝然善隸書，不通華言。問其風土，但書以對，云其國中有五經書及佛經、《白居易集》七十卷」〔註90〕，說明中國經典在日本已經深受人心。入唐僧念救返回日本時就曾經攜帶「志團扇一枚，笛竹一、老子道德經二貼」〔註91〕。宋商劉文沖曾獻給日本左大臣藤原賴長《東坡先生指掌圖》二帖、《五代記》十帖、《唐書》九帖〔註92〕。據《御堂關白記》記載〔註93〕：「寬弘三年十月二十日乙丑，參內，著左仗座，唐人令文所及蘇木、茶垸等持來，五臣注文選、文集等持來」，報告說曾令文商船除了「蘇木、茶碗」等貨物之外，還有「五臣注文選、文集」等書籍。

第五節　倭貨

宋商把日本人喜歡的「唐貨」運到日本銷售。那麼日本又有什麼「倭貨」能得到宋商青睞？下面我們研究一下受宋人喜歡的日本貨物。

誠尋偷渡宋朝時，爲了能偷渡成功，曾經送宋商船上的船員一些禮物，到了宋朝以後誠尋又獻上了貢物。史書《扶桑略記》裏有這樣的記載〔註94〕：

延久三年二月二日，大雲寺阿闍梨誠尋爲入唐赴鎮西府，四年

〔註88〕　《日本略記》記載：「一條天皇長德二年（996）閏七月十九日宋人が鵝羊を獻じた。想ふにこの頃來航の宋航があったのであらう」，轉注木宮泰彥：《日華文化交流史》東京，富山房1987年第二章「北宋との通交」第256頁。

〔註89〕　陳高華、吳泰：《宋元時期的海外貿易》，《明月記》，轉引《日宋貿易の研究》第196頁。

〔註90〕　《宋史》四百九十一列傳二百五十外國七日本國。

〔註91〕　《小右記》，《太宰府天滿宮史料》卷4，410頁。

〔註92〕　《古今著聞集》，《太宰府天滿宮史料》卷51964第48頁記載：「仁平のころ、宋朝商客劉文沖，東坡先生指掌圖二賬・五代記十帳・唐書九帳，名籍をそへて宇治左府（藤原賴長）に奉りたりける」。

〔註93〕　《御堂關白記》，《太宰府天滿宮史料卷》4卷，第375頁。

〔註94〕　《本朝世紀》，《太宰府天滿宮史料》卷6，第421頁。

　　三月十五日乙未，大雲寺阿闍梨誠尋於肥前國松浦壁島，乘唐人一

　　船頭曾聚之船，與船頭等物員，米五十斛、絹百匹、褂二重、砂金

　　四少兩、上紙百貼、鐵百廷、水銀百八十兩也。

誠尋賄賂給船員的有「日本米、絹、砂金、日本紙、鐵和水銀」。我國《宋史》
也有所獻物品的記載：「米、砂金、上紙百貼、鐵百廷、水銀、香爐、木槵子、
白琉璃、五香、水精、紫檀、琥珀所飾念珠以及青色織物綾」〔註95〕。更詳
細的倭貨我們可以在《寶慶四明志》卷 6 郡志 6 敘賦下市舶中的記載中瞭解
到〔註96〕：

　　日本即倭國。地極東近日所出。最宜木，率數歲成圍。俗善造

　　五色箋，銷金爲闌，或爲花中國所不逮也，多以寫佛經。銅器尤精

　　於中國。賈舶乘東北風至。雜貨具於左：

　　　　細色

　　　　金子　　砂金

　　　　珠子　　藥珠

　　　　水銀　　鹿茸

　　　　茯苓

　　　　麤色

　　　　硫黃　　螺頭

　　　　合藟　　松板（文細密如刷絲而瑩潔最上品也）

　　　　杉板

　　　　羅板

上述表明，日本「所出最宜木，率數歲成圍。俗喜造五色箋，銷金爲闌尾，
或爲花，中國所不逮也。多以寫佛經。銅器尤勝中國」〔註97〕。可見日本的
木材深受宋人歡迎。日本出產的杉木和羅木，有的高達十四五丈，徑長四尺
多，當地居民鋸成木板，用船運到中國發賣〔註98〕。

〔註95〕《宋史》490 列傳 250 外國 7 日本，1977 年。

〔註96〕梅應發、劉錫纂修：《開慶四明續志二》，北京圖書館出版社，2004 年。

〔註97〕《寶慶四明志》卷 6，郡志 6，敘賦下，市舶中。

〔註98〕《諸蕃志》卷上《倭國》。轉引陳高華、吳泰：《宋元時期的海外貿易》，第 51
　　　　頁。

南宋大詩人陸游曾想買日本木材作棺材。他說：四明（寧波）、臨安倭船時到，用三千可得一佳棺」〔註99〕。公元1242年日僧圓爾得知宋朝徑山發生火災、動員謝國明捐贈了木材上千根木材。1243年圓爾在給無準的信中講述了謝國明爲了結緣、送欅木100斤〔註100〕。1245圓爾在給無準的信中向謝國明表達了謝意〔註101〕。1249年無準向謝國明表達謝意並向他贈送《宣城虎圖》以作紀念〔註102〕。

日本向外出口的商品除了木材之外，還有金屬、硫磺、木材等物，特別是硫磺作爲火藥的原料，在中國被看成寶貝〔註103〕。硫磺既可以製作炸藥，「可供軍需」，又是一種常見的藥物。例如：宋朝在元豐元年派人到日本採購硫磺，數量達50萬斤〔註104〕。此外木材也頻頻地向南宋出口，其背景是南宋由於森林亂砍亂伐導致了木材枯竭〔註105〕。還有刀劍、扇子和螺鈿等日本工藝品也很受宋人的喜歡。

從這一節可以看出日本人喜歡的「唐貨」大致有：「錦、綾、香藥、瓷器、文具、書籍、銅錢、茶葉」等物，宋商們把「唐貨」頻頻出口到日本，再換回宋朝需要的「硫磺、木材以及刀劍」等倭貨。不僅爲「唐貨」贏得美名，擴大了影響，而且還促使了宋商們這個群體不斷地擴大。

第六節　貨幣

這一節重點研究和探討，「在日宋商」的貨物賣出去以後是怎樣結算的？宋日雙方又用什麼貨幣來進行貿易結算的？

一、「砂金」

日本學者秋山謙藏先生在他的《日支交涉史研究》一書中寫道：「在唐朝，

〔註99〕　《放翁家訓》。轉引陳高華、吳泰：《宋元時期的海外貿易，第51頁。
〔註100〕　《粟棘庵文書》1243／9圓爾尺牘案辻，1994年，第105頁。
〔註101〕　《墨跡之寫》1無準師範尺牘。
〔註102〕　服部玄三氏藏無準師範尺牘《禪林墨跡》19。
〔註103〕　山内晉次：《奈良平安期の日本とアジア》第二部第三章第220～221頁（単著、吉川弘文館），2003年。
〔註104〕　李燾：《續資治通鑒長編》，中華書局，1979年卷340。
〔註105〕　岡元司：《南宋期浙東海港都市の停滯と森林環境》《史學研究》220，1998年。

當時大宰府的官吏，在唐朝商船到來以後，首先規定好貨物的價格，然後用「砂金」進行結算，同時商人們也要求用「砂金」作爲貿易品的替代物」〔註106〕。宋朝以降，「在日宋商」們依然把「砂金」作爲結算貨物的主要貨幣。

公元 1000 年，宋商朱仁聰向大宰府狀告越前國官員對自己的貨物估價不公要求賠償。據《權記》記載〔註107〕：「大宋客商仁聰在越前國之時，所令獻之雜物代，以金下遣之間，仁聰自越前向大宰之後，令愁申於公家，以未給所進物直之由云云」。這裏所提的「以金下遣之」指的就是「砂金」。

1001 年即日本長保三年，關白兼大政大臣藤原道長召開朝廷公卿會議，討論有關曾令文請求大宰府補償自己的貨款五百兩砂金問題，會議中提到曾令文在申請文中，用詞粗暴無禮〔註108〕。宋商曾令文在「和市」後，認爲太宰府的估價和自己的估價相差有五百兩（砂）金的差距，他請求政府補償砂金五百兩的差價，而當時一百兩砂金相當於現在的三千萬日元〔註109〕。這也充分說明當時宋商和日本官方貿易是以「砂金」結算的。

公元 1015 年 7 月，日本僧念救準備再次入宋，日本左大臣藤原道長 6 月 23 日親筆寫信給念救，讓念救捎給在宋朝的師父日僧寂照，託他購買「一切經論諸宗章疏」〔註110〕之類。這是一封署有藤原道長名字的信，信中提到，除了讓念救帶一些禮物之外還攜帶有「砂金百兩」。據《御堂關白記》記載〔註111〕：

> 長和四年七月十五日壬戌，唐僧念救歸朝，從唐天台山所求作
>
> 料物送之，……付念救書樣
>
> 日本國左大臣（藤原道長）家
>
> 　施送
>
> 本穗子　念珠陸連　四連琥珀裝束，二連水精裝束。
>
> 螺鈿蒔　繪二蓋廚壹（子）雙
>
> 蒔繪筥貳合

〔註106〕秋山謙藏：《日支交涉史研究，第 214 頁。
〔註107〕《權記》，《太宰府天滿宮史料》卷 4，第 291 頁。
〔註108〕《權記》，《太宰府天滿宮史料》卷 4，第 303 頁。
〔註109〕參見第二章第五節「和市」。
〔註110〕《日本略記》，《太宰府天滿宮史料》卷 4，第 429 頁：「長和四年六月二十三日辛未，今日左大臣（藤原道長）送書狀於大宋國圓通（寂照）」。
〔註111〕《御堂關白記》，《太宰府天滿宮史料》卷 4，第 429 頁。

海圖蒔繪衣箱壹雙

屏風形軟障陸條

奧州貂裘三領　長二領（短）一領

七尺（鬘）壹流

砂金百兩　入蒔繪丸筥

大眞珠五顆

檀花布拾瑞　在印

右，依大宋國天台山大慈寺傳疏，施送如件，

　　　　　長和四年七月七日　知家事右衛門府生從七位上秦忌寸貞澄

　　　　　　　　　　令從五位下行修理少進良峰朝臣行政

　　　　　　　　　　　從大主鈴正六位上語公高世界

　　　　　　　　　　　　別當　大書使

　　　　　　　　　　　　　　知家事

關於這「百兩砂金」的用途，《御堂關白記》是這樣記載〔註112〕：「家司署名皆書，又送寂照許金百兩，是一切經論諸宗章疏等可送求米十斤也，又所志穗念珠一連，又唐僧常智送文集一部，其返物貂裘一領送之」。北宋景德元年，日本國僧寂昭等八人來朝，晉謁宋眞宗，進獻金字《法華經》，獲賜圓通大師稱號，他留宋31年。日本的藤原道長帶給他一些禮物：海圖蒔繪衣箱壹雙等、大珍珠五顆、貂裘，並給他捎來一百兩黃金，作爲購買一切經論、各宗章疏和文化典籍的費用。他的弟子念救等人把購到的圖書陸續帶回日本。

　　通過藤原道長捎「百兩砂金」這個事例，說明「砂金」是當時的國際通用貨幣。還有一個事例也同樣能證明這一點。

　　1026年宋商周良史，父親爲宋朝人，母親爲日本當朝大臣之女，他經常隨著父親來往於宋日之間，久而久之，因思念母親就上書給當時日本的關白藤原賴通並送上名畫請求封自己官爵，但被拒絕。後來藤原賴通在給他的回信中說明原因，還隨信寄上二十兩砂金以表其孝心，「知志之至，砂金二十兩附便信，還雖頗輕尠、古人之駿骨之意也者」〔註113〕。

〔註112〕《御堂關白記》，《太宰府天滿宮史料》卷4，第429頁。
〔註113〕《宇槐記抄》，《太宰府天滿宮史料》卷5，第51頁。

以上事例都說明「砂金」至少是在北宋初期（1026 年），是宋日貿易中的主要結算貨幣。不過後來就讓位給宋朝「銅錢」了。

二、銅錢

日本到了鐮倉幕府時期前後，宋朝「銅錢」流通的速度和範圍開始逐漸擴大，尤其是在經過日本的「承久之亂」〔註 114〕之後，以此為契機，加劇了「銅錢」的流通〔註 115〕。日本嘉祿〔註 116〕二年八月一日，日本朝廷頒佈命令，停止使用「準布」〔註 117〕向朝廷納貢，改為使用宋朝「銅錢」納貢〔註 118〕。並在第二年的八月，又頒佈了一項法令。據日本史料《吾妻鏡》記載〔註 119〕：

> 外宮一禰宜行元神主申，下總國相馬御廚上分佈事，先度地頭令申子細之時，布壹段別錢參拾文，可辨濟之由，雖有御下知，所詮停止不法準布，以建久時布，可令進濟，但彼布遍未出來者，早任旁例以錢肆拾文募布壹段代，可令濟之狀，依仰下知如件。

武藏（泰時）守平　　判

相模（時房）守平　　判

這樣法令規定：「今後每一反（日本度量單位）改為交 30 銅錢，如過期不交，就罰交 40 文銅錢」。由此可見南宋時期宋朝「銅錢」已經成為日本的流通貨幣。可以說，正是「在日宋商」們的貿易往來推動了宋朝「銅錢」在日本普及和流通。

〔註 114〕承久之亂：1199 年（正治元年）鐮倉幕府的創始人源賴朝去世，年僅 18 歲的其子賴家繼任將軍。賴家精於弓箭馬術，但缺乏其父的政治才能及權威，獨斷專行，重用其岳父，排擠幕府元老，引起許多御家人的不滿。在源賴朝之妻北條政子的主持下，首先剝奪了賴家的裁判權，然後組成 13 名元老決定重大決策的協議制。1200 年，北條時政剷除支持賴家的梶原家族，並在 1203 年軟禁賴家，同時滅其岳父家族，立其弟實朝為將軍，自己以輔助將軍的名義掌握幕府大權，被稱為「執權」。

〔註 115〕秋山謙藏：《日支交涉史研究》，第 342 頁。

〔註 116〕嘉祿（1225 年四月二十日至 1228 年十二月十日）是日本的年號之一。這個時代的天皇是後堀河天皇，鐮倉幕府徵夷大將軍為藤原賴經，執權為北條泰時。

〔註 117〕「準布」：日本古代、中世時期，可以用布表示交換的價值，相當於貨幣。

〔註 118〕秋山謙藏：《日支交涉史研究》，第 342 頁。

〔註 119〕《吾妻鏡》卷 25。轉引秋山謙藏：《日支交涉史研究》，第 342 頁。

1975 年 5 月韓國新安沖打撈上來的中國沉船。這艘元代的商船裝載有 800 萬枚銅錢，從以上可以看出，直到元代，日本依然需求大量的「銅錢」，即宋朝「銅錢」已經成為當時宋日貿易的國際貨幣，而日本已經被納入宋朝的金融體系之內。

第七節　交流語言

這一節，將要重點研究探討的問題是：宋商在到達日本口岸後，將如何開展貿易，將用何種語言和當地官員和民眾打交道？

一、筆談

前面提到公元 986 年宋商周文德來到博多後，住在賓館，日本僧人源信趕到博多，想把自己的著作《往生要集》和他老師良源的著作《觀音贊》託周文德獻給天台山國清寺，由於他們之間語言不通，就給住在賓館的周文德寫了封自我推薦信。周文德在賓館給源信回了一封信〔註 120〕。這說明由於中日兩國漢字是相同的，所以交流溝通起來不太困難。其實很多日本僧人到了中國後，也是用筆談和中國人進行交流溝通的。例如《宋史》裏就記載有日本僧寂照來到中國，由於不懂漢語，凡事一筆作答的案例〔註 121〕：

> 景德元年，其國僧寂照等八人來朝，寂照不曉華言，而識文字，繕寫甚妙，凡問答並以筆劄。詔號圓通大師，賜紫方袍。

當然日本僧人也有會漢語的，如公元 988 年，在宋商鄭仁德返回宋朝之際，日本僧奝然上書大宰府，請求讓他的弟子嘉因隨船去五臺山學法。他寫道:「今件嘉因，久住東大寺，苦學三論無相之宗教，同往西唐國，共受五部秘密之灌頂，非啻學顯學密之法，兼以解漢地之語，然則足為譯語者也，望請天恩，下給宣旨於大宰府，隨鄭仁德等歸船，發遣大唐」〔註 122〕。

二、日語交流

有的宋商經常去日本，待的時間長了，再加上經過不斷地學習和交流，

〔註 120〕《往生要集》卷下卷末遣唐消息，《太宰府天滿宮史料》卷 4，第 169 頁。
〔註 121〕《宋史》491 外國 7 列傳 259 日本國，中華書局，1977 年。
〔註 122〕《續左丞抄》，《太宰府天滿宮史料》卷 4，第 183 頁。

慢慢地就學會了日語。宋商周世昌在日本待了七年，咸平五年從日本回來時還帶著一位日本人，他們在接受中國皇帝接見時，周世昌和那個日本人對唱吟詩。看來入鄉隨俗，學爲我所用，是最好的方法，詳情記載在《宋史》裏〔註123〕：

> 咸平五年，建州海賈周世昌遭風飄至日本，凡七年得還，與其國人滕木吉至，上皆召見之。世昌以其國人唱和詩來上，詞甚雕刻膚淺無所取。詢其風俗，云婦人皆被髮，一衣用二三縑。又陳所記州名年號。

三、翻譯溝通

　　除了筆談和日語交流，宋商在和日方進行貿易往來時，大多還是要靠翻譯溝通，畢竟學習語言不是很容易，不能速成。另外宋商船到達口岸時，需要經過大宰府「存問」才能開始貿易；一旦雙方出現貿易糾紛，都必須有「通事」在場。例如：前幾章裏面提到的宋商李充，商船於公元1104年來到博多，三年前他曾和一名宋商莊嚴一起被遣送回宋，這次又來日本做生意。日本警固所（相當於警備隊）在做「存問」檢查時，就有翻譯在場。

　　有趣的是，在「存問」時李充狀告日本人以借爲名拿走了他的物品，官吏問：「你爲什麼當時不告官，直到現在才告官，因此不足信。」李充說：「我說的都是事實，有當事人的借物據爲證，不信可招來那些人詢問，我要揭露他們企圖侵吞他人錢財的野心，而當時之所以沒告官是因爲時間太緊，加上莊嚴要被遣送回國，頃刻之間難以決斷……」〔註124〕。

　　當時李充之所以沒來得及告官，不知是否也有自己不懂日語才吃虧的原因？日本有個著名翻譯僧，叫仲回，曾代表日本出使過宋朝，還被宋神宗賜號「慕化懷德大師」，又讓宋商孫忠送他回日本，而孫忠當時是作爲宋神宗的特使、帶著禮物出使日本，仲回就成了孫忠的專門翻譯。據《宋史》記載〔註125〕：

> 元豐元年，使通事僧仲回來，賜號慕化懷德大師。明州又言得其國太宰府牒，因使人孫忠還，遣仲回等貢絁二百匹、水銀五千兩，

〔註123〕《宋史》491 外國 7 列傳 259 日本國，中華書局，1977 年。
〔註124〕《朝野群載》，《太宰府天滿宮史料》卷 6，第 167 頁。
〔註125〕承曆（1077～1081 年）是日本的年號之一。使用這個年號的天皇是白河天皇。

以孫忠乃海商，而貢禮與諸國異，請自移牒報，而答其物直，付仲回東歸，從之。

由於孫忠是商人，因此宋神宗讓他帶給日方的禮物和別的國家有所不同。令人關注的是，這位宋商孫忠雖然常常在宋日之間扮演使者的角色，但由於級別不夠或者禮物規格不夠屢遭日方懷疑。據日本史料《帥記》記載〔註126〕：

承曆四年五月二十七日己丑，「次予申云，太宰府言上小貳成季、肥後守綱問□大宋國商客孫忠件（仲）迴等，陳申彼朝□狀並副獻籠子事，勘問孫忠等之中，不加人名，不注年號，並有迴賜字，猶殘疑殆之由，陳申旨更被責，其故者，如此書體，依事隨世非無改易，又迴賜之字非指本文」。

除了日本這位僧人翻譯仲回外，還有一位宋朝翻譯，他就是上一節提到的介紹榮西去宋朝學習禪宗的李德昭。南宋以後，日本一些大寺院由於政治、經濟、宗教勢力雄厚，除了和宋朝寺廟進行往來以外，還直接和宋商們做起了貿易，他們大多還擁有自己的專職漢語翻譯，而這些翻譯往往是由「在日宋商」綱首擔當的。

建保六年九月二十一日，石清水八幡宮領筥崎宮留守行遍等，殺害大山寺神人博多船頭張光安。大山寺本寺延曆寺眾徒，再一次，抬著日吉、北野、祇園的神輿，抗議申訴。日本史料《吾妻鏡》記載了這一事件〔註127〕：

建保六年九月二十九日丁酉，陰，京都飛腳參者，申云，去二十一日山門眾徒頂戴日吉、祇園、北野等神輿入洛，奉振閑院〔註128〕殿陣頭，仍遣北面〔註129〕眾防禦之，又在京健士光員（加藤）、基清（後藤）、能直（大友）、廣綱等，依敕定馳參宮門，相支之處，加藤兵衛尉光資光員男，後號加藤新左衛門尉切落八王子駕輿丁男腕之間，令污穢神輿，仍奉振棄歸山，是石清水別當法印宗清執務鎮西筥崎宮之間，天台末寺大山寺神人船頭光安，爲筥崎宮留主相模寺主行遍，並子息左近將監光助等被殺害，仍眾徒蜂起，勒奏狀訴申之間，行遍、光助雖被禁獄，沒收筥崎宮爲山門領，並可被配流宗清法印之由訴申之，所奉動神輿也。

〔註126〕《帥記》，《太宰府天滿宮史料》卷5，第328頁。
〔註127〕《吾妻鏡》，《太宰府天滿宮史料》卷7，第354頁。
〔註128〕閑院：指藤原冬嗣的邸宅。另外，藤原氏北家的一分支的家名。
〔註129〕指日本白河天皇院政時期設立的北面武士。

另有史料記載,「在日宋商」通事、船頭、綱首秀安〔註130〕以及博多「綱首」、御通事張興〔註131〕他們都懂日語而且還在大寺院兼職擔當翻譯。南宋以降,這些宋商已經由賓館的「封閉貿易」轉變爲「唐房」的「住番貿易」,並有了自己的房子和自己的家,有的還在日本娶妻生子,所以語言已經不是貿易交流的障礙,而且他們的下一代更是精通中日雙語,子承父業來往於宋日兩國之間,成爲宋日海外貿易的生力軍。

第八節　聯姻

　　隨著「唐房」的出現以及「住番貿易」的長期化,「在日宋商」們在日本的生活也起了變化,開始和當地人通婚,他們有的在當地娶妻生子,還有的把女兒嫁給了當地的達官貴人,宋商和日本人的關係進一步緊密。甚至出現象謝國明這樣的在當地影響舉足輕的商人。

　　日本史料記載著不少「在日宋商」的跨國婚姻。宋商周良史的父親是宋人,母親則是日本當朝大臣之女,他常隨父親來往於宋日之間「或從父往復,雖似隨陽之鳥,或思母愁緒」,1027年他思母心切,在賓館致信當朝關白藤原賴通,並送名貴書籍請求封爵〔註132〕:

　　　　萬壽三年七月十七日庚申,天晴,傳聞,近曾大宋國商客周良史奉名籍於關白殿云云,仍權尚書藤原章信奉仰,書遣砂金二十兩書,仰書送良史許,其狀大內記孝親作云云,世以難之,敢無所避云云,其狀云,蒙關白左丞相尊閣嚴旨云,商客良史如上狀文,是太宋之人,母則當朝臣(之)女也,或從父往復,雖似隨陽之鳥,或思母愁緒,可謂懷土之人,今通其籍,知志之至,砂金三十兩附便信送,雖頗輕尠、古人弔駿骨之意也者。

　　　　　　　　　　　　　　　　　　　　萬壽四年月日　權左中辨

關白藤原賴通回信給住在賓館的周良史,感其孝心但因他是宋朝籍,所以拒絕其申請官爵的要求「而被納彼籍,不被敘爵」〔註133〕,隨信還奉上二十兩

〔註130〕《石清水文書》,《太宰府天滿宮史料》卷7,第355頁。
〔註131〕《石清水文書》,筥崎宮造營材木目錄,《筥崎宮史料》,第940頁。
〔註132〕《左經記》,《太宰府天滿宮史料》卷5,第47頁。
〔註133〕《宇槐記抄》,《太宰府天滿宮史料》卷5,第51頁:「萬壽三年六月二十四日資房記云,今日關白殿遣唐人返事,先是大內記孝信承仰作之,件唐人獻

砂金以表其孝心。此後周良史與其父一直在日本經商，並卒於日本〔註134〕。

「在日宋商」副綱首章承輔在日本娶妻生子，「今度副綱章仁昶者，先度綱首周文裔之副綱首章承輔之二男也，而父承輔老邁殊甚，起居不合，無心歸唐，去年所罷留也，母又日本高年之老嫗，夫婦共以老衰，仍爲相見其存亡」〔註135〕。由於年邁，就讓兒子章仁昶隨宋商綱首陳文祐一起在宋日之間奔波經商，有一次章仁昶由於掛念父母年邁不願意回宋朝，日本朝廷念其孝行特准留日，不予遣返，「爲訪父母所來也，不可退卻歟者」〔註136〕。

這些中日混血的第二代宋商，逐漸成爲宋商的新生力量。據《玉葉》記載：公元1192年日本朝廷接到大宰府的報告，宋商綱首楊榮和陳七太在宋朝犯法，宋朝請求大宰府通緝逮捕他們，其中楊榮是日本人（在日本出生混血商人），陳七太則是宋朝人。由於當時還沒有出現過這種跨國不同國籍的犯罪案例，日本公卿合議會不知該如何處置應對，只好讓史官查看一下歷史上是否有此先例〔註137〕：

建久〔註138〕二年二月十五日甲午

……天晴，右大辨親雅持來大宰府解，宋人楊榮、陳七太等於宋朝致狼籍事也，留府解了，爲付職事耳。……宗賴朝臣來申云，太宰府解奏聞之處，可被沙汰云云，余（九條兼實）仰云，先可問例於官者，此事宋朝商人楊榮並陳七太等於彼朝依致狼籍，宋朝下宣下，自令以後和朝來客可傳召之由下知云云，此事大事也，仍件楊榮等可被重科，達宋朝之聞之由，宰府進解狀也，此事已大事也，早可被召誡兩船頭也，而於楊榮者我朝所生也，仍科斷無疑，於陳七太者於宋朝所生云云，先例如此之者，自由不被科斷歟云云，此

名籍於相府，申請當朝之爵，而被納彼籍，不被敘爵，只作此仰書，副砂金三十兩遣之，件唐人父大宋人，母當朝之女也云云。被關白左丞相尊閣嚴旨云，商客周良史如上狀者，父是大宋之人，母則當朝之女也，或從父往復，雖似隨陽之鳥，或思母稽詣，可謂懷土之人，令（今）通其籍，知志之至，砂金二十兩附便信，還雖頗輕尠、古人之駿骨之意也者，嚴旨如此，悉之。萬壽三年六月日權辨章信奉周良史旅館」。

〔註134〕《浙江通志》，卷266，《藝文八》引汪藻：《施氏節行碑》。
〔註135〕《小右記》，《太宰府天滿宮史料》卷5，第51頁。
〔註136〕《小右記》，《太宰府天滿宮史料》卷5，第51頁。
〔註137〕《玉葉》，《太宰府天滿宮史料》卷7，第201頁。
〔註138〕建久：後鳥羽、土御門天皇朝年號。（1190年4月11日～1199年4月27日）。

等之子細依不審，先可問例之由所仰也，隨波狀被問人人，可有沙
汰歟。

　　　　六月十二日己丑，……此日有仗議，太宰府言上綱首楊榮罪科
之間事也，上卿內大臣，公卿十餘人參入云云。

由於這一事件涉及到兩國的利益，處理不當就會變成外交糾紛，所以最後公
卿會議決定模糊處理，「此等之子細依不審，先可問例之由所仰也，隨波狀被
問人人，可有沙汰歟」。看來這種混血二代商人的出現使得兩國司法機構面臨
了一個新課題。

　　「在日宋商」博多綱首們還和當地權貴聯姻。一些宋商和築前國〔註139〕
名門望族宗氏結成了密切婚姻關係，把自己的女兒嫁給了他們。

　　下面我們研究一下這些「在日宋商」他們是如何與當地權貴聯姻？在宗
象大宮司家的家譜中，可以發現宗象大宮司「氏實」娶了王家的女子，生了
五個孩子。其中兩個兒子「氏國」和「氏經」都做了大宮司。其兄弟「氏忠」
娶了張家的閨女，有三個孩子，其中一個孩子「氏仲」也當上了大宮司。王
家和張家大概都是居住在博多「唐房」的「在日宋商」，他們和築前國望族宗
象氏通過聯姻結成了密切關係。據《訂正宗象大宮司系譜》記載〔註140〕：

　　承安四年是歲，宗象大宮司氏實，大宰少貳任にず

　　氏實〔註141〕同四年（承安）甲午年上洛，於時任太宰少貳。

這個宗象大宮司「氏實」，同時又被任命爲大宰府的少貳，少貳是大宰府次官，
官位僅排在權帥、大貳後面，位居第三位，負責掌管大宰府的庶務。由此宗
象大宮司在九州顯赫地位可見一斑。「在日宋商」王家和張家與之聯姻，可謂
是政商聯合，使得雙方利益最大化。公元1218年的《宗象文書》〔註142〕記載
了幕府任命「氏實」的兒了「氏國」爲宗象大宮司的命令：

　　七月二十九日乙亥，

　　宗象社大宮司職

〔註139〕舊國名，今福岡西北部。
〔註140〕《訂正宗象大宮司系譜》，《太宰府天滿宮史料》卷7，第81頁。
〔註141〕據宗象大宮司家的家譜表來看，大宮司氏實這個人娶了王姓家的女子，生了
　　　　 5個孩子，其中的氏國和氏經成了大宮司。他們的兄弟氏忠從張姓家娶妻，
　　　　 生了3個孩子，其中一個成了大宮司。王家、張家都是住在博多唐房的宋商。
〔註142〕《宗象文書》，《太宰府天滿宮史料》卷7，第341頁。

院宣二通所給也，子細見狀，是則氏國任道理，如本可被還輔之由，度度令經院奏之處，早可還輔之旨，召領家請文，所被福下也者，逐歸洛給下文，任就一事以上，無相違可執行社務之狀，依鎌倉殿仰，執達如件。

健保五年七月二十四日　信濃守藤原（花押）
宗象大宮司殿

《宗象文書》

宗象大宮司事

右氏國，任相傳道理，且蒙故大將家御下知，年來執行社務之處，去去年不慮之外牢籠出來之間，殊令經院奏，早可還輔本職之由，所召給領家請文也，仍給身暇歸國，於今者，任舊一事以上，無相違可執行社務之也，可令下知此旨之狀，依鎌倉殿仰，執達如件。

健保五年七月二十四日　信濃守藤原（花押）
圖書允清原（花押）
大宰少貳殿（武藤資賴）

又據《宗象神社文書》〔註143〕記載，「氏業」是「氏經」的兒子，又是「氏國」的養子，「氏實」的孫子。他在 1264 年被幕府任命爲肥前伊佐早莊永野村地頭職之職，地頭爲鎌倉幕府以及室町幕府時期掌管莊園、國衙的職務。

宗象六郎氏業法師法名淨慧與小太郎氏鄉相論肥前國伊佐早莊永野村地頭職事。右，本主氏經令分付氏業並氏鄉之處，有相論之間，可尋明之由，被仰大宰少貳資能畢，如弘長〔註144〕二年四月十七日請文者，中分當村，東方者氏業，西方者氏鄉可領知之由令申之間，兩方境引朱筆於繪圖畢，仍資能加愚判所給與也云云，如同所進正元〔註145〕二年二月四日分文者，當村中分內，氏業分事，田地三拾陸町壹段貳杖中給田拾壹町柒段貳杖在家分畠拾壹町柒段貳杖，並牟田半分宛，山野者，付東限永野河中心，可被領河以東，

〔註143〕《宗象神社文書》《太宰府天滿宮史料》卷8，第96頁。
〔註144〕弘長：鎌倉中期，龜山天皇朝年號。辛酉革命改元。（1261 年 2 月 20 日～1264 年 2 月 28 日）。
〔註145〕正元：鎌倉中期，後深草・龜山天皇朝年號。（1256 年 3 月 26 日～1260 年 4 月 13 日）。

限河上柏原橫山口崎，下者限同河流末，但薪草漁魚不可制止之，
田地在家裏坪見資能（少貳）注文云云者，守彼狀，無違亂可令領
掌之狀，依將軍家仰，下知如件。

永文元年五月十日　　武藏守平朝臣　　在御判

相模守平朝臣　　在御判

又據《宗象神社文書》記載〔註146〕：

宗象六郎入道所進證文

注進

就文永十年八月三日關東御教書，被尋下築前國御家人宗象六
郎入道淨慧所領當國宗象宮領吉田乙丸名並肥前國伊佐早莊五分二
地頭職御下文・御下知、御教書證文事。

合惣田數肆拾貳町貳段……

證文等……

一通　當御時御下知　文永元年五月十日

肥前國伊佐早莊永野村地頭職中分事，守大宰少貳資能之注
文，可令領掌由事。右，任親父氏經之讓狀，所令知行也，仍證文
注進目錄如件。

文永十一年六月十八日　　沙彌淨慧〔註147〕

經過考證，這個宗氏家族在1174～1264年的將近100年中，從「氏實」到他
的孫子「氏經」，歷任「宗象大宮司」、「大宰府的少貳」和「肥前地頭」之職，
一直掌管著九州地區的政治和經濟大權。「在日宋商」綱首謝國明也曾是玄界
灘的小呂島「地頭」，後來和宗象社之間發生了訴訟，因爲這個島是宗象社的
領地，所以圍繞著是否應該向宗象社交納年貢（社役）產生了糾紛，並且官
司打到了鎌倉幕府。最後幕府執權和連署〔註148〕簽署文書下達給守備，讓守
備命令謝國明向宗象社交年貢。

〔註146〕《宗象神社文書》，《太宰府天滿宮史料》卷8，第97頁。
〔註147〕即氏業，是氏經的兒子。氏國的養子。
〔註148〕執權和連署：是擔當幕府將軍的監護人或輔佐的官職，由北條家族制定並獨
　　　　佔。連署是副執權，因爲和執權一起連署下達命令所以有「連署」這一稱謂。
　　　　這是北條爲了掌握了幕府的實權而設的職務。

以上研究可以看出「在日宋商」通過貿易和聯姻成功地融入了當地社會，大大促進了當時宋日貿易的發展。

附：宗象大宮司系表〔註 149〕**：**

氏實
（25，28，30，32，35）

氏保	氏經	氏倫	氏國	氏忠
	（43，46）		（36，38，40，42）	
母王氏女	母王氏女	母王氏女	母王氏女	母王氏女

氏有	氏明	氏繼	氏業	氏澄	氏昌	氏時	氏仲	氏貞	氏市
47			47	45	44		37，39		

氏國養子	後氏業	氏國養子	氏經子	（氏能）	母張氏女	母張氏女	母張氏女
					後氏重		

長氏				
48		氏村 氏顯 氏種		氏范 氏賴

數字爲大宮司的代數

第九節　融入

　　居住在宗象郡津屋崎「唐房」的「在日宋商」，比如像張成、李榮以及張氏、王氏等通過與宗象家族的婚姻關係在當地擁有了很大勢力。不僅如此，「在日宋商」們還積極在各種場合下加強與當地官員和百姓的感情。

　　日本平安時期歌人源俊賴〔註 150〕的父親師信〔註 151〕任大宰權帥，於承德

〔註149〕村井章介：《東亞中的日本文化》，第 106 頁。

〔註150〕源俊賴（1055～1129），平安末期歌人，源經信之子。鳥羽天皇后成爲歌壇領袖，歌風新奇，題材廣泛，攝取田園情趣。有歌集《散木奇歌集》，歌論《俊賴髓腦》。編撰《金葉和歌集》。

〔註151〕源經信（1016～1097），平安後期歌人，別稱帥大納言、桂大納言。官職從大納言做至大宰權帥。擅漢詩文及琵琶。和歌追求典雅的情趣和聲調美。有《大納言經信集》和漢文體日記《帥記》。

元年（公元 1097）去世，俊賴急忙回來奔喪。他在自己的和歌集《散木奇歌集》（冷泉家時雨亭文集所藏）中記載了當時的情景〔註 152〕：

　　　　承德元年閏正月　博多住居の宋人多く訪う。

　　　　はかたにはへりける唐人とものあまたまうてきて、とふらひ
　　　けるによめる、たらちねに別ぬる身はから人のこととふさへも此
　　　世にはにぬかかるほとに、はるも暮にけれは、うくひすのこえと
　　　も耳にとまりてよめる、鶯も春まとはして今朝よりはおなしとま
　　　りにこえをくる也〔註 153〕。

這段和歌的漢語意思為：「博多治喪時，唐人皆來拜，詠唱輓歌，和唐人們言及和父母分離之苦，有種同命相憐之感」。俊賴看到居住在博多的「在日宋商」們前來參加他父親這位大宰府高管的葬禮以及進行弔唁的情景，給他留下了深刻印象，這位為人之子發出了「有種同命相憐之感」的感歎。從中也可以瞭解到，當時的博多充滿著一種異國情緒〔註 154〕，而「在日宋商」雖處在異國他鄉，卻似乎深深地融入了當地社會，為中日之間經濟文化交流做出了不可磨滅的貢獻。

　　另一方面，日本一些有勢力的官員也有意結交宋商。前幾節提到的源信巡遊西海道名山靈窟時，在博多遇到了宋商周文德，因為語言不通就寫信交流，希望周能把他師父和自己的著作《觀音贊》、《往生要集》帶到天台山。而周文德給源信的回信則是委託大宰府貫首豐島才人轉交的〔註 155〕。由於當時宋商只能在賓館裏「封閉貿易」，無法自由出入，再加上周文德不會日語，所以只能和源信進行筆談。而信中提到的「大府貫首」則是大宰府的主管雜任級別的官員，這表明像大府貫首豐島才人這樣的大宰府管內豪族和宋商有著密切關係。

　　「在日宋商」綱首的代表性人物是謝國明，他在博多修建了禪宗寺院「承天寺」，還把「東福寺」開山主持丹爾請來作為「承天寺」開山主持〔註 156〕，

〔註 152〕《散木奇歌集》六悲歡部，《太宰府天滿宮史料》卷6，第 60 頁。
〔註 153〕《散木奇歌集》六悲歡部，《太宰府天滿宮史料》卷6，第 60 頁。
〔註 154〕此段古日語翻譯成現代日語譯文的意思是「博多に侍りけるに、唐人どもの詣で來て、弔ひけるに詠める。たらちねに別れる身は、唐人の言問ふさへぞこの世にも似ぬ」。
〔註 155〕《往生要集》卷下卷末遣唐消息，《太宰府天滿宮史料》卷4，第 169 頁。
〔註 156〕《聖一國師年譜》，《太宰府天滿宮史料》卷8，第 24 頁。

拉近了自己和日本人的距離。後來承天寺被太宰府內寺智山司的眾徒燒毀，謝國明很快又出資重修了承天寺，「築前承天寺火，圓爾長老自洛至承天，謝國明不日造殿堂十八宇」〔註157〕。

謝國明是玄界灘小呂島的「地頭」，地頭爲鐮倉幕府以及室町幕府時期掌管莊園、國衙的職務，擁有很大權利。可以看出，謝國明無論是從經濟上還是政治上，都已經深深地和日本當地社會聯繫在一起了。另外，謝國明還從筥崎宮買下了博多近郊的野間、高宮、平原等三個村子，把它捐給了「承天寺」。通過以上舉動，謝國明不僅擁有財力，而且還融入了日本社會，同時也獲得了對土地的權利。

活躍在 1230 到 1250 年的謝國明，是牽連到東福寺（攝關家）——博多承天寺這一系列歷史事件的博多綱首。他同時又擁有宗象社領地小呂島的權益，而且又買下來了筥崎宮領地，和形形色色的寺院保持著關係。

第十節　宋商墓地

宋商在日本娶妻生子，落地生根，那麼這些「在日宋商」死後葬在哪裏呢？本節就這個問題將展開研究和探討。下面史料講述的是榮西申請修建聖福寺（見附圖）以及承天寺等博多著名禪宗寺院用地的情況，據說這些用地原來叫做「博多百堂」，是「在日宋商」修建館驛的地方，不過後來逐漸變成他們死後的禮佛之地，人們便不敢在此居住，慢慢就成了空地。因此榮西於公元 1196 年在此修建了寺院聖福寺。在聖福寺境內曾建有宋人修建的驛館，而且這些驛館大多是建在墓地的一角，這裏據認爲曾是「在日宋商」修建墓地的地方〔註158〕（見附圖）。史料《聖福寺文書》記載著榮西當時爲修建聖福寺向朝廷上書的情況〔註159〕：

　　榮西言上

　　　　博多百堂地者，宋人令建立堂舍之舊跡，爲空地雖送星霜，既亦依爲佛地，人類不居住〔註160〕，仍建立伽藍一，欲備大菩薩御法樂，致本家御祈禱，並建立堂舍，安置仗六釋迦彌勒彌陀之三尊，

〔註157〕《歷代鎮西要略》二寶治二年戊申，《太宰府天滿宮史料》卷7，第38頁。
〔註158〕村井章介：《東亞中的日本文化》，第105頁。
〔註159〕《聖福寺文書》，《太宰府天滿宮史料》卷7，第224頁。
〔註160〕隱喻意爲「墓地」。

鎮護國家，且爲除凶徒之障礙，且爲備向後之證跡，殊被仰下可加
守護之由者，佛法興隆之御願，何事如之哉者，賜御下文，欲遂造
營之功而已。

建久六年六月十日

其中「博多百堂地者，宋人令建立堂舍之舊跡，爲空地雖送星霜，既亦依爲佛地，人類不居住」的意思爲：「博多的百堂之地，原爲宋人所建的寺廟以及居住之地，現在已經變成空地飽經風雨，但是在此適合建立佛堂和墓地」。現在聖福寺的內還有很多墓地（見附圖），我們從中是否可以判斷此地曾是宋人的墓地？

　　著名宋商綱首謝國明去世後，他的遺體被安葬在離博多站步行不到十分鐘的御笠橋附近，墓上建了一座小五輪塔，並在旁邊種植了楠樹，這棵楠樹越長越大，甚至將墓給包裹起來，後來由於博多的一場大火，這棵樹不幸被燒死了，只留下了孤零零的樹幹（見附圖）。日本親切地稱這棵楠樹「大楠樣」。

第六章　宋商的政治作用
——爲多國政府傳遞國書

　　唐末，由於「安史之亂」和「黃巢之亂」，唐朝大傷元氣國力衰竭，因此，日本於 894 年採納了菅原道眞的建議，中止了歷時 2000 多年的「遣唐使」〔註1〕。從此中日兩國就處於沒有國家邦交的狀態，一直到明朝，才恢復正式的外交關係。

　　雖然，宋日貿易開展的如火如荼，但其實兩國一直沒有邦交關係。那麼，宋日兩國政府之間到底有無「國書」和官方貿易通關文書的來往？宋商們又是怎樣爲兩國政府傳遞國書，以經濟爲平臺替政治牽線搭橋？兩國商人以及僧侶們該如何面對宋朝「市舶司」檢查和太宰府「存問」呢？筆者將在本章探討這一問題。

　　有關「在日宋商」的「公憑」文書等方面的研究，前期只有森克己（《日宋貿易的研究》）和陳高華、吳泰（《宋元時期的海外貿易》）在其著作中，曾對宋商李充的「提舉兩浙路市舶司公憑」作過精闢研究。除此之外中外學者鮮有對李充的「公憑」以外宋朝時期「在日宋商」的通關文書有過更深刻研究。本章筆者不僅把李充「公憑」，還要把「在日宋商」陳文祐的「奉國軍市舶司陳文祐公憑」以及日本「太政官符」等通關文書進行橫向對比；另外，還將把這些宋朝的官方貿易通關文書和唐朝時期日本入唐僧元珍的

〔註 1〕據《日本書紀》記載：「前篇二十亭子院、寬平六年九月卅日己丑，聽遣唐使，（菅家御傳記）同年（寬平）九月十四日，上狀請令諸公卿議定遣唐使進止，同七年五月十五日，敕止遣唐使」。參見《太宰府天滿宮史料》卷 3，第 74 頁。

「大宰府公據」以及他在唐朝境內地方政府開具的通關文書「福州牒」、「溫州牒」和「台州牒」進行縱向對比，以揭示唐宋以來政策以及官方文書的變化。

　　有關宋商攜帶國書方面的前期研究，日本學者手島崇裕在其《入宋僧の性格変遷と平安時代中後期朝廷——成尋の「密航」から》（村井章介主持研究的《8～17 世紀東亞地域人、物、情報交流——以海域和海港城市形成，民族、地域間的相互認識爲中心》（平成 12 年度～15 年度科學研究費輔助金研究成果報告書平成 16 年 3 月 2004 年研究代表者第 348 頁）一文中有過專門研究。

第一節　市舶司公憑

　　通過前幾章的研究可知，宋商到達日本在經過入關「存問」時，都要出示所攜帶的由宋朝市舶司開具的「公憑」，即「官方的身份證明文件」（有時也稱「官牒」）。這雖說是官方文書，但卻無法證明兩國有正式的官方和外交往來。有的宋商雖有「公憑」但是由於年限不夠，還受到日本針對宋商的「年紀制」禁令的限制，面臨著被遣返的危險。還有的宋商由於「公憑」上日期錯誤、攜帶有多份「公憑」也曾受到懲罰。如《小右記》寬仁四年九月十四日壬午條記載，一位叫做文囊的宋商綱首，不僅來日「年限」不夠，而且「公憑」等文件上的年號先寫成宋朝年號，而後又塗改成唐朝的年號，前後矛盾〔註 2〕。另外在日本治曆〔註 3〕四年十月二十三日，和宋商孫吉（孫忠）同船來的兩位宋商潘懷清和王宗隨身攜帶有兩張「公憑」，而且在回答「存問」時，閃爍其詞、備受懷疑，最後遭到遣返〔註 4〕。

一、陳文祐「奉國軍市舶司公憑」

　　第二章裏提到，日本史料《小右記》記載了，日本萬壽四年八月的「大宋國福州商客陳文祐來朝」的存問記錄。日本關白藤原賴通收到由大宰府送來的「存問記」後，召開公卿合議會議「陣定」，進行討論。

〔註 2〕　《小右記》，《太宰府天滿宮史料》卷 4，第 476 頁。
〔註 3〕　治曆（1065～1069 年）是日本的年號之一。使用這個年號的天皇是後冷泉天皇與後三條天皇。
〔註 4〕　《帥記》，《太宰府天滿宮史料》卷 5，第 221 頁。

在大宰府提交到朝廷的這份「存問記」裏，附有「大宰府解、肥前國解文和大宋國商人解文」三份文件，還詳細寫著「肥前國所進宋人陳文祐等到來解文」。這表明陳文祐的商船是在肥前國松浦郡所部柏島靠岸的，對他進行「存問」的就是當地肥前國衙官員，他們通過翻譯根據「大宋國商人解文」作成爲「解文」，上面有常駐肥前的府使在上畫押。這上面記載有陳文祐商船在接受大宰府等入關「存問」檢查時，所需要提供的有關文書材料，這些材料如下：大宋國奉國軍市舶司公憑案一枚；船內徒交名一枚；新人宋人六十四人形體衣裳色繪圖一枚；所進貨物解文一枚；和市物解文

其中「新人宋人」，指從前沒有來過日本的新船員，因此他們需要有「形體衣裳色繪圖」，即具有個人特徵的圖形，相當於現在的護照，此次和陳文祐一起來的新船員共有 64 位；他們還攜帶有「大宋國奉國軍市舶司」發給的通行證「公憑」。

明州從北宋建隆元年（公元 960 年）稱爲明州奉國軍，到了宋神宗趙頊熙寧七年（公元 1074 年才）隸屬於兩浙東路府。日本萬壽 4 年（1027）即宋仁宗趙禎的天聖五年。據《宋史》記載：「慶元府，本明州，奉化郡，建隆元年，升奉國軍節度」〔註5〕。所以當時的宋商船要到日本去開展貿易的話，必須持有明州奉國軍的市舶司「公憑」。當時奉國軍節度使爲王德用，據《宋史》記載〔註6〕：

> 仁宗閱太后閣中，得德用前奏軍吏事，奇之，以爲可大用，拜檢校太保、簽書樞密院事。德用謝曰：「臣武人，幸得以馳驅自效，賴陛下威靈，待罪行間足矣。且臣不學，不足以當大事。」帝遣使者趣入院，遂爲副使。久之，以奉國軍節度觀察留後同知院事，遷知院，歷安德軍，加檢校太尉、定國軍節度使、宣徽南院使。趙元昊反，德用請自將討之，不許。

由此可知，德用是被宋仁宗任命爲奉國軍節度使的。關於這個奉國軍節度使德用，他姓王，父親王超爲懷州防禦使，十七歲開始就隨父出征英勇善戰。據《宋史》記載〔註7〕：

> 德用，字元輔。父超爲懷州防禦使，補衙內都指揮使。至道二

〔註 5〕 《宋史》卷 88 志 88，中華書局，1977 年。
〔註 6〕 《宋史》卷 378 列傳 37，中華書局，1977 年。
〔註 7〕 《宋史》卷 378 列傳 37，中華書局，1977 年。

年，分五路出兵擊李繼遷，超帥兵六萬出綏、夏，德用年十七，爲先鋒，將萬人戰鐵門關，斬首十三級，俘掠畜產以數萬計。進師鳥白池，他將多失道不至，虜銳甚，超按兵不進，德用請乘之，得精兵五千，轉戰三日，敵勢卻。德用曰：「歸師迫險必亂」。乃領兵距夏州五十里，絕其歸路，下令曰：「亂行者斬！」一軍肅然，超亦爲之按轡。繼遷躡其後，左右望見隊伍甚嚴整，莫敢近。超撫其背曰：「王氏有子矣」。

另外，當時奉國軍的判官可能是葉祖洽。據《宋史》記載〔註8〕：

葉祖洽字敦禮，邵武人。熙寧初，策試進士，祖洽所對，專投合用事者，考官宋敏求、蘇軾欲黜之，呂惠卿擢爲第一。簽書奉國軍判官、判登聞檢院，由國子丞知湖州，留爲校書郎。

由此可以斷定王德用和葉祖洽就是爲陳文祐簽發「公憑」的官員。有趣的是，就在陳文祐到達日本的前一年，日本大宰府也派人到明州送貢物，但是他們卻沒有帶任何官方證件。據《宋史》記載〔註9〕：

天聖四年十二月，明州言日本國太宰府遣人貢方物，而不持本國表，詔卻之。其後亦未通朝貢，南賈時有傳其物貨至中國者。

這也反映了當時日本對宋朝的態度，避免與其建立正式的外交關係。在第二章第五節「和市」一節裏，曾提到「在日宋商」孫忠於元豐元年（1078），宋神宗以日通事僧仲回回國爲名，讓孫忠的船送其回日本並帶禮物、國牒到日本。在日本有關當朝大臣藤原經平送孫忠和仲回禮物的文件中，記述了一些雜物類的禮物是託孫忠送給宋朝市舶司奉國軍的，「經平朝臣送孫忠件（仲）迴等許下文云，件雜物等可傳奉奉國軍者」。可見當時奉國軍是和日本聯繫比較密切宋朝地方一級的官方機構。

二、李充提舉兩浙路市舶司「公憑」

明州奉國軍到了宋神宗趙頊時期開始隸屬於兩浙東路府。在日本史書裏也記載了當時的情況。日本長治二年（1105），宋商綱首李充商船到達築前國那珂郡博多津志駕島（志賀島），隨船攜帶由「提舉兩浙路市舶司」開具的「公

〔註8〕《宋史》卷354列傳113，中華書局，1977年。
〔註9〕《宋史》卷491，外國7，列傳250，中華書局，1977年。

憑」，接受日方的「存問」。李充的「公憑」收錄在日本史料《朝野群載》卷二十里〔註 10〕：

公憑

提舉兩浙路市舶司

　　據泉州客人李充狀，令將自己船壹隻，請集水手，欲往日本國，博買迴貨，經赴赴明州，市舶務抽解，乞出給公驗前去者。

人貨船物

　　　自己船壹隻

綱首李充　梢工林養〔註 11〕雜事莊權

部領兵弟

第一甲　梁富 蔡依 康祐 陳富 林和 郡勝 阮祐 煬元 陳從 住珠 顧再 王進 郭
　　　　宜 阮昌 林旺 黃生 強宰 關從 吳滿 陳祐 潘祚 毛京 阮聰

第二甲　尤直 吳添 陳貴 李成 翁生 陳珠 陳德 陳新 蔡原 陳志 顧章 張太 吳
　　　　太 何來 朱有 陳光 林弟 李添 楊小 彭事 陳欽

第三甲　唐才 林太 陽光 陳養 陳榮 林足 林進 張春 薩有 張武 林泰 小陳貴
　　　　王有 林念 生榮 王德 唐興 王春

貨物

　　　象眼四拾疋 生絹拾疋 白綾貳拾疋 甕垸貳拾床 甕堞壹百床

一、防船家事 鑼以面 鼓一面 旗伍口

一、石刻本州物力戶 鄭裕 鄭郭仁 陳祐 參人委保

一、本州令 給杖壹條 印壹顆

一、今撚坐 敕條下項

　　　諸商賈於海道，典販經州，投狀，州爲驗實條送，願發舶州置簿抄上，仍給公據，方聽行，迴日公據〔註 12〕，納任舶州市舶司，即不請公據而擅行，或乘船自海道入界河，及往登萊州界者，徒二年

　　　　……

　　　諸商賈由海道，販諸番者，海南州縣曲，於非元發舶州舶者，抽買訖，報元發皴，驗實銷籍，諸海商冒越，至所禁國者，配千里，即冒止所禁州者，徒貳年，配伍佰里，若不請公驗物籍者，准行者徒壹，鄰州編管，即買易物貨，而輒不注籍者，杖壹佰，同保人減壹等。

〔註 10〕《朝野群載》卷二十，《太宰府天滿宮史料》卷 6，第 67 頁。

〔註 11〕這個林養和《中右記》天永 2 年 11 月 19 日記載的「1111 年（天永 2）來到若狹被驅除的「宋人林俊」或是同族「。轉引村井章介：《日本史出版系列、跨越境界的人們》，2006 山川出版社日本史リブレット，第 26 頁。

〔註 12〕1.官府的憑據。2.宋代的一種官方鈔券。公據是南宋的一種鈔票。《宋史·食貨志》紹興二十九年（1159 年），印公據、關子，付三路總領所。3.元時茶商買茶納課後換取茶引的憑據。

> 　　錢帛案手分　供在判　注在判　押案宣在判　屬在判　勾抽所供在判　孔目所撿在
> 判　權都勾丁在判　都孔目所在判
> 　　右，出給公憑，付綱首李充，收執稟前，須敕牒指揮，前去日本國，經他回，
> 赴本州市舶務，抽解，不得隱匿透越，如違即當依法根治，施行。
> 　　當長治二年
> 　　崇寧四年六月日給
> 朝奉郎通判明州軍州管勾學事兼市舶謝在判
> 宣德郎權發遣明州軍州管勾學事提舉市舶彭在判
> 宣德郎權發遣提舉市易等叓兼提舉市船徐
> 承議郎權提舉市舶郎

　　從「公憑」上我們能夠清晰地瞭解到以下信息：①李充商船上大約有 70
多位船員。②裝載貨物有「象眼四拾疋　生絹拾疋　白綾貳拾疋　甕垸貳拾
床　甕墔壹百床」的貨物。③船上還裝有防止突發事故的工具以及鑼、鼓、
旗幟。④標明船和貨物的擔保人。⑤有明州令 給杖壹條、印壹顆。⑥寫有綱
首和船員所要遵守的海外貿易法則。另外，「公憑」最後還有明州市舶司四位
官員的簽名。這份「公憑」的副本其複印件現藏於寧波博物館。

　　「公憑」不僅能證明身份，還能保障商船人員往返的安全以及貨物的順
利交易。不過「公憑」還不能說是宋日兩國之間交往的最高憑證。關於中日
兩國最高級別的交往，將會在後面的章節加以研究。

　　宋商到日本需要提交提舉兩浙路市舶司所開具的「公憑」，而最初的提舉
兩浙路節度使是趙世開。據《宋史》記載〔註13〕：

> 　　世開，從誨子、惟和孫也。七八歲，日誦萬言，既長，學問該
> 洽。事後母孝，撫孤侄如己子。宮官吳申爲御史，薦其學行，命試
> 學士院，累召不赴。神宗褒異之，召對便殿，論事甚眾。時宮僚有
> 缺，不即請，而以他官攝，故私謁公行。宗女當嫁，皆富家大姓以
> 貨取，不復事銓擇。世開悉言之，帝嘉納，欲以爲宗正，固辭，乃
> 進一官。以其所列著爲令。官至奉國軍留後。薨，贈開府儀同三司，
> 追封信王，諡獻敏。世雄嗣。

由於明州奉國軍是在宋神宗年間開始隸屬兩浙東路府的，由此可以推斷這位
趙世開很可能就是那個時候由奉國軍過渡到兩浙東路府的節度使。李充的「公

〔註13〕《宋史》卷 244 列傳 3，中華書局，1977 年。

憑」是在宋徽宗崇寧 4 年開具的，而崇寧年間兩浙東路府的節度使爲蘇緘。
據《宋史》記載〔註14〕：

> （宋徽宗）九年春正月乙丑，雨木冰。戊辰，交阯陷邕州，知
> 州蘇緘死之。己卯，下溪州刺史彭師晏及天賜州降。庚辰，遣使祭
> 南獄、南海，告以南伐。辛巳，贈蘇緘奉國軍節度使，謚忠勇，以
> 其子子元爲西頭供奉官、閤門祗候。

這上面顯示，蘇緘是在宋徽宗九年乙丑年的 1109 年戰死的，而在這之前，辛
巳年也就是宋徽宗的建中靖國元年（1101）被封爲奉國軍節度使，所以可以推
斷蘇緘就是爲李充簽發「公憑」的宋朝官員的上司。

到了南宋，奉國軍的稱謂已經被慶元府取代。日本高僧榮西在宋紹熙二
年秋來宋時，日本史料《元亨釋書》寫道：「西趨出到奉國軍 今改慶元府，
乘楊三綱船，著平戶島葺浦」〔註15〕。

宋商到日本需要提交提舉兩浙路市舶司所開具的「公憑」，那麼日本人到
宋朝時，是否也需要「公憑」來證明身份呢？由於日本此時所沿襲的是「延
熹年的渡海禁令」，所以一般說來日本商人、僧人和官員是很難到宋朝的，大
多時候日本國民和僧人只能採取偷渡的方式入宋，例如，日本僧人誠尋和戒
覺就是兩個著名的例子。我們目前雖然無法得知宋朝時期，日本政府所頒發
的能證明其國民和僧人身份之類的文書的具體內容，但依然可以從稍早的唐
朝末期，日本著名入唐僧元珍隨身攜帶的大宰府所頒發的「大宰府公驗」、「福
州公檢」和「台州公檢」（見附圖）一探究竟。

第二節　大宰府公檢

元珍（814～891）出生在日本讚岐國（今香川縣），年輕時到比叡山的延
曆寺研究修行天台佛法。853 年，爲了尋求佛法，搭乘商船到了唐朝。在唐朝
學了六年密宗，回國後在奈良創建了元城寺（三井寺），死後被授爲「智證大
師」。

元珍爲了到唐朝去求佛法巡禮和修學，首先來到大宰府，在附近的四天
王寺住下，等待搭乘去唐朝的便船，不久就在大宰府辦理好了搭乘唐朝商人

〔註14〕《宋史》卷 15 本紀 15，中華書局，1977 年。
〔註15〕《太宰府天滿宮史料》卷 7，第 224 頁。

王超商船的相關手續，領取兩張相關文書。據《日本文德天皇實錄》五記載：「仁壽3年（853）正月丁未，滋野朝臣善陰爲大宰府少貳。二月十一日辛未，大宰府、入唐僧圓珍に公憑を給す」〔註16〕。如圖所示：

```
日本國大宰府　（大宰府章）

延曆寺僧元珍　年卅　臈二十一

從者捌人、隨身物經書衣鉢剔刀等

得元珍狀雲將遊行西國禮勝求法

□附大唐商人王超等回鄉之船恐

到處所不詳來由伏乞判附公檢

以爲憑據

仁壽三年貳月拾壹日大典越

貞原（簽名）

大監藤□□（簽字）（大宰府印）

（大宰府印）
```

　　一張是大宰府於2月11日爲元珍開具的允許到大唐的「大宰府公憑」（又稱「公檢」），是證明其身份的日本正式的官方文書。上面不僅有三處蓋有「大宰府印」的官印，還有大宰府官員大監藤□□的簽名，這份文書又稱「大宰府公檢」（見附圖）〔註17〕。

　　這張「大宰府公檢」，是日本官方向中國唐朝官方證明元珍的身份、年齡以及目的的證件；上面寫明有八位隨行人員和所搭乘船船主的名字。還詳細記錄了隨身攜帶的書籍、衣物和生活用具。最後是大宰府官員大監藤□□的簽名和當時日本年號「仁壽三年」，相當於現代的「護照」或者「介紹信」。

　　另一張是大宰鎭西府少監有蔭，於7月5日在元珍的「公檢」上簽名並蓋有15枚「主船之印」的「大宰府文書」〔註18〕（見附圖）。上面注有船主的姓名（唐商人王超和李延孝），並詳細地記錄了隨身所攜帶物品的名稱、以及隨行八人的姓名、曾用名、年齡以及身份；其中一位是元珍的隨行翻譯丁滿。《太宰府天滿宮史料》卷2記載著此事〔註19〕：「七月伍日甲午、大宰少監有陰・延曆寺僧圓珍に公檢の判を與う」。

〔註16〕　《日本文德天皇實錄》，《太宰府天滿宮史料》卷2，第20頁。
〔註17〕　《北白川文書》，《太宰府天滿宮史料》卷2，第20頁。現藏於東京國立博物館。
〔註18〕　《北白川文書》，《太宰府天滿宮史料》卷2，現藏於東京國立博物館。
〔註19〕　《北白川文書》，《太宰府天滿宮史料》卷2，第22頁。

江州延曆寺僧元珍

爲巡禮共大唐客商王超李延孝入彼國狀

並從者隨身經書衣物等

僧元珍字遠塵　年四十一藹

從者　僧豐智　年卅三　藤一十三　沙彌閒靜　年卅一　俗姓海
　　　經生的良　年卅五　　　　　　伯阿古滿　年二八
　　　譯語丁滿　年卅八　物忠宗　年卅二
　　　大全吉　年二十三

隨身物　經書四佰伍拾卷
　　　三衣缽器剔刀子　雜資具等　名目不詳

右元珍爲巡禮聖跡訪問師友與件商人等向大唐
國恕彼國所在鎮鋪不練行由伏乞判付
公檢以爲憑據伏聽處分
牒件狀如前謹牒

　　　　　　　　　　仁壽三年七月一日 僧元珍牒

敕勾當客使鎮西府
任爲公檢柒月伍日
少監藤有蔭 （以上爲親筆書寫）
（注此文書上蓋有15枚（主船之印）

從以上事例來看，當時宋船上的人員大概爲七十人左右，元珍一行領取了「大宰府公檢」，於853年8月9日從五島的值嘉島出發，15日到達福建蓮江縣（今福州市）的海岸。日本史料《元城寺文書》記載了他們到達福州的全過程〔註20〕：

延曆寺僧圓珍，四王院を出でて入唐のため發航す。

十禪師延曆寺入唐求法傳燈大法師位元珍謹言

請准舊曆給求法公檢事

　　至仁壽二年閏八月，值大唐國商人欽良暉交關船來，三年七月十六日商船，到值嘉島、停泊鳴浦、八月初九日、放船入海、十三日申時，望見高山，緣木風殺，十四日辰頭，漂到彼山腳，所謂琉球國喫人之地，四方無風莫知所趣，忽遇異風指乾維行，申尅見小山，子夜至止腳下，十五日午，逐獲著岸，而未知何國界、便問所

〔註20〕《元城寺文書》，《太宰府天滿宮史料》卷2，第23頁。

在，知此大唐嶺南道福州連江縣界，於時國號大中〔註21〕七年矣，

合船喜躍如死得生，十六日，上州，便宿海口

貞觀五年十一月十三日（署名）

從上述記載獲知，元珍一行由於遇到狂風，於 8 月 16 日漂流到唐朝嶺南道福州的連江縣界內，並在海口鎮住宿。雖然他們目的地是要到天台山巡禮求法，但是根據當時的交通條件，未必都能按照預想的港口靠岸。那麼他們靠岸後又是如何通過福州海關的檢查呢？

第三節 福州牒

到了福州等地，當地官員根據大宰府的公憑，爲元珍一行開具了一份能都自由出入福州境內的「福州牒」，相當於現在的「通行證」。除了寫有通過福州境內的所有隨行人員姓名之外，還有目的、隨身攜帶之物等等，最後署名的日期換成了唐朝的「大中」年號，官員簽名，加蓋福州都督官印。此「福州牒」現收藏於東京國立博物館（見附圖）：

福州都督府 （福州都督印）加紅字柒人
日本國求法僧元珍謹牒
爲巡禮來到 唐國狀並從者隨身衣鉢等
供奉僧元珍 年四十臘二十二
　　從者 僧豐智 年卅三 臈一十三 沙彌閑靜 年卅一 俗姓海
　　　　　譯語丁滿 年卅八
　　　　　經生的良 年卅五 物總宗 年卅二 大全吉 年二十三
　　　　　伯阿古滿 年二八 卻隨李延孝船歸本國報平安不行
　　　隨身物 經書四百五十卷 衣鉢別刀等 攢籠壹具
牒 元珍爲巡禮天台山五臺山並長安城青龍
興善寺詢求，聖教來到 當府恕所在
州縣鎮鋪不練行由伏乞公檢以爲憑據
謹連元赤伏聽 處分
牒件狀如前謹牒
　　大中七年九月 日 日本國求法僧元珍牒
　　（福州都督印四枚）

〔註21〕 大中（847〜860 年）：是唐宣宗李忱的年號，共計 14 年。大中十三年八月唐懿宗李漼即位沿用。

－138－

任爲公檢十四日福府祿事叅軍 平仲（以上爲親筆簽名）

日本國僧元珍等柒人往天台五臺山兼往上都巡禮之所在子
細勘過玖月拾肆日福建團練左押衙充左廂都虞候林（簽字畫押）
　　福建海口鎮□日本國僧元珍等於大中七年九月二十八日
鎮將朱濤（簽字）

　　首先，在這份「福州牒」上，福州都督府府軍平仲簽署的日期爲 9 月 14 日，海口鎮鎮將朱濤簽署的日期爲 9 月 28 日。說明元珍一行，從 8 月 16 日靠岸日起在福州界內已經停留一個多月。另外，元珍所攜帶的「大宰府公檢」上表明隨行有八人，但是到了福州後，實際隨行只有七人，在這份「福州牒」上也記載下原因「伯阿古滿 年二八 卻隨李延孝船歸本國報平安不行」，解釋說伯阿古滿這個人隨李延孝的船回自己國家了，並沒有一同隨船來福州。

　　元珍一行在接下來的旅途，分別經過溫州和台州，當地官府根據日本「大宰府公檢」也──一開具了「台州牒」和「溫州牒」，並且簽名加蓋官印。

第四節　溫州牒

　　下面這三張溫州牒〔註22〕，分別是元珍一行分別於 10 月 26 日經過溫州的橫楊縣、10 月 29 日到達溫州安固縣以及 11 月 6 日，一行 7 人到達溫州永嘉縣的過境記錄（見附圖）。

〔註22〕現藏於東京國立博物館。

溫州　橫陽縣

日本國求法僧元珍謹牒　（簽字：即赴州）

爲巡禮來到　唐國狀並從者隨身衣鉢等

供奉僧元珍　年四十藹二十一

從者　僧豐智　年卅一藹二十三

沙彌閑靜　年四十藹艸一俗姓海

譯語丁滿　年卅八

經生的良　年卅五　物總宗　年卅二

大全吉　年二十三

伯阿古滿　年二十八卻隨李延孝船歸本國報平安不行

隨身物　經書四百五十卷　衣鉢剔刀等　攊籠壹具

牒　元珍爲巡禮天台山五臺山並長安城靑

龍興善寺詢求，聖敎來到　當縣

恕所在州縣鎭鋪不練行由伏乞公檢

以爲憑據謹連元赤伏聽　處分

牒件狀如前謹牒

大中七年十月　日　日本國求法僧元珍牒

任爲憑據二十六日橫陽縣丞權知縣事　（簽名）

溫州　安固縣　（簽字：即赴州）

日本國求法僧元珍謹牒

爲巡禮來到　唐國狀並從者隨身衣鉢等

供奉僧元珍　年四十藹二十一

從者　僧豐智　年卅一藹二十三

沙彌閑靜　年四十藹艸一俗姓海

譯語丁滿　年卅八　經生的良　年卅五

物總宗　年卅二大全吉　年二十三

伯阿古滿　年二十八卻隨李延孝船歸本國報平安不行

牒　元珍爲巡禮天台山五臺山並長安城靑

龍興善寺詢求，聖敎來到　當縣

恕所在州縣鎭鋪不練行由伏乞公檢

以爲憑據謹連元赤伏聽　處分

牒件狀如前謹牒

大中七年十月　日　日本國求法僧元珍牒

（筆手寫）任爲憑據二十九日安固縣主薄知縣事　（簽名）

溫州　永嘉縣

日本國求法僧元珍謹牒

爲巡禮來到　唐國狀並從者隨身衣缽等

供奉僧元珍　年四十　臈二十一（永嘉之印）

從者　僧豐智　年卅一　臈一十三

沙彌閒靜　年四十四　艸一俗姓海　譯語丁滿　年卅八

經生的良　年卅五　物總宗　年卅二　大全吉　年二十三

伯阿古滿　年二八　卻隨李延孝船歸本國報平安不行

隨身物　經書四百五十卷　衣缽剔刀等　攔籠壹具

牒　元珍爲巡禮天台山五臺山並長安城青

龍興善寺詢求，聖教來到　當縣

恕所在州縣鎮鋪不練行由伏乞公檢

以爲憑據謹連元赤伏聽　處分

牒件狀如前謹牒

大中七年十一月　日　日本國求法僧元珍牒

（筆手寫）　任爲憑據六日永嘉　行檢（簽名）（永嘉之印）

上面這三張牒（見附圖），分別有三個縣的知府或縣丞簽字和縣印。除了寫明身份、人數、所攜帶之物外，還記載了伯阿古滿這個人隨李延孝的船回自己國家了，沒有一同隨船經過，以及他們前往天台山巡禮，到五臺山、長安青龍興善寺尋求佛法的目的。

第五節　台州牒 [註23]

台州牒（台州之印）
當州今月壹日的開元寺主僧明秀狀稱日本國
內供奉賜紫衣僧元珍等三人行者肆人都柒人
從本國來勘得譯語人丁滿狀謹具分析如後
僧三人
壹人內供奉賜紫衣僧元珍
壹人僧小師豐智
譯語人丁滿　行者的良已上巡天
壹僧小師閒靜　行者物忠宗大全吉
台五臺山及遊歷長安
並隨身經書並留寄在國清寺
本國文牒並公檢共三道
牒得本曹官典狀堪得譯語人丁
滿狀稱日本國內供奉賜紫衣求
（台州之印）
法僧元珍今年七月十六日離本國
至今年九月十四日到福州從本國
來至十二月一日到當州開元寺稱往
天台巡禮五臺山及遊歷長安隨
身衣缽及經書並行者及本國行
由文牒等謹具勘得事由如前事
須具事申　省使者
郎中判具事由各申上者准伏給
牒者故牒

大中柒年檢　月三日史陳　沂牒（台州之印）
楊司印　忝軍唐

台州　黃巖縣（黃巖之印）
日本國求法僧元珍牒
爲巡禮來到　唐國狀並從者隨身衣缽等
供奉僧元珍　年四十藹二十二（黃巖之印）
從者　僧豐智　年卅一藹一十三
沙彌閒靜　年四十藹帥一俗姓海　譯語丁滿　年卅二
經生的良　年卅五　物總宗　年卅一
大全吉　年二十三　伯阿古滿　年二八
卻隨李延孝船歸本國報平安不行
隨身物　經書四百五十卷　衣缽剔刀等　攝籠壹具
牒　元珍爲巡禮天台山五臺山並長安城青
龍興善寺詢求，聖教來到　當縣
恕所在州縣鎮鋪不練行由伏乞公檢
以爲憑據謹連元赤伏聽　處分
牒件狀如前謹牒

大中七年十一月　日　日本國求法僧元珍牒

任執此爲憑二十三日　（簽名）（黃巖縣之印）

〔註23〕　參見《大唐長安展》，京都文化博物館，1994年，NHK きんきメデアランプ。

　　以上兩張牒（見附圖），一張是顯示元珍於 11 月 23 日路過台州黃巖縣的記錄，另一張牒是 12 月 3 號到達台州的記錄。他向當地政府提出停留和通過的請求。和福州一樣，黃巖縣和台州官員陳沂、「楊司」在這張「台州牒」上簽字、加蓋台州官印。這張「台州牒」的簽署日期是 12 月 3 日，牒上清晰地記載著：元珍 7 月 16 日離開日本，9 月 14 日到達福州，然後從福州再到台州，12 月 1 日居住在台州的開元寺。然後元珍還要到天台山巡禮，到五臺山和長安雲遊，繼續求法之路。他們一行人甚至在 12 月初到達台州的臨海郡。

　　元珍入唐這一系列相關文書，兩張是由日本大宰府簽發的「大宰府公檢」，六張分別是由元珍一行所通過的福州、溫州和台州等地政府簽署的「福州牒「、「溫州牒」和「台州牒」組成、兩張「大宰府公檢」上分別有大宰府官員少監藤有蔭和多枚大宰府官印、船主之印，是向唐朝方面證明元珍身份的，相當於官方「介紹信「。而六張中國唐朝的地方官牒，是元珍到達當地後，當地政府根據日方「大宰府公檢」而開具的能證明其身份的文書，相當於在中國境內的「通行證」。如果把宋日兩國這兩種官方文書的功能相加起來，就相當於現代的護照。由此看來，古代的唐朝和日本已經有一套相當完善的出入境管理方法和手段。

第六節　「派遣僧」和「偷渡僧」

一、「派遣僧」嘉因的入宋「太政官符」

　　宋朝由於和日本沒有外交關係，又受到日本延喜年的「渡海制」的影響，所以雙方幾乎沒有官方的外交往來。在北宋初年，還有受官方派遣的入宋僧到五臺山巡禮，後來這種「派遣僧」就越來越少，大多數僧人由於得不到官方的批准和官牒，只能採取偷渡的方式去宋朝求法，不過，這種「偷渡僧」的現象到南宋就慢慢消失。

　　北宋初年，日僧奝然奉命到五臺山巡禮，之後又乘坐宋商鄭仁德的商船回國。在鄭仁德歸宋之際，奝然又派自己的弟子嘉因隨鄭仁德商船入宋求法。日本史料《續左丞抄》記載了太政官下達給大宰府的嘉因入宋官符〔註24〕：

〔註24〕《續左丞抄》一，《太宰府天滿宮史料》卷 4，第 183 頁。

太政官符太宰府

應爲使傳燈大法師爲嘉因重發遣大唐令供養五臺山
文殊菩薩兼請度新譯經論等事

從僧二口　童子二人

右，得入唐歸朝法橋上人奝然奏狀稱，
奝然爲遂宿願，去天元五年蒙允許宣，
渡海入唐適參五（臺）山，巡禮文殊聖跡，
更觀大宋朝，請來摺本一切經論藝藏亦，
抑寔雖致巡禮傳法之功，未遂財施供養之願
，歸朝之後，雖馳願心於五臺清涼之雲山，
繫供養於一萬文殊之眞容，未遂件願心，
因之差嘉因法師，重欲發遣，今件嘉因，
久住東大寺，苦學三論無相之宗教，同往西唐國，
共受五部秘密之灌頂，非啻學顯學密之法，
兼以解漢地之語，然則足爲譯語者也，望請天恩，
下給宣旨於大宰府，隨鄭仁德等歸船，發遣大唐，
令供養文殊菩薩，兼請度新譯經論等，將奉祈聖皇寶祚，
且遂宿願遺餘者，左大臣（源雅信）宣，奉敕，
依請者，府宜承知，依宣行之，符到施行。
右中辨正五位上兼行大學頭平朝臣
正六位上行右少史穴太宿禰

永延二年二月八日

從這份官符上可以得知，命令是右大辨平氏和右少史穴太宿禰簽發。上面還注明了隨嘉因一起入宋的還有二位僧人和二名童子，是乘坐宋商鄭仁德的船，還注明了去五臺山的目的：「供養文殊菩薩，兼請度新譯經論」。由於嘉因本身「解漢地之語，然則爲譯語者也」，所以就不用帶翻譯了。「依宣行之，符到實施」說明這份太政官下達給大宰府的官符可以看成是嘉因到達宋朝的「公檢」，即官方「介紹信」和「護照」，與唐朝所開具的「大宰府公檢」的形式基本相似。

官符中的「去天元五年蒙允許宣，渡海入唐適參五（臺）山，巡禮文殊聖跡，更觀大宋朝……」這句話，說明奝然是於天元五年（983）奉旨入宋的，換言之，他們師徒二人都是受官方委派的「派遣僧」。《宋史》上也有關於奝然的相關記載，可以相互印證〔註25〕：

> 雍熙二年，隨台州寧海縣商人鄭仁德船歸其國。後數年，仁德還，奝然遣其弟子喜因奉表來謝曰：「日本國東大寺大朝法濟大師、賜紫、沙門奝然啓：傷鱗入夢，不忘漢主之恩；枯骨合歡，猶亢魏

〔註25〕　《宋史》：卷 491 外國 7 列傳 250 日本北京：中華書局，1973 年。

氏之敵。雖云羊僧之拙，誰忍鴻霈之誠。喬然誠惶誠恐，頓首頓首，死罪。喬然附商船之離岸，期魏闕於生涯，望落日而西行，十萬里之波濤難盡，顧信風而東別，數千里之山嶽易過。

從以上可以判斷，至少到宋朝初年，還有官方委派的「派遣僧」。無獨有偶，宋景德元年，另一位日本的「派遣僧」寂照也來到宋朝，據《宋史》記載〔註26〕：「景德元年，其國僧寂照等八人來朝，寂照不曉華言，而識文字，繕寫甚妙，凡問答並以筆箚。詔號圓通大師，賜紫方袍」。寂照作爲「國僧」絕不可能是偷渡而來的，因此可以表明，寂照是受到日本朝廷派遣過來的「派遣僧」。這一點也可以從日本史料《百練抄》和《一代要記》裏得到印證〔註27〕：

> 《百練抄》四一條院：
>
> 　　長保四年三月十五日，人道前參河守定基法名寂昭上狀向大宋國，巡禮五臺山，六月十八日道途，天下上下舉首，向聖人房受戒，世人云，是眞仙也。
>
> 《一代要記》一條院：
>
> 　　長保五年八月二十五日，寂昭上人離日本進發西海，九月十二日，著大宋國明州府云云。

從上面兩篇史料中可以看到，寂照3月15日上書請求「入宋求法，巡禮五臺山」；6月18日在去港口途中受到天下人的頂禮膜拜，「天下上下舉首，向聖人房受戒，世人云，是眞仙也」；8月25日從西海出發，9月12日到達明州。這說明寂照不是偷渡而去，是堂而皇之地入宋求法的，這也證明了宋朝初期還有日本「派遣僧」入宋求法，並且持有大宰府頒發的「公檢」，「官符」或者朝廷大臣的推薦信。

　　另外，在1016年也就是日本長和四年，日僧念救赴五臺山求法時，在身上攜帶有兩封日本當朝左大臣藤原道長分別寫給五臺山高僧諸德和日本在五臺山的修行僧圓通大師的親筆信。據《御堂殿消息》記載，這封給諸德長老的信這樣寫道〔註28〕：

〔註26〕　《宋史》：卷491 外國7列傳250 日本北京：中華書局，1973年。
〔註27〕　《百練抄》、《一代要記》，《太宰府天滿宮史料》卷4，第134頁。
〔註28〕　《御堂殿消息》大須本。《太宰府天滿宮史料》卷4，第433頁。

本朝僧念救至，分諸德和尚之書箚三緘，一事披而見之，雖無
魚茲之面親，各歡鳥篆之頤指，抑大慈寺是智者之遺風，誰不感於
萬里，推草創於盛陳，其華構之（於）顚越，今有重營之議，遙翹
助念，既謂道場，何別遠近，仍以任土之有，聊宛滿山之求，夏熱，
伏惟諸德道議體兼勝，然而間以雲天，奈馳戀何，行李難通，問松
容而鬱陶，浪鮫爲鎭，傷（鼈）鼈背之渺望，不惶旁報，旨趣一揆，
勒念救還，不宜，謹言。

長和四年六月　日　日本國左大臣藤原道長
大宋國天台山諸德和尚　庵下

藤原道長在推薦信中表達了對諸德的崇敬之情「抑大慈寺是智者之遺風，誰
不感於萬里」以及對念救的託付之意。由此可知，寂照也不是偷渡而去，也
是受朝廷委託派遣過來的，並且還持有朝廷重臣的推薦信。

二、「偷渡僧」戒覺的入宋「表文」

這種「派遣僧」到了北宋後期就漸漸地消失了。誠尋是北宋時期最有名
的「偷渡僧」。他在《參天台五臺山記》中這樣寫道：「延久四年三月十五日
乙未，寅時，於肥前國松浦郡壁島，從僧七人乘唐人船」〔註29〕，是在一種
「船頭等皆悅給物，密密相構也，終日閉戶，極以難堪，閉戶絕音」的狀態。
海邊上有人來時，一起躲進一室，其原因是因爲誠尋他們並沒有得到政府的
許可，雖然他們向朝廷提出申請入宋求法，但是不被允許，只好偷渡到了宋
朝。據日本史料《續本朝往生傳》記載：「阿闍梨誠尋者，本天台宗之人，智
證大師之門徒夜，往大雲寺，智行兼備，早遂大業，居大日位，公請年久，
名譽日新，暮年歸心，菩提，只行法花法，爲體清涼山，私附商客孫忠商船，
偷以渡海」〔註30〕。

誠尋是向日本朝廷請求入宋求法被拒絕後才偷渡的，誠尋到宋以後，不
僅沒有被慢待，而且還受到了宋朝皇帝的敕封。《宋史》記載〔註31〕：「熙寧
五年，有僧誠尋至台州，止天台國清寺，願留。州以聞，詔使赴闕。……神
宗以其遠人而有戒業，處之開寶寺，盡賜同來僧紫方袍」。

〔註29〕　《參天台五臺山記》，《太宰府天滿宮史料》卷5，第286頁。
〔註30〕　《續本朝往生傳》，《太宰府天滿宮史料》卷5，第289頁。
〔註31〕　《宋史》：卷491外國7列傳250日本北京：中華書局，1973年。

　　受誠尋的影響，後來日本當時的皇太后（宮藤太后寬子）把後冷泉天皇抄寫的經卷也獻給了五臺山，同時獻上的還有根據當朝大臣遺願所獻的遺鏡和遺髮。據《鄰交徵書》大日本國皇帝捨經記載〔註32〕：

　　　　大宋國河東道代州五臺山大華嚴寺眞容菩薩院文殊聖榮殿，當殿今月二十八日，有大日本國延曆寺阿闍梨大雲寺主傳燈大法師位大宋國賜紫僧誠尋，賫到大日本國皇太后宮降來先帝（後冷泉）御書經卷，妙法蓮華經一部八卷、無量義經一卷、觀音賢經一卷、阿彌陀經一卷、般若心經一卷，右前件經，依教領得，於文殊師利菩薩眞容面前，如法安置，永充供養，……賫到大日本國故右丞相（藤原師實）從一位藤原朝臣第六女子，爲太皇太后宮亮藤原朝臣師信家室，產生去逝，藤原朝臣以云□親身物所施，鏡一面、髮三結，右前件物，尋附文殊師利眞容殿內，如法安置，持神供養。

　　另外一位著名的「偷渡僧」是永保二年（1082）戒覺，戒覺乘坐被遣送回宋的「在日宋商」劉琨父子他們的商船偷渡到了明州定海縣，然後他向宋朝提交了表明自己身份的表文〔註33〕：

　　　　日本國天台山延曆寺僧傳燈大法師位戒覺言，竊以遠方異俗來朝入觀，巡禮聖跡名山例也，近則阿闍梨誠尋去熙寧五年，賜宣旨遂心願先了，是以長別父母之邦，遙從商客之便，齡及衰老，更無歸鄉之望，魂銷陽獲，何有懷土之思，故五臺卜終焉之地，宜信道超上人之微言也，山者天台山者，以自宗之源，欲禮智者大師之遺像也，抑小僧俗姓中原，洛陽城人也，父卒之後雖立身，心動於中，遂遁世，便於延曆寺久汐法水之流，屢愁生涯之限，落懺悔罪障之淚千萬行，朝夕露寒，修安養世之業四十年，香火煙老者也，隨身顯密雜法文並灌頂道具等色目在別紙，所從弟子二人，僧隆尊・沙彌仙勢〔註34〕等也，伏願，曲鴻慈，垂綸言，不堪懇歎上表以聞矣，日本國天台山延曆寺僧傳燈大法師位戒覺誠惶誠恐頓首首首死罪罪罪謹言，

　　　　　　元豐五年九月十八日　日本國天台山延曆寺僧傳燈大法師位某表

　　戒覺之所以乘坐宋商劉琨被遣返（迴卻）的船偷渡出國，是由於害怕日本政府的「恐府制」，所以，「是以長別父母之邦，遙從商客之便，齡及衰老，更無歸鄉之望，魂銷陽獲，何有懷土之思，故五臺卜終焉之地」。但是由於沒有攜帶日本官方的「公檢」或「官符」，只好自己寫了份表文，表文中表明了

〔註32〕《鄰交徵書》，《太宰府天滿宮史料》卷5，第290頁。
〔註33〕《渡宋記》，《太宰府天滿宮史料》卷5，第361頁。
〔註34〕日本僧人：戒覺和隆尊、沙彌仙勢。

自己身份以及所屬「日本國天台山延曆寺僧傳燈大法師位戒覺言」，以便得到登陸的許可。

宋朝寺院和日本寺院彼此都保存有互相來往的記錄。公元 1242 年圓爾得知宋朝徑山發生火災、動員謝國明捐贈了木材上千根木材。東京國立圖書館藏的《無準師範尺牘》〔註 35〕（見附圖）中載有「淳祐三年（宋朝）徑山發生火災之際，承天寺丹爾送再建木材千根〔註 36〕」收到感謝信的記錄〔註 37〕。1249 年無準向謝國明表達謝意並向他贈送《宣城虎圖》以作紀念〔註 38〕。

圓爾在給無準的信中向謝國明表達了謝意。表明宋日兩國僧人互通有無，換言之，中國天台山有其布教前線的日本天台山、京都以及博多寺院豐富的信息，有彼此來往的頻繁信息，並可以及時得到確認。戒覺既使是偷渡入宋，到了宋朝即不用隱瞞，也不用擔心會給本國添麻煩。他有令人誇耀的延曆寺僧人的身份，所以不但不會被遣送，而且還會受到優待。

以上表明，日本頒佈「延喜禁令」，禁止國民入宋，入宋僧在北宋初期還有「派遣僧」，後來就沒有了，即官方不再開具「大宰府公檢」或「大宰府官符」，僧人們只能採取偷渡的方式到宋朝。所以，日本人來宋（偷渡）是很少能得到或者基本不需要官方的「公憑」和「官符」。

到了南宋，由於經過平盛清的短暫「開國」〔註 39〕，日本漸漸地放寬了對僧人入宋的控制。著名僧人榮西於 1168 年乘坐宋商楊三綱的船入宋求法〔註 40〕，並於 1187 年再次入宋，回國後創建臨濟宗；1199 年日僧俊芿遂率安秀、長賀二弟乘坐宋商莊次郎的商舶，從博多津出發到達宋朝江陰軍〔註 41〕；1223

〔註 35〕 見後附表。

〔註 36〕 《聖一國師年譜》1242（仁治 3）。

〔註 37〕 《墨跡之寫》1 無準師範尺牘。

〔註 38〕 服部玄三氏藏無準師範尺牘《禪林墨跡》19。

〔註 39〕 關於平清盛「開國」的問題，本文在第七章有詳細的論述。

〔註 40〕 《元亨釋書》二傳智一之二，《太宰府天滿宮史料》卷 7，第 224 頁：建仁寺榮西紹熙二年秋辭菴，……西趨出到奉國軍今改慶元府，乘楊三綱船，著平戶島茸浦，本朝建久二年辛亥也「。

〔註 41〕 《泉湧寺不可棄法師傳》，《太宰府天滿宮史料》卷 7，第 261 頁：建久十年四月二十七日改元正治己未四月十八日，俊芿遂率安秀・長賀二弟，附莊次郎商舶，解纜出博多津，同五月初，著宋朝江陰軍，下帆放碇，時也大宋慶元五年也。

年著名僧人道元入宋，1227 年回國創建曹洞宗〔註42〕；宋朝末年（1240），大宰府僧湛慧入宋，後回國在創建崇福寺〔註43〕；1225 年，紀伊西方寺僧覺心從博多入宋，回國創建「興國寺」〔註44〕。

　　南宋時期這些僧人們的入宋和歸國，說明了偷渡現象已大大減少，也表明日本似乎已經放寬了對入宋僧的出國管制。另外，值得關注的是，有時候代表日本官方的大宰府使者到宋朝送禮物，也常常即不攜帶官方的「公憑」，也不攜帶「國書」。據《宋史》四九一外國七列傳二五〇日本條記載：「天聖〔註45〕四年十二月，明州言，日本國大宰府，遣人貢方物，而不持國表，詔卻之」。這說明日本官方代表向宋朝獻貢品，如果不帶國書，不僅不符合外交禮儀也是不能被接受的。但是從日方角度來看，其實有可能是想刻意地迴避與宋朝建立國家間的關係。下面是《宋史》裏所記載的有關日本「入貢「的記錄：

《宋史》記載的宋和日本的僧侶和商人入貢的事例（筆者根據史料整理）

年　　代	內　　容	按
仁宗天聖四年（1026）	日本入貢、不具表、詔卻之。	按《日本國傳》：天聖四年十二月，明州言，日本國太宰府遣人貢方物，而不持本國表，詔卻之。其後也未通朝貢，南賈時有傳其貨物至中國者。
神宗熙寧五年（1072）	日本僧人入貢。	按《日本國傳》：熙寧五年有僧誠尋至台州，……是後連貢方物，而來者皆僧也.

〔註42〕《建撕記》，《太宰府天滿宮史料》卷7，第341頁：「乾貞二年癸未，師（道元）二十四歲，コノ春、明全和尚入宋ノ事ヲ企テ玉ヘリ、師スナワチ明全和尚ニ隨伴シテ、二月二十二日ニ東山ヲ出テ、西海築前ノ博多ノ津ニ赴キ、三月ノ下旬ニ商船ニ乘リテ纜ヲ解ケリ、大宋ノ嘉定十六年日本貞応二年癸未四月ノ初ニ，明州ノ界ニ著セリ」。

〔註43〕《聖一國師年譜》，《太宰府天滿宮史料》卷8，第13頁：仁治二年辛丑宋淳祐元年，宰府有湛慧隨乘房，性耿直，出言多異，殆類散聖，精顯密二教，且復入宋受佛鑒法，謂師曰，我切於橫嶽山，當剙（建）一伽藍，師若風帆無恙回鄉，則來主此寺，是故請師居方丈，自居偏室，師即揭崇福額，開堂演法」。

〔註44〕《鷲峰開山法燈圓明國師行實年譜》，《太宰府天滿宮史料》卷8，第39頁：「信州近部縣，又曰，神林縣人，姓恆氏，又曰常澄氏，……丁亥嘉祿三，十二月十日安貞改元。師諱覺心，號心地，師二十一歲，茲歲紀州海部郡由良莊西方寺草創今興國寺」。

〔註45〕天聖（1023年～1032年十一月）是宋仁宗趙禎的年號，北宋使用該年號共計10年。

年　代	內　容	按
元豐元年 （1078）	日本遣僧來貢。	按《日本傳》：元豐元年，使通事僧仲回來，賜號慕化懷德大師。明州又言，得其國太宰府牒，因使人孫忠還，遣仲回等貢絁二百匹，水銀五千兩，以孫忠乃海商，而貢禮與諸國異，請自移牒報，而答其物直，付仲回東歸。從之。
孝宗乾道九年 （1173）	日本入貢。	按《日本傳》：乾道九年，始明州綱首，以方物入貢。

這其中誠尋是偷渡過來，不可能帶有國書，另外關於元豐元年「明州又言，得其國太宰府牒，因使人孫忠還」這條，據日本日本學者原美和子認爲：其實承曆 1 年（1077）這一年送到宋朝的牒是沒有官符的大宰府牒〔註46〕。縱觀宋代，日本幾乎沒有向宋朝遞交過國書，日本給宋朝廷送禮也故意不帶國書，那麼宋朝有沒有向日本朝廷送禮或者遞交「國書」、「國牒」呢？日本朝廷又將如何應對呢？這個問題將在下一節作進一步研究和探討。

第七節　宋朝初期宋商充當國使連續傳遞國書

宋朝和日本一直沒有正式的外交關係，日本朝廷對宋朝也一直敬而遠之，採取的是一種孤立保守的外交政策。但是在 1073～1082 年間，宋朝曾連續四次密集地向日本派遣國使、傳遞國書，面對這密集的「國牒」，日本政府頻頻召開公卿合議會議研究「陣定」應對，「人以成狐疑」。宋商們也頻繁穿梭來往，一時間，時間、人物和事件交織在一起，撲朔迷離。而這幾次擔當傳遞國書的國使都是宋朝商人。

唐末，由於「安史之亂」和「黃巢之亂」唐朝大傷元氣國力衰竭。因此，日本於 894 年採納了菅原道真的建議中止了歷時 2000 多年的「遣唐使」。據《日本書紀》記載：「（菅家御傳記）同年（寬平）九月十四日，上狀請令諸公卿議定遣唐使進止，同七年五月十五日，敕止遣唐使」〔註47〕。從此中日

〔註46〕手島崇裕在其《入宋僧の性格変遷と平安時代中後期朝廷——成尋の「密航」から》（村井章介：《8～17 世紀的東亞地域人、物、情報的交流——以海域和海港城市的形成，民族、地域間的相互認識爲中心》，第 348 頁平成 12 年度～15 年度科學研究費輔助金研究成果報告書平成 16 年 3 月 2004 年研究代表者。

〔註47〕《日本書紀》，《太宰府天滿宮史料》卷 3，第 74 頁。

就處於沒有國家邦交的狀態，一直到明朝，才恢復正式外交關係〔註48〕。

宋朝在 970 年平定了十國，在廣州、明州、杭州設立了市舶司。這是負責管理外國海商、宋海商出入國手續，以及徵稅事物的機構。市舶司的設立提高了明州的地位，此後其地位一直保持到 14 世紀後半葉。宋朝海商就是從這裏走向歷史舞臺的，而且，宋代海商的出現把兩國經濟永久的聯繫在一起。

每當中國船到來的時候，日本王公大臣經常是不經政府定價，就爭先搶購唐物。出現了「唐人商船來著之時，諸院諸宮諸王臣家等，官使未到之前，遣使爭買，又郭內富豪之輩，心愛遠物，踴直貿易」〔註49〕的景象。但是十世紀以後，日本廢除了「遣唐使」後，日本統治者的對外政策是消極的，採取的是「自我封鎖」或者「鎖國」的對外政策。尤其是在延喜年間（901～923）制定了重要的「鎖國」政策。即後來的「渡海制」〔註50〕。除了「渡海制」之外，還有延喜年間還出臺的禁止私自購買唐物「禁購令」、限制宋商（唐船）過於頻繁來日的「年紀制」等一系列的「鎖國」禁令，也稱為「十二禁制事」〔註51〕，開始了將近 300 年的「平安鎖國」，而這些禁令顯示出日本對宋朝外交政策的變化，它對宋朝海外貿易政策將產生很大的影響。

宋朝多次利用海商，想要拉近和日本的距離，讓宋商擔當國使攜帶國書出使日本，企圖把日本納入自己的政治和貿易體系，像漢朝那樣，先進行朝貢，然後再進行冊封，建立起宋朝的東亞的華夷秩序。但是日本則極力迴避和宋朝建立正式的國家關係，堅守自己孤立、封閉的外交立場，只和高麗等極少數幾個國家有官方往來〔註52〕。

因此，即使有代表日本官方的大宰府使者到宋朝送禮物，他們即不攜帶官方的「公憑」，也不攜帶國書。據《宋史》四九一外國七列傳二五○日本條記載：「天聖四年（1027）十二月，明州言，日本國大宰府，遣人貢方物，而不持國表，詔卻之。」日本政府使節到宋朝獻貢品，由於不攜帶國書被遣返。這表面作為日本官方如果不攜帶國書的話，是不符合外交禮儀的、是不被接受的。但從日方的角度來看，其實有可能是想刻意地迴避與宋建立國家的關係。

〔註48〕田中健夫：《善鄰國寶記新訂續善鄰國寶記》，第 109 頁。

〔註49〕《類聚三代格》，《太宰府天滿宮史料》卷 3，第 396 頁。

〔註50〕森克己：《日宋貿易的研究》國立書院，第 83 頁。

〔註51〕《類聚三代格》，《太宰府天滿宮史料》卷 3，第 396 頁。

〔註52〕《朝野群載》二十異國高麗牒記載，《太宰府天滿宮史料》卷 3，第 324 頁：高麗國向日本發國牒求醫師，日本很快回牒。

　　宋朝在 1073～1082 年間，曾連續四次密集地向日本派遣國使、傳遞國書。面對這密集的「國牒事件」，日本政府頻頻召開公卿合議會議研究「陣定」應對，「人以成狐疑」。宋商們也頻繁穿梭來往，一時間，時間、人物和事件交織在一起，撲朔迷離。

　　第一次是在 1074 年的宋熙宗八年，即日本承保二年。據日本史料《百練抄》五白河天皇條記載：「承保二年十月二十六日，諸卿定申道勘申大宋國皇帝付誠尋所獻貨物納否」。日本公卿合議會召開討論是否要接受宋朝皇帝託日本僧誠尋弟子送來的禮物。1069 年 3 月，日本僧人誠尋坐孫忠的商船偷渡到明州〔註 53〕，誠尋到了宋朝後「神宗以其遠人而有戒業，處之開寶寺，盡賜同來僧紫方袍」〔註 54〕。後來在 1073 年宋朝皇帝趁日本僧誠尋的入宋弟子要搭乘宋商船回國之際，託他們帶給日方禮物和自己的御筆文書給日本朝廷〔註 55〕。日本朝廷由於一直和宋朝沒有官方關係，而且對宋朝一直敬而遠之，採取一種孤立保守的外交政策。所以直到兩年後，即 1075 年的 10 月和 11 月才連續兩次召開公卿合議會議「陣定」討論是否要接受禮物和是否要回覆國牒〔註 56〕。而當時「陣定」結果是：「諸卿定申大宋皇帝付孫忠獻錦綺事，不可遣答信物」〔註 57〕，即不予理睬。

　　又過兩年，日本政府於 1077 年 5 月終於回覆國牒，並蓋上官符送上了回禮，「承保四年五月五日，請印，大宋國返信官符，長季朝臣書黃紙，入螺鈿筥，答信物六仗織絹二百匹、水銀五千兩也」〔註 58〕。這樣日本朝廷經過 4 年才回覆宋朝國牒，看起來確實有些不可思議，但是，這也恰好說明了日本還處於一種封閉保守的「鎖國」狀態。

　　另外，值得一提的是，就在孫忠攜國書到日本的同時，高麗國的國牒也到了大宰府，是由一位商人王則貞遞交，向日本請求能治療風疾的醫師，以下為高麗國國書內容〔註 59〕：

〔註 53〕　《續本朝往生傳》，《太宰府天滿宮史料》卷 5，第 289 頁。
〔註 54〕　《宋史》491 外國 7 列傳 250 日本國北京中華書局，1973 年。
〔註 55〕　誠尋：《參天台五臺山記》，《太宰府天滿宮史料》卷 5，第 286 頁。
〔註 56〕　《水左記》，《太宰府天滿宮史料》卷 5，第 326 頁。
〔註 57〕　《百練抄》五白河天皇，《太宰府天滿宮史料》卷 5，第 340 頁記載：「承曆四年閏八月十三日，諸卿定申大宋皇帝付孫忠獻錦綺事，不可遣答信物。
〔註 58〕　《白練抄》，《太宰府天滿宮史料》卷 5，第 323 頁。
〔註 59〕　《朝野群載》二十異國高麗牒，《太宰府天滿宮史料》卷 5，第 324 頁。

高麗國禮寶省牒　大日本國大宰府
當省　伏奉　聖旨訪聞，貴國有能理療風疾醫人，今因商客王則貞迴歸故鄉，因便通牒，及於王則貞處，說示風疾緣由，請彼處，還擇上等醫人，於來年早春，發送到來，理療風疾，若見功效，定不輕酬者，今先送花錦及大綾、麝香十一臍，分附王則貞，賜持將去知大宰府官員處，且充信儀，到可收領者，牒俱如前，當省所奉，聖旨，備錄在前，請貴府若有端的能療風疾好醫人，許容髮送前來，仍收領匹段麝香者，謹牒。

當承曆三年
己未年十一月 日牒　少卿林縈
卿崔　生
卿鄭

　　國牒上稱，這位叫王則貞商人利用回故鄉之際，順便傳遞高麗國牒。由此看來這個商人似乎是日本人，但是日本人姓氏裏是沒有姓王的，是否可以認定這位客商也是一位「在日宋商」，或許是一位加入日本籍的商人，也可能是一位第二代「在日宋商」。

　　承曆四年（1081）八月，日本朝廷召開會議「陣定」研究如何回覆宋朝和高麗這兩張「國牒」。對宋朝國書的答覆爲「不可遣答信物」，但卻當即決定回覆高麗國國牒，「是歲，大宰府，高麗國に返牒を送る」〔註60〕。事後日本都督大江匡房就日本的醫術還自贊道：「雙魚離達鳳池之月，扁鵲何入雞林之雲」〔註61〕。可見日本政府只是對宋朝存有戒心，只是對宋朝加以警惕和提防。

　　其實，日本和高麗兩國一直都有政府間的正式來往，而且相互傳遞國書。

　　另一次出現是在 990 年，高麗王后委託宋商周文德和楊仁紹作爲使者向日本攝津國騰尾寺獻寶物，其實當時周文德還有另一項秘密任務，就是替高麗國王到日本求名醫治療他妻子高麗國后的白髮。日本史書《小右記》記載了這一國書事件〔註62〕：

　　　　（正曆元年）是歲、高麗國後、宋商周文德等に託して、寶物
　　を摂津國勝尾寺に送る使者、太宰府に到る。

〔註60〕《本朝續文粹》，《太宰府天滿宮史料》卷5，第350頁。
〔註61〕《江談抄》，《太宰府天滿宮史料》卷5，第350頁記載：「都督又云，取身自贊又十餘又云，自高麗申醫返牒云，雙魚離達鳳池之月，扁鵲何入雞林之雲，是則承曆四年事也取身自贊又云，自高麗申醫返牒云。
〔註62〕《小右記》，《太宰府天滿宮史料》卷4，第269頁。

　　　　　　長德三年六月十三日乙巳，高麗國，牒狀を本朝に送る，仍り
　　て大宰府，解文を上りて，四ケ條の事を申請す。
史料記載「高麗國送本朝牒狀」，「高麗國後委託宋商周文德爲送寶物使，到
達大宰府」，證明了日本和高麗兩國最高層之間有正式的國書往來。這次國書
所記載的內容收錄在日本史書《元亨釋書》二十八寺像六里〔註63〕：

　　　　　　正曆元年庚寅大宋淳化元年宋商二人來，一台州人周文德，一
　　務州人楊仁紹，二商曰，百濟國后有美姿，國主愛重，未邁壯齡，
　　其髮早白，后愁之，服靈藥求法驗，二事無效，王又憂之，一夕后
　　夢，日本國勝尾寺千手大悲，靈感無比，汝其祈之，覺後，后悅甚，
　　便向日本國，作禮祈求，又夢，日本國一山出光，照披庭，夢覺，
　　後發紺碧過始，以是寄我等二人，以關迦器、金鼓、金鐘等什物，
　　遙獻彼像，不知勝尾寺爲何處，大宰府使者送到寺云。

高麗國書講述了高麗國王夢到日本有能治療白髮的名醫，所以就派宋商周文
德和楊仁紹到日本尋訪名醫來治療他妻子的白髮。由此還可以看出宋商們在
經商的過程中，不僅客串宋日兩國的國使而且還充當過高麗國的國使出使到
第三國日本，這說明宋商在東亞海上貿易開展的十分廣泛、影響力很大，他
們以商爲主兼職別樣，深入民間遊走高層。

　　筆者認爲：通過以上例子，也再次證明日本和其它周邊國家保持著正式
的外交關係，卻一直不願和宋朝建立外交關係，說明日本政府對宋朝在政治
上一直是敬而遠之，保持距離，避免被宋朝納入不平整的政治體系，但同時
又保持有自己的政治小圈子。

附表一：日本公卿對誠尋弟子回國捎帶方物的「陣定」記錄一覽表

〔註64〕

時　間	文獻出處	人　物	陣定（公卿合議）內容
1073 年	《參天台五臺山記》	誠尋弟子	乘坐宋忠（孫吉）的船回日本，並帶有宋朝的禮物和皇帝的御筆文書。

〔註63〕　《元亨釋書》二十八寺像六，《太宰府天滿宮史料》卷4，第191頁。
〔註64〕　筆者根據相關史料自己整理。

時　間	文獻出處	人　物	陣定（公卿合議）內容
1075 年 10 月 26 日	《太宰府天滿宮史料》卷 5 第 323 頁《水右記》。	右大臣源師房等公卿大臣	討論誠尋弟子的帶來的禮物和經綸「陣定，大宋國皇帝付誠尋阿闍梨弟子等歸朝，被獻經論錦等，可納否事」。
1075 年 11 月 5 日	《太宰府天滿宮史料》卷 5 第 323 頁《白練抄》。	右大臣源師房等公卿大臣	再次討論怎麼給宋朝回禮。「十一月五日，右大臣（源師房）仰外記，令勘申大宋國貨物以何物可被贈答哉云云先例。
1076 年 6 月 2 日	《太宰府天滿宮史料》卷 5 第 233 頁，《水右記》《白練抄》。	右大殿源師房和宋朝方物使悟本、孫忠	再次討論如何回禮。「三年六月二日，諸卿於殿上定申大宋國返信物事，或云可遣和琴，或云可遣金銀類，或云可遣細布・阿久也玉，先於陣唐人孫忠悟對問事」。
1077 年 5 月 5 日	《太宰府天滿宮史料》卷 5 第 233 頁，《水右記》《白練抄》。	長季朝臣	終於對宋朝回信、回禮。「四年五月五日，請印，大宋國返信官符，長季朝臣書黃紙，入螺鈿筥，答信物六仗織絹二百匹・水銀五千兩也」。

　　第二次宋朝向日本發出國牒是在 1078 年，也就是在日本回覆宋朝國牒的第二年。據《宋史》記載：「元豐元年，使通事僧仲回來，賜號慕化懷德大師。明州又言得其國太宰府牒，因使人孫忠還，遣仲回等貢絁二百匹、水銀五千兩，以孫忠乃海商，而貢禮與諸國異，請自移牒報，而答其物直，付仲回東歸，從之」〔註 65〕。宋朝利用日本通事僧仲回乘坐孫忠商船回國的機會，並且又以收到大宰府「國牒」爲由，派孫忠向日本朝廷回賜禮物並遞交國書。這更加使日本朝廷不知所措，猶豫不決，直到一年後才召開公卿合議會議（陣定），以決定是否接受宋朝「國牒」，在這次會議上，公卿大臣們看著孫忠代表宋朝送來的禮物，對最近頻繁地接到宋朝的「國牒」和禮物表示「唐朝與日本和親久絕，不貢朝物，近日頻繁有此事，人以成狐疑」〔註 66〕。認爲日

〔註 65〕　《宋史》491 外國 7 列傳 250 日本國北京，中華書局，1973 年。
〔註 66〕　《白練抄》，《太宰府天滿宮史料》卷 5，第 323 頁。

本和宋朝一直都不來往，也不向其朝貢，爲什麼近來頻頻送來禮物和國書，實在令人懷疑。爲此，在接下來的一年裏又連續召開了兩次公卿合議會議討論「陣定」，公卿大臣們對孫忠送的禮物表示了諸多質疑：「大宋國商客孫忠件（仲）迴等，陳申彼朝□狀並副獻籠子事，勘問孫忠等之中，不加人名，不注年號，並有迴賜字，猶殘疑殆之由，陳申旨更被責」〔註67〕。大臣們發現皇帝送的國禮「籠子」上，文書不符合格式，上面既沒有人名也沒注明年號，書信上還有回賜的字樣，所以懷疑書信的眞偽。其實孫忠只是一名商人，他送的禮物肯定不會是像眞正的國使那樣規範，「以孫忠乃海商，而貢禮與諸國異」〔註68〕，而且對於宋商們來說，經商才是他們的主業，送國書、當國使只是副業客串而已。

孫忠到日本已經兩年，但是日本朝廷的公卿合議還沒有就如何給宋朝回國書作出決定。日本公卿大臣整天穿著朝服合議討論此事，是否安置孫忠成了個大問題。大臣們討論的焦點是：如果接待孫忠，那麼在回覆國書時是否也要回送禮物？反之，如果不接待他，那麼是不是仍然要回覆國書？「大宋國皇帝付孫忠被獻錦綺等，可被安置否，若可被安置者，遣反牒並答信物歟，又若不可安置者，可遣其由返牒如何」〔註69〕。

就在日本朝廷正在猶豫是否接受宋朝國牒之際，1080年宋朝第三次國書「明州牒」又到了，這次擔當國使的是宋商黃逢，遞交第三次國書理由似乎很簡單，宋朝方面僅僅只是擔心上次派過來的國使孫忠爲什麼到現在還遲遲不回國？「別□不待歟，只孫忠遲歸來也者」。《水左記》記載了當時情況〔註70〕：

> 承曆四年九月十日己亥，……未尅許博陸（藤原師實）以書狀，被示給云，……大宋國牒今朝奏聞了，別□不待歟，只孫忠遲歸來也者，予答申云，……大宋牒事承了者，十二日辛丑，……左衛門權佐行家朝臣書送大宋國牒狀，黃逢自越前國所進也。

雖然這次宋朝國牒的內容似乎是在詢問孫忠爲什麼還沒回國這個問題，但是據日本朝廷負責記事歷史事件的源經信推測這是「大國有所鬱重牒示」〔註

〔註67〕 《帥記》，《太宰府天滿宮史料》卷5，第323頁。
〔註68〕 《宋史》491外國7列傳250日本國北京：中華書局，1973年。
〔註69〕 《水左記》，《太宰府天滿宮史料》卷5，第335頁。
〔註70〕 《水左記》，《太宰府天滿宮史料》卷5，第335頁。
〔註71〕 《帥記》承曆四年閏八月二十六日條，《太宰府天滿宮史料》卷5，第340頁。

71），簡言之，宋朝很重視孫忠他所擔當的使命，以此想迫使日本回覆國牒。日本對於宋朝這種以商人為介的接近外交有所恐懼。黃逢來了以後，公卿合議會前後又召開了五次「陣定」合議會議，反覆研究還是猶豫不決。沒想到就在這個時候，1081 年 11 月，宋朝派的第四組國使黃政（王瑞垂）又來了，理由和上次國使黃逢的一樣，「常州勘會先差商客孫忠等，乘載日本國通事僧仲迴及朝廷迴賜副物色前去，至今隔歲月，未見迴還，訪聞得在彼載，有本朝商人劉琨父子□□說事端勘，或本國致遲延，久不為發遣，須至公文」，詢問幾年前護送日本僧仲回的孫忠和宋商劉坤父子。以下宋朝傳遞的明州牒國書內容〔註72〕：

> 大宋國明州牒日本國
>
> 　　常州勘會先差商客孫忠等，乘載日本國通事僧仲迴及朝廷迴賜副物色前去，至今隔歲月，未見迴還，訪聞得在彼載，有本朝商人劉琨父子□□說事端勘（欺），或本國致遲延，久不為發遣，須至公文。
>
> 牒俱如前事，須牒
>
> 日本國，候牒到請狀，捉逐人國客商舟船，穿送赴州，依憑依法斷，遣狀其孫忠等，亦請疾發遣，回歸本州，不請留滯，謹牒。
>
> 　　元豐肆年陸月初貳日牒
>
> 　　　權觀查推官權節□推萊畜
>
> 　　　奉議郎簽書節度判官廳公事花返
>
> 　　朝奉郎通判事州事胡山
>
> 朝議大夫知軍州事王正（止）
>
> 付牒商人王瑞也，
>
> 又存問日記，人徒教名府解，孫忠、劉琨，
>
> 又吳濟參來存問日記府解，
>
> （頭書）「件牒狀並定文詞，雖有裏書，依為規模所書送也」
>
> 予定申云，事趣同右兵衛督源朝臣定申，件孫忠持參錦綺，返牒於今遲遲，二箇度牒狀所持來也，但今度牒狀之中，依孫忠訴，被捉劉琨子族者，遣問此由於孫忠，若無所陳者，付他商客可遣返牒狀歟。

　　國書還有個副本「付蝶」由商人王瑞攜帶。

　　這份宋朝國書中主要有兩個內容：

　　1. 詢問宋商孫忠的下落，前面說過，孫忠和日本翻譯僧仲回帶著宋朝廷的回賜品來日，至今未歸，想要查明下落。

〔註72〕《水左記》，《太宰府天滿宮史料》卷 5，第 356 頁。

2. 請求捉拿宋商劉琨父子和他們的商船回國，將對其依法懲辦。

另外，國書上眉批還寫道：自從孫忠攜帶錦綺禮物和國書走了以後，始終沒有得到（日本）回覆的國書，希望能找到孫忠詢問此事，如果找不到孫忠也可以將回覆的國書交由其它宋商帶回。國書中提到的宋商劉坤父子是因故滯留日本至今未歸，國書中請求日本方面協助予以遣返，這大概是中日兩國合作遣返嫌疑犯的最早案例。

但是令人難以置信的是，通過宋日雙方協作即將被遣送回國劉琨父子以及他們的商船，從博多回國時，又順便搭載了延曆寺僧戒覺師弟三人偷渡回到宋朝。而戒覺他們三人曾向日本朝廷申請到宋朝學習佛法，但日本朝廷依據延喜年間的有關禁令予以拒絕，因此，就搭乘劉坤父子船偷渡到宋朝〔註73〕。延曆寺僧戒覺在中日兩國文化友好交流史中有著很重要的地位。戒覺師弟三人是乘坐劉坤的遣返船偷渡到宋朝，這倒令後來的史學家們始料不及。

雖然這次黃逢攜帶的國書中，表面內容也是催促孫忠回國，而且，國書中還提到要日方協助遣送「在日宋商」劉坤父子，看起來似乎都是些無關緊要的事情，但是，這兩次國書的到來卻給了日本朝廷極大的壓力，使得日本朝廷終於下決定回覆宋朝國牒。1082 年 11 月 21 日由日本朝臣右大辨大江匡房執筆，回覆了宋朝國書，「入木函以五色漆封之云云，金字出錢躰」，返牒依然讓孫忠攜帶〔註74〕。

在上述一系列「宋朝一連三牒」的問題上，日本朝廷對宋朝皇帝發出的意志作出了最低限度反應，不能解釋爲外交方面呈積極態勢，日本始終處於被動姿態。其實，日本方面有一種強烈的意識，那就是想要迴避在政治外交方面和宋朝建立關係。在日本史書《玉葉》承安 2 年（1171）9 月 22 日條裏，保留著有承曆（1078）年由孫忠遞交給日本朝廷的那份國牒，國牒上寫有「回賜日本國」的字樣，對此《玉葉》寫道「時人謗之」，以表不滿。還有剛才提到的《白練抄》裏記載，大臣們面對孫忠遞交國牒「此事已爲朝家大事，唐朝與日本和親久絕，不貢朝物，近日頻繁有此事，人以成狐疑。」以上這些可以證明，日本始終堅守外交孤立政策，面對宋朝主動接近並想要建立外交關係的政策並不理睬。

另一方面，宋商們在這次宋朝連續給日本傳遞國書的過程中，扮演了重

〔註73〕 《渡宋記》，《太宰府天滿宮史料》卷 5，第 361 頁。
〔註74〕 《渡宋記》，《太宰府天滿宮史料》卷 5，第 361 頁。

要角色。首先，宋商孫忠多次來往於宋日之間，也深得宋朝廷信賴和重用。他曾經多次以商人身份爲宋朝政府攜帶禮品和「牒狀」。尤其是，1080 年 8 月在黃逢作爲國使專門催他回國時，在日本朝廷反覆研究「陣定」期間，孫忠也並沒有因此而忘記自己商人責任，狀告前大宰府大貳藤原經平侵吞自己貨物以及對自己的貨物不估價、不分類，「唐物多被推取條者，經平陳申云，件估價者，爲彼府例日久者，又孫忠隨雖申唯四千餘匹未請估價由，不注色目」〔註75〕。第二位宋朝國使黃逢其實也是一位商人，而且還是一名船上的水手。據《水左記》永保元年十月十八日條記載：「今年春□卻宋人黃政，改姓名稱王瑞垂，□彼朝明州牒書孫忠水手黃逢□來，副明州牒一封，公文案一通，人徒交注文一通，同孫忠春分遣水手存問記三通，於本朝參來時」，這上面寫明了黃逢是位水手，而且是一位剛剛改過名字的水手。宋朝廷在對日本的交往中，之所以常常讓宋商擔當送國書的角色，一種可能是，想利用宋商們這種熟悉日本高層的特點，他們在貿易過程中經常和官府打交道，並經常給公卿大臣送「唐貨」禮品；二也可能是，因爲如果宋朝廷派官員去日本送國書，可能會增加日本政府的疑心。

中國王朝和周邊國家首領結成的冊封關係，是從前漢初期開始的。冊封關係的成立，僅僅靠強有力的國家權力和威嚴是不夠的，冊封這種特殊的政治體制，其實就是中國王朝國內政治體制外延的表現。

日本國家的成立和發展，是和這種冊封體制分不開的。從三世紀的邪馬臺國王女王卑彌呼到五世紀的五王們，都是接受中國王朝的冊封。但是這種關係從六世紀開始就消失了。不僅當時朝鮮半島上的高句麗、百濟、新羅等都沒有受到中國南朝和北朝的冊封，而且也和南朝和北朝沒有正式的國交。這時剛好南朝的宋王朝被齊王朝代替，而日本又處在繼體天皇統治時期，圍繞著這種特殊的即位情況以及天皇純正血統的問題產生了種種爭議。因此無法判明那時日本爲什麼脫離了冊封體制。不過日本沒有從中國文化圈脫離出來的理由，當時的日本根本無法缺失中國文化。

在接下來的一個世紀後七世紀的推古朝時期，隋朝統一了南北朝，日本又開始了遣使朝貢，高句麗、百濟、新羅都受了隋朝的冊封，但只有日本沒有被冊封。即使到了以後的唐王朝，儘管實現了多次「遣唐使」的派遣，但是後來還是沒有被冊封。日本雖然脫離了冊封體制，但是並不意味著日本脫

〔註75〕 《帥記》，《太宰府天滿宮史料》卷 5，第 345 頁。

離了中國文化圈。七世紀後通過所謂的「遣唐使」和「遣隋使」可以說是和中國保持了通交關係。宋朝多次利用海商，想要拉近和日本的距離，企圖把日本納入自己的貿易體系，像漢朝那樣，先進行朝貢，然後再進行冊封，建立起宋朝的東亞的華夷秩序。但是日本則極力迴避和宋建立正式的國家關係，堅守自己的孤立、封閉的外交立場。日本再次受到冊封，是九百年後的十五世紀初明朝永樂帝冊封足利義滿爲日本國王〔註76〕的時候。

宋朝海商的出現把兩國經濟永久聯繫在一起。宋商們一面做生意，一邊打官司，還常常一邊爲兩國政府傳遞國書和禮品，這其實是一種帶有官方性質的行爲，也可以說是半官方的行爲。亦商亦官，身份模糊，爲雙方牽線搭橋，這都是在中日兩國沒有建立正式外交關係背景下出現的情況。

第八節　北宋末期宋商充當國使傳遞國書

除了上面四次國牒的記載，在北宋末期，還出現過宋商向日本朝廷遞交宋朝國書的現象。

公元1116年，在日本朝廷的公卿會議上討論了宋朝國牒事情。《百練抄》記載〔註77〕：「永久四年五月十六日，諸卿定申大宋國牒狀並阿蘇社燒亡事」。說明宋朝在此之前又派人遞交過「國書」。又據日本史料《師守記》記載〔註78〕：「永久五年九月，大宋國明州牒狀到來，以紙裏之，表裏有銘，其上以錦裏」。上面記載著大宋國牒是9月到達的，不知是否就是1116年之前到達的那份國書。《師守記》上面還描述了宋朝國牒的規格非常規範：國書以錦緞包裹、封面上有銘文，裏面有正文。同時史書《帝王編年記》也記載了這件事〔註79〕：「元永〔註80〕元年戊戌三月，大宋國獻牒」。

1118年2月，由於來日宋商要等宋朝國書的回牒「大宋國商客陳次明申，給本朝返牒可歸唐事」，所以日本朝廷深夜召開公卿會議「陣定」研究，最後決定回覆大宋國書並讓宋商代爲轉交「日本國書付商客申，調遣返牒事」。「永久二月二十九日庚辰陣定、安楽寺別當の事、宋朝返牒の事を定む」〔註81〕。

〔註76〕田中健夫：《善鄰國寶記新訂續善鄰國寶記》，第109頁。

〔註77〕《百練抄》五鳥羽天皇，《太宰府天滿宮史料》卷6，第265頁。

〔註78〕《師守記》五，《太宰府天滿宮史料》卷6，第271頁。

〔註79〕《帝王編年記》十九鳥羽天皇，《太宰府天滿宮史料》卷6，第271頁。

〔註80〕元永：鳥羽天皇朝的年號。（1118年4月3日～1120年4月10日）

〔註81〕《中右記》，《太宰府天滿宮史料》卷6，第272頁。

參加這次會議的有左大臣（源俊房）、右大臣（源雅寶）、右大將（藤原家忠）、藤大納言（藤原經寶）、治部卿（源能俊）、帥中納言（源重資）、左大辨（藤原長忠）等朝廷重臣，可見對此事件重視程度。《中右記》記載了當時會議情況〔註82〕：

> 永久六年二月二十九日，……今夕有陣定，秉燭之間參内，左大臣（源俊房）、右大臣（源雅寶）、右大將（藤原家忠）、藤大納言（藤原經寶）、治部卿（源能俊）、帥中納言（源重資）、左大辨（藤原長忠）參仕，先安樂寺別當所望僧三人理非是，人人被定中，本依氏人舉狀輔來也，而山大眾奏狀中，又可成延曆寺三人由申請也，如此之間，人人不被一決，重又相互被尋問，或敕定者，又大宋國商客陣次明申，給本朝返牒可歸唐事，人人一同被申云，本自無牒，日本國書付商客中，調遣返牒事，忽不可有也，先年下知，件日被迴卻處，今年又來著，何又可申請哉，如初可被迴卻者。

時間又過了3年，在1121年2月，日本又召開朝廷公卿會議研究此事，決定由大宰府回覆宋朝國牒或者送禮物給宋朝。據《百練抄》記載〔註83〕：「保安二年（1121）三月二十六日，諸卿定申道勘申大宋牒事，或云，可遣大宰府返牒，或云可送方物」。從此北宋末期的宋朝國書事件宣告一個段落。南宋開始後就再也沒有發生過宋朝遣宋商傳遞國書的事情了。這是否說明日本經過平盛清短暫「開國」事件，逐漸地改變了以前保守「鎖國」政策。

附表二：日本公卿對孫忠國牒事件「陣定」記錄一覽表〔註84〕

時　間	文獻出處	人　物	陣定（公卿合議）內容
1078年1月25日	《宋史》四九一列傳二五〇外國七日本《玉海》一五四朝貢獻方物。	孫忠和日本通事僧仲回	仲回坐孫忠船回國。帶有國牒和禮物。「明州又言得其國太宰府牒，因使人孫忠還，遣仲回等貢絁二百匹、水銀五千兩，以孫忠乃海商，而貢禮與諸國異，請自移牒報，而答其物直，付仲回東歸，從之。」

〔註82〕《中右記》，《太宰府天滿宮史料》卷6，第272頁。
〔註83〕《百練抄》五鳥羽天皇，《太宰府天滿宮史料》卷6，第298頁。
〔註84〕筆者本人根據有關史料整理。

時　間	文獻出處	人　物	陣定（公卿合議）內容
1079 年 10 月 25 日	《太宰府天滿宮史料》卷 5 第 323 頁《水左記》《白練抄》。	諸卿	就此事合議。「諸卿定申大宋國貢物事，錦唐黃等也，此事已爲朝家大事，唐朝與日本和親久絕，不貢朝物，近日頻繁有此事，人以成狐疑。」
1078 年	《善鄰國寶記》鳥羽天皇元永元年第 323 頁。	宋人孫吉（忠）、藤原經平	孫忠遞交國牒。「承曆二年，宋人孫吉所獻之蝶曰，賜日本國太宰府令藤原經平」。
1078 年 閏 1 月 25 日	《玉海》一五四朝貢獻方物。	日本僧仲迴	日本僧仲迴貢方物。
1080 年 5 月 27 日	《太宰府天滿宮史料》卷 5 第 323 頁《帥記》。	左大辨藤伊房、宰相中將源師忠宮權大夫、新中納言藤原忠俊	討論有關孫忠和仲迴攜帶的宋朝牒狀信物。並懷疑孫忠帶的禮物。「大宋國商客孫忠件（仲）迴等，陳申彼朝□狀並副獻籠子事，勘問孫忠等之中，不加人名，不注年號，並有迴賜字，猶殘疑殆之由，陳申旨更被責」。
1080 年 閏 8 月 14 日	《太宰府天滿宮史料》卷 5 第 335 頁《水左記》。		討論陣定，收不收孫忠送來宋皇帝錦綺和回覆國牒事宜。「大宋國皇帝付孫忠被獻錦綺等，可被安置否，若可被安置者，遣反牒並答信物歟，又若不可安置者，可遣其由返牒如何」？
1080 年 閏 8 月 26 日	《太宰府天滿宮史料》卷 5 第 340 頁《水左記》。	右府（藤原俊家）等公卿	討論宋國使黃逢以及國牒事宜。認爲「大國有所鬱重牒示」。「大宋國使黃逢隨身牒狀參著了，副牒狀案等，然而大國有所鬱重牒示」。
1080 年 閏 8 月	《太宰府天滿宮史料》卷 5 第 332 頁《扶桑略記》。	孫忠	孫忠（孫吉）攜明州牒 8 月到大宰府。9 月 9 日倒京都。
1080 年 閏 8 月 10 日	《太宰府天滿宮史料》卷 5 第 345 頁《帥記》。	諸卿和黃逢	黃逢來的原因只是因爲孫忠遲遲未歸。「……大宋國牒今朝奏聞了，別□不待歟，只孫忠遲歸來也者」。

時　間	文獻出處	人　物	陣定（公卿合議）內容
1080 年 閏 8 月 20 日	《太宰府天滿宮史料》卷 5 第 345 頁《帥記》。	諸卿	討論孫忠狀告前大宰府前大宰大貳藤原經平的訴狀。狀告他侵吞貨物和不估價、不分類。「唐物多被推取條者，經平陳申云，件估價者，爲彼府例日久者，又孫忠隨雖申唯四千餘匹未請估價由，不注色目」。
1081 年 3 月 5 日	《太宰府天滿宮史料》卷 5 第 354 頁《帥記》。	內大臣藤原經平等	再次討論宋朝國牒和孫忠代表宋皇帝獻給日方的籠子。以及狀告前大宰府前大宰大貳藤原經平的訴狀。 「先日所遣問鎮西大宋國孫忠訴申前大貳經平事等，並大宋皇帝被獻籠子四合進上事等也」。
1081 年 10 月 18 日	《太宰府天滿宮史料》卷 5 第 354 頁《水左記》。	國使黃政（王瑞垂）	宋朝又派國史黃政帶來明州牒詢問孫忠送仲回來日後爲什麼至今未回。並請求日本把宋商劉坤父子遣送回宋朝。 「永保元年十月十八日辛未，……此間藏人辨伊家來，下太宰府解四通，大宋國書，副大宋牒一封，入錦袋申調度文書等，仰令定申，答奉了之由」。
1081 年 10 月 25 日	《太宰府天滿宮史料》卷 5 第 354 頁《水左記》。	公卿陣定	再次合議宋國牒問題。「彼朝明州牒書孫忠水手黃逢□來，副明州牒一封，公文案一通，人徒交注文一通，同孫忠春分遣水手存問記三通，於本朝參來時，欲令稱牒書□略相叶狀，副勾當官則重申狀，一通，同孫忠申請蒙裁定早歸參本朝狀」。
1082 年 9 月 5 日	《太宰府天滿宮史料》卷 5 第 361 頁《渡宋記》。	宋國商客劉琨父子和戒日僧戒覺	劉坤父子因長期滯留日本，宋派國使黃逢攜帶國書，請求日本協助遣返他們回國。他們回國之際，夾帶戒覺偷渡到大宋。

時　間	文獻出處	人　物	陣定（公卿合議）內容
1082 年 11 月 21 日	《太宰府天滿宮史料》卷 5 第 361 頁《水左記》,《百練抄》。	宋商孫忠	經過 4 年日本終於給宋朝回國書,由日朝臣右大辨匡房執筆。讓孫忠帶回宋朝。「永保二年二十一日,遣大宋返牒孫忠遣歸本朝事,右大辨匡房朝臣書之,首書入木函以五色漆封之云云,金字出錢躰」。
1085 年 10 月 29 日	《太宰府天滿宮史料》卷 5 第 388 頁《朝野群載》。	宋商孫忠、王瑞、态丁載、林皐	孫忠再次來到日本。「異客來朝,本定年紀之後,雖不依其年限,或被安置,或被放歸,而近代府司,乍瞻迴卻官符,殊優異客,任情量其意趣,似令出不被行者歟,如風聞者,如此商客,上古待二八月之順風,所往反也,至於近代,不拘時節,往反不利,且喻此旨,早可被迴卻歟,但此事修補船筏,相待順風之間,隨其狀□,可令量行歟。」

第九節　宋日兩國文書中年號問題探析

中國是世界上最早發明曆法的國家之一。眾所週知,古代中國曾以頒賜曆法來宣示對天下的控制。《史記》中說:「王者易姓受命,必愼始初,改正朔,易服色,推本天元,順承厥意」,在朝貢——冊封體制之下,通用或部分通用中國曆法,每年由中原朝廷頒賜曆書供各國和各地區使用,或授權有些國家、地區據此編出各自的代用曆書,此即所謂的「頒正朔」或「奉正朔」,是東亞傳統國際秩序的象徵。公元 894 年,日本決定停止派遣「遣唐使」,結束了唐代兩百年間中日官方使節往返的局面。此後數百年間,日本一直游離於華夷秩序圈之外。朱元璋登基伊始,曾遣使於周邊各國,要求朝貢,給予冊封,並頒賜《大統曆》,以重整東亞世界的時空秩序。《明實錄》中,差不多每年都記載了頒賜《大統曆》於各國之事。1403 年,朱棣篡位成功,改元永樂,日本幕府足利義滿即以「日本國王源道義」的名義,遣使來賀,稱臣入貢,以屬國自居,接受「大統曆」,表示願意奉明「正朔」。自此,日本重入華夷秩序圈。

標記時間的方式向有干支紀年和年號紀年,後者是帝王正統的標誌,發端於中國漢代,五代十國時期,所謂「奉正朔」被認爲是藩屬、臣服的標誌

之一，主要通行於分裂時期。而朝鮮半島早在 3 世紀後期就開始用年號紀年，日本在 7 世紀後期、越南在 10 世紀也使用年號紀年。於是，唐後期以來中日間中斷國交後，年號便自然成爲雙方非正式國交文書往來使用的一個紀年方式。例如，入唐僧元珍「大宰府公檢」是日本官方向中國唐朝官方證明元珍身份、年齡以及目的的通關證件。上面有大宰府官員大監的簽名和「仁壽三年七月一日」這樣的注記。而元珍到了唐朝境內的福州、溫州、台州等地後，當地官員根據其「大宰府公檢」，爲元珍一行開具了一份能自由出入福州等境內的「福州牒」、「溫州牒」和「台州牒」，相當於現在的通行證或者護照。上面除記有將要通過福州等境內的所有隨行人員姓名之外，還記有目的、隨身攜帶之物等內容，最後日期換成了唐朝「大中」年號。

由此可見，在相當長的一段時期內的中日交往中，年號很可能在一定程度上成爲一種主權的體現，其敏感性也使標記方式變得微妙而多樣。本節將宋日之間來往的「國書」、政府通關文書以及「在日宋商」個人信件中年號變化梳列爲以下幾類試作初步分析。

一、奉金、元正朔、日月同

朝鮮半島早在 3 世紀後期即採用中國的年號紀年並奉中國王朝之「正朔」。百濟「歲時伏臘，同於中國」〔註85〕，「用宋《元嘉曆》，以建寅月爲歲首」〔註86〕。新羅自 674 年起採用唐新曆，憲德王時採用唐《宣明曆》，一直用到高麗忠宣王時。1262 年，作爲高麗臣服的獎賞，元世祖賜高麗曆，「後歲以爲常」；1281 年，元派遣使節至高麗，頒賜新撰的《授時曆》〔註87〕。1299年，元丞相歷數高麗僭越之事，其中之一即爲「自造曆」〔註88〕。朝鮮王朝歷奉明、清正朔，先後用明《大統曆》、清《時憲曆》。

至元四年九月，高麗國使攜帶蒙古國書和高麗國書到達日本，在高麗國王王植給日本國王的國書中，稱蒙古稟正朔，奉勸日本奉正朔與中國通好。國書末尾標記包括了蒙古國（元朝）年號在內的「至元四年九月啓」字樣。這份高麗國書內容如下〔註89〕：

〔註85〕《高麗史》卷 29《忠烈王世家二》。
〔註86〕《元史》卷 208《外夷》1《高麗傳》。
〔註87〕徐兢：《宣和奉使高麗圖經》卷 40《同文》「正朔」條。
〔註88〕《元史》卷 208《外夷》1《高麗傳》。
〔註89〕《蒙古國牒狀》○東大寺尊勝院藏所藏。《太宰府天滿宮史料》卷 8，第 134頁。

高麗國王 王植、
右 啓、季秋向闌、伏惟
大王殿下、起居萬福、瞻企瞻企、我國臣事、
蒙古大朝、稟正朔、有年於茲矣、
皇帝仁明、以天下爲一家、視遠如邇、日月所照、咸仰其德化、今欲通好於
貴國、而
詔寡人云、海東諸國、
日本與高麗爲近鄰、典章政理、有足嘉者、漢唐而下、亦或通使中國、故遣書以往、
勿以風濤險阻爲辭、其旨嚴切、茲不獲已、遣朝散大夫尙書禮部侍郎潘阜等、奉
皇帝書前去、且
貴國之通好中國、無代無之、況今
皇帝之欲通好
貴國者、非利其貢獻、但以無外之名、高於天下耳、若得
貴國之報音、則必厚待之、其實與否、既通而後當可知矣、其遣一介之使、以往觀
之何如
也。惟貴國商酌焉、拜覆、
日本國王左右、

　　　　　　　　　　　　　　　　　　　　至元（文永四年）四年九月 日　啓

其中的「蒙古大朝、稟正朔、有年於茲矣」以及「至元（文永四年）四
年九月 日啓」表明高麗已經開始奉蒙古國（元朝）正朔。而在蒙古國給日本
的國書中，書寫的也是至元年號。其蒙古國書內容如下〔註90〕：

上天眷命
大蒙古國皇帝、奉書
　　皇帝奉書日本國王：朕惟自古小國之君，境土相接，尙務講信修睦，況我祖宗
受天明命，奄有區夏，遐方異域畏威懷德者，不可悉數。朕即位之初，以高麗無辜
之民，久瘁鋒鏑，即令罷兵，還其疆場，反其旄倪。高麗君臣，感戴來朝，義雖君
臣，而歡若父子。計王之君臣亦已知之。高麗朕之東藩也。日本密邇高麗，開國以
來，時通中國，至於朕躬，而無一乘之使以通和好。尙恐王國知之未審，故特遣使
持書布告朕心，冀自今以往，通問結好，以相親睦。且聖人以四海爲家，不相通好，
豈一家之理哉？以至用兵，夫孰所好，王其圖之。不宣。

　　　　　　　　　　　　　　　　　　　　　　　　　至元三年八月 日

〔註90〕《蒙古國牒狀》○東大寺尊勝院藏所藏。《太宰府天滿宮史料》卷8，第132
　　　　頁。

此外，宋開禧二年（公元 1026 年、日本建永元年），高麗金州防禦使在給日本對馬國的國書中，年號既非高麗國年號又非宋朝年號而是金國的泰和年號。被日本認爲非常失禮。「原件年號非高麗國、唐朝年號歟云云、以是案、進奉船事、已對馬島文牒依無禮之狀」〔註91〕。

高麗國金州防禦使 牒 是引也、日本國對馬島
當使准越、今年上月十有四日
貴國使介明賴等四十人乘船三艘、來泊平洲南浦、使譯語問其所以來者、號稱進奉、兼獻文牒牒道、其文其爲擾雜、其語過勿恭、非進奉之體也、大抵兩國相通文牒、必指於某國、其州例有恆矣、往年秋八月恒平等十一人所帶來文牒、徒以諂諛之事、直指牒京朝、禮賓省其可以任意而交受‧平具事呻報朝廷、朝廷之議不上於一、而使之遣還金（此一字消不見）帶來、此亦失禮之甚矣、當券廉察使更報於朝廷、朝廷共不許其交接、使之解縷發遣故所、帶來文牒、及集奉萬物率皆還給、以送其數目錄於後思、宜知悉右事、須牒。

　　　　　　　泰和六年二月 日 牒
官　○直　○韭　○二
牒後還送
　進奉物目
　圓鮑貳千貼 1
　黑鮑貳仟果
　鹿皮三拾枚

「泰和六年二月 日 牒」字樣已經清晰表明，當時高麗已經奉金爲正朔了。

二、年號殊、日月同

838 年入唐的日本僧侶圓仁，記載其到達中國的時間云：「日本國承和五年七月二日，即大唐開成三年七月二日，雖年號殊，而月日共同」〔註92〕。「年號殊」是政治上獨立，「月日共同」則是時間序列一致。

15 年後，入唐僧元珍「大宰府公檢」上的年號日期爲「仁壽三年七月一日」，「仁壽」爲日本文德天皇年號。同年元珍到達唐朝福州後，由福州都督府開具的「福州牒」標爲「大中七年九月二十八日」，「大中」爲唐年號。可

〔註91〕《平户》延應二年四月十七日辛亥。《太宰府天滿宮史料》卷7，第289頁。
〔註92〕圓仁：《入唐求法巡禮行記》卷1。

以說，日本牒書標寫自己國家的年號，表明了自己在政治上的獨立性。這兩份唐日官牒屬於「年號殊，日月共同」的案例。

國牒是一個主權國家對另一個國家發佈的文書，標寫本國年號也意味一個國家的主權意識。宋元豐四年，「在日宋商」黃政攜國書到日本，查詢前任國使孫忠以及延期不歸的宋商劉坤父子。其國書年號標記爲宋朝「元豐」年號：「日本國，候牒到請狀，捉逐人國客商舟船，穿送赴州，依憑依法斷，遣狀其孫忠等，亦請疾發遣，回歸本州，不請留滯，謹牒，元豐肆年陸月初貳日牒」〔註93〕。

宋端拱元年，在「派遣僧」嘉因入宋的「太政官符」中，年號和時間標爲「永延二年二月八日」。這份由日本朝廷寫給宋朝五臺山的「太政官符」就屬於「年號殊，日月同」文書。宋大中祥符八年，日本當朝左大臣藤原道長爲入宋「派遣僧」念救寫給五臺山高僧諸德的一封推薦信，也是屬於這種「年號殊，日月同」的文書。藤原道長官居一品，他的信自然也代表官方態度，他在這封信的最後，時間落款是「長和四年六月 日」，「長和」爲日本年號。

三、雙年號、日月同

據日本《朝野群載》記載，日本承曆三年，高麗國王派商人王則貞攜帶國書來日本尋求治療風疾的名醫時，其國書落款用日本年號，標爲「承曆三年」。不過在日本年號的旁邊又注明了該年的干支年「己未年十一月」〔註94〕。這種標記的國書在中外關係史上可以說是十分罕見。也許高麗和日本兩國在文書交往中雙方都標記著對方的年號，或者也許高麗是應日方要求才加標注日本年號，因爲必經有求於人就必須要展現出一種低姿態。

那麼爲什麼在高麗遞交給日本的國書中會出現上述情況呢？公元 993 年至 1019 年，高麗王朝同我國北方的契丹進行了三次戰爭。高麗與契丹敵對，自然要援引高麗和宋王朝爲盟友。於是，在既想結好於鄰國，又有求於日本（求名醫）的背景下，國書中便出現主動書寫日方年號的現象；然而，作爲一個主權國家，它又不甘於明顯「矮化」自己，所以，國書中同時標上干支紀年，以較適中的方式，削弱因注寫日本年號而帶來的缺憾。

無獨有偶，在宋朝的地方政府簽發的市舶司公憑裏也出現過雙年號的現

〔註93〕 《水左記》、《太宰府天滿宮史料》卷5，第324頁。
〔註94〕 《朝野群載》二十異國高麗牒。《太宰府天滿宮史料》卷5，第365頁。

象。宋商李充攜帶「提舉兩浙市舶司公憑」，於宋徽宗崇寧四年到達日本。在他的「公憑」上，時間的落款既有宋朝「崇寧（四年）」年號，又有日本「長治（二年）」年號，只是日本年號的字體比宋朝年號字體小一號〔註95〕。

市舶司「公憑」也代表國家，一般也只標注自己國家的年號。如上述提到的唐代「福州牒」、「溫州牒」、「台州牒」、宋代國書和日本「大宰府公檢」、嘉因的入宋「太政官符」上的年號莫不如此。李充「公憑」上這種雙年號的出現，是否意味是一種友好表示？也或許像剛才所講的那樣，是宋朝在日方單方面的要求下不得不作出的一種妥協，這是一個非常值得研究的現象。

四、無年號、日月同

在日本史料裏還能找出由於不注明年號而受到日本方面指責的例子。宋商孫忠在1081年，受宋神宗之託作爲國使護送日本通事僧回國，並攜帶國書和禮物。日本則「勘問孫忠等之中，不加人名，不注年號，並有迴賜字，猶殘疑殆之由，陳申旨更被責」〔註96〕。這裏「不注年號」是否可以理解爲不注明日本年號呢？因爲宋朝國書肯定會注明本國年號。另外在孫忠所攜帶國書中有「並有迴賜字」這句話，表明孫忠是作爲「回賜使」來日本的，因此宋朝國書上才有「回賜」字樣。據《宋史》記載〔註97〕：「元豐元年，使通事僧仲回來，賜號慕化懷德大師。明州又言得其國太宰府牒，因使人孫忠還」。這裏很清楚地表明了宋朝因爲先接到日本大宰府牒，孫忠才作爲「回賜使」來日本（有關大宰府牒的眞僞在日本還有爭議）。這更引起了日本的不滿因爲有「回賜」一方，就會有「朝貢」一方，而朝貢制度的另一面，是天朝大國遣使赴各國之冊封。冊封天使到各國，首先也須備有國書，即「敕書」。書中除了重申中華天朝大國的自我定位之外，對諸「藩」國的朝貢、向化之心與實際行動表示嘉獎；同時對諸「蕃」王提出要求，要他們「常奉正朔」，「寧人保國」。所謂「常奉正朔」，就是中華帝王向各朝貢國「頒正朔」。因此，日本在當時是極力避免與宋朝建立正式外交關係。

歷史上曾發生過「明州言，日本國大宰府，遣人貢方物，而不持國表，

〔註95〕 《朝野群載》二十大宰府付異國。《太宰府天滿宮史料》卷6，第167頁。
〔註96〕 《帥記》，《太宰府天滿宮史料》卷5，第328頁。
〔註97〕 《宋史》491列傳250外國7日本北京中華書局，1973年。

詔卻之」的事件。所以日本方面不僅極力避免與宋朝有任何官方來往以及隸屬關係，甚至可能還會極端要求在來自宋朝官方文書中必須注明日本年號，以維護自己尊嚴。

不僅如此，日本方面有時還會爲「在日宋商」在個人的信件往來中，不書寫日本年號而心存芥蒂。宋雍熙三年（986），宋商周文德來到博多後，被安置在賓館。日本僧人源信聞訊趕到博多，想把自己所著的《往生要集》和他老師良源撰寫的《觀音贊》託周文德獻給宋朝的天台山國清寺，由於他們之間語言不通，所以源信就給住在賓館的周文德寫了封信，表明來意，從信中可知，源信是在日本寬和二年正月十五日給周文德寫的信〔註 98〕。而周文德在同年二月十一日回信。信的內容前邊已經講過，這裏要研究的是周文德信的落款，他只寫了「二月十一日，大宋國弟子周文德申狀謹上，天台楞嚴院源信大師禪室，法座前〔註 99〕」等字，並沒有注明宋日兩國的年號。周文德到底有沒有注明日本年號？這在日本還有爭議，日本史料《太宰府天滿宮史料》卷 4 第 171 頁裏就此事這樣寫道：「寬和二年の付年號，やや疑問ありとの說あり」。即「關於（周文德）是否注明『寬和二年』的年號，有些人仍表示懷疑」。

由此是否可以看出，當時日本對外國政府乃至外國商人是否在遞交的文書中注日本年號一事很介意。另一方面，也可能說明宋商周文德根本不想在自己信中注日本年號。

五、採用對方年號、日月同

「在日宋商」書信往來中，除了周文德沒有注明年號之外，一般都會在信件以及文書上注明自己所在國的年號。

宋仁宗天聖四年六月，「在日宋商」周良史在旅館裏，給日本當朝關白藤原賴通寫信，信的落款時間爲日本年號「萬壽（三年六月日）」〔註 100〕。還有宋大觀二年四月，「在日宋商」李侁家中財物被竊，在他寫給官方的投書中稱：「天仁三年四月二十六日宋朝李侁申文」〔註 101〕。

〔註 98〕 《往生要集》卷下卷末遣唐消息。《太宰府天滿宮史料》卷 4，第 171 頁。
〔註 99〕 《往生要集》卷下卷末遣唐消息。《太宰府天滿宮史料》卷 4，第 171 頁。
〔註 100〕 《左經記》，《太宰府天滿宮史料》卷 5，第 47 頁。
〔註 101〕 《朝野群載》，《太宰府天滿宮史料》卷 6，第 55 頁。

　　另外，宋仁宗天聖五年，宋商周文裔託築前國高田牧使妙忠，讓他分別轉給太政大臣和右大臣（藤原實資）一封信，想讓他們高抬貴手。信的最後是這樣的：「萬壽五年十二月十五日商客周文裔佳且（拜具）」，用的也是日本年號。

　　同樣，在宋朝的日本人，他們也會在寫給宋朝官員以及個人之間的信件中，注上宋朝年號。日本「偷渡僧」戒覺，在日本永保二年，乘坐被遣送回國的「在日宋商」劉琨父子的商船偷渡，來到了明州定海縣，他向宋朝提交了份表明自己身份的「表文」，他在「表文」的最後，落款時間是「元豐（宋年號）五年九月十八日日本國天台山延曆寺僧傳燈大法師位某表」〔註102〕。

　　大致說來，宋日兩國文書在標寫年號時，屬於第2種情況（「年號殊、日月同」）和第5種情況（「採用對方國號、日月同」）的較爲常見。而高麗國在遞交給日本的國書以及宋朝市舶司公憑上則出現過「雙年號、日月同」的現象。在個人之間來往的文書中也出現過不標注年號的現象。而日本對來自宋朝的國書和宋商文書不注明年號的現象往往表示不滿和關注。此外，在高麗國書和宋朝市舶司「公憑」中曾出現同時標注兩個國家年號的現象，這似乎體現了雙方地位的對等。有關年號情況較爲複雜，史料也較豐富，有待作進一步研究。

〔註102〕《渡宋記》，《太宰府天滿宮史料》卷5，第361頁。

第七章 「在日宋商」群像

　　在宋朝與日本海外貿易關係前後三百多年裏，宋商們不畏艱險，前仆後繼。從當初在賓館的「封閉貿易」再到後來「住番貿易」，不斷地擴大與日本的貿易規模。「在日宋商」在經商之餘，一邊做生意，一邊打官司，還常常爲兩國政府捎帶官方文書和禮品，亦商亦官，身份模糊。宋商們在日本的奮鬥史其實就是一部中日貿易的發展史，中日文化貿易交流和這些宋商們分不開。本章筆者想爲這些「在日宋商」立傳，以便人們能更好地去瞭解整個「在日宋商」群體。

第一節　孫忠

　　孫忠是北宋時期活躍在宋日之間的一位重要大商人，時間跨度從 1065～1085 年整整二十年，所處時期，爲宋英宗趙曙治平二年到宋神宗趙頊元豐 7 年；也是日本治曆四年到應德二年，他的事蹟在中日兩國史料裏都有記載。孫忠在這二十年裏，來往於中日之間的次數，有明確記載的就達 7 次之多，極具傳奇色彩。他曾屢次險遭日方遣送回國，屢次在日本打官司，維護宋商的權益；還代表宋朝向日本遞交過國書，受宋神宗委託擔任過方物使；在向日本朝廷送禮物時，常常由於是商人身份而備受日本朝廷懷疑〔註1〕；另外他也替日本朝廷向宋朝轉交過國書，而且他的船還幫助過日本著名高僧誠尋偷渡到明州，成了名副其實的宋日兩國民間大使，是兩國經濟文化交流中不可

〔註1〕　《宋史》491 外國 7 列傳 250 日本國，中華書局，1977 年。「以孫忠乃海商，而貢禮與諸國」。

或缺的重要人物。有一次他在日本遲遲不歸，宋神宗甚至專門派國史黃逢來日本找他，而當時宋日兩國沒有邦交，派國使到日本找一位宋商是極其罕見的。

一、屢次險遭遣返

孫忠第一次出現在史書裏是在公元 1069 年 10 月 23 日，他的船到了博多，經過「存問」後，大宰府的裁決是：「頻企參來，尤尤被放卻了（耳）」〔註2〕，由此可見，他已經多次違反日本延喜年間制定的「年紀制」頻繁地來日本。但是後來大宰府考慮到，他態度可嘉，又時值冬季「又慕王化，重企參來者，所陳有謂，加之嚴寒之比，風波難陵歟，然則暫被安置，相持海安，惚可被迴卻歟，凡安置迴卻之間，府司習常不可懈緩之由，可被安置歟」，就讓他暫時留下。以上充分表明孫忠其實在有史料記載他之前，早就來往於宋日之間了，次數應遠遠超過史書載所記載的次數。

公元 1085 年，孫忠和宋商王瑞柳、昝丁載、孫忠、林皐來日本，這也是他在史料裏最後一次出現，這一次他們又沒按照日本的「年紀制」規定的年限，日本朝廷本來已經下了遣返令，但此時海上的季風風向不對處於逆風，而且孫忠他們船又需要維修，所以又網開一面酌情留下，「且喻此旨，早可被迴卻歟，但此事修補船筏，相待順風之間，隨其狀□，可令量行歟」〔註3〕。

二、屢次打官司

據《水左記》記載：「承曆四年（1080）九月二十日己酉，黃逢所進の宋牒及び，宋商孫忠の愁狀，前大宰大貳藤原經平の陳狀を議す」。這裏出現有孫忠的「愁狀」的字樣，所謂的「愁狀」，是指鎌倉、室町時代的訴狀，向中央政府申訴不平的請求裁決文書。孫忠向日本朝廷告狀大宰府前大貳藤原經平「唐貨巧奪豪取」（唐物多被推取條者），而且對自己的四千多匹錦緞的貨物「不估價，不分類」、「唯四千餘匹未請估價由，不注色目」。據《水右記》記載〔註4〕：

> 申刻右府被參，殿下出御南面，先被議定今度大宋國明州牒並

〔註2〕 《帥記》，《太宰府天滿宮史料》卷 5，第 221 頁。
〔註3〕 《朝野群載》五朝議下陣定，《太宰府天滿宮史料》卷 5，第 388 頁。
〔註4〕 《水左記》，《太宰府天滿宮史料》卷 5，第 345 頁。

唐人孫忠愁狀云，件事大略內內可被相議歟，此間大宮大夫被參，

相扶所勞被參云云，……唐物多被推取條者，經平陳申云，件估價

者，為彼府例日久者，又孫忠隨雖申唯四千餘匹未請估價由，不注

色目，仍先可遣尋彼府例由，被定了，至於目代豐前〔註5〕前司保

定甲斐〔註6〕進士為季殊致苛法責取唐物條者，各可被問者，曉更

事了。

公元1081年孫忠為了維護宋商的權利，再次狀告大宰府大貳經平，其執著精

神可嘉，據《權記》中記載〔註7〕：

承曆五年三月五日壬辰，今朝召使來云，有陣定。……先日所

遣問鎮西大宋國孫忠訴申前大貳經平事等，並大宋皇帝被獻籠子四

合進上事等也，一見之後，返奉已畢。

這裏值得關注的是，孫忠這次來日本是作為宋朝國史攜帶國書而來，而且是

護送日本僧人仲回來的，他在漫長的等待回覆國書時間裏，連續多次狀告前

大宰府大貳藤原經平。

三、替中日兩國政府傳遞國書

公元1078年日本通事僧仲回乘坐孫忠的船回國，宋皇帝讓孫忠帶「二百

匹、水銀五千兩」作為回禮，由於孫忠是商人其禮物和其它的國家有所不同

「以孫忠乃海商，而貢禮與諸國異」〔註8〕。日本史書《水左記》對此事也有

記載，上面寫有孫忠作為宋國的方物使來日貢禮〔註9〕：

承保二年三年六月二日，未時右大臣殿御供參內，大宋國方物

使等悟本與孫文忠告對問之由，或云，火取玉、水銀、美乃長絹、

真珠，或云，長絹、細布、金銀類，或云，被和琴相加，何事有哉。

而日本史書《寶善鄰國記》是這樣記載的：「元豐三年，宋人孫吉（忠）所獻

牒日，大宋國明州牒日本國」〔註10〕，把這次孫忠所帶的牒記載為「大宋國

明州牒」，由此可見孫忠所攜帶的文書是宋朝的正式國書。不過四年後（1082

〔註5〕 豐前：今福岡、大分縣。

〔註6〕 甲斐：今山梨縣。

〔註7〕 《帥記》，《太宰府天滿宮史料》卷5，第354頁。

〔註8〕 《宋史》491列傳250外國7日本。

〔註9〕 《水左記》，《太宰府天滿宮史料》卷5，第323頁。

〔註10〕 《寶善鄰國記》，《太宰府天滿宮史料》卷5，第323頁。

年）才由日本朝臣大才子大江匡房回覆孫忠所帶的國書，並且讓孫忠攜帶回宋，「永保二年十一月二十一日戊戌，宋國への返牒を宋商孫忠に附す」〔註11〕，回覆的國書裝入「木函以五色漆封，金字出錢躰」由孫忠攜帶遣歸本朝。這表明孫忠通過多次和日本的貿易交往，不僅受到宋朝的信任同時也取得了日本政府的高度信任。雖然宋日兩國沒有邦交不通來使，但是宋商們卻無形中擔當起了兩國之間的民間大使，使得兩國的友好交往延綿不絕。

孫忠經略宋日海外貿易幾十年，功勞斐然，成爲兩國之間不可或缺的人物，所以，當孫忠在日本因故晚歸時，宋神宗特地連續派出兩個國使黃逢和黃政，去找孫忠要接他回國，這也是歷史記載中第一次出現宋朝「國使「的字眼，宋朝向日本派遣的第一個正式的國家使節。據《水右記》記載〔註12〕：

> 承曆四年閏八月二十六日乙酉，……申初參内，此間右府（藤原俊家）被參，相次人人參入，右府以下著陣，被下越前國解，大宋國使黃逢隨身牒狀參著了，副牒狀案等，仰云，大宋人黃逢隨身牒狀來著太宰府，不經幾程解纜飛帆，又來著越前國，件牒狀直自彼國可令傳進歟，又尚追遣太宰府。

宋國使黃逢一靠岸就馬不停蹄幾經輾轉從越前國趕到大宰府；再從大宰府返回越前國；接著又從越前國再到大宰府，「大宋人黃逢隨身牒狀來著太宰府，不經幾程解纜飛帆，又來著越前國，件牒狀直自彼國可令傳進歟，又尚追遣太宰府」〔註13〕，就是要找到孫忠，「只孫忠遲歸來也者」〔註14〕。而且宋國使黃逢攜帶的國書也赫然寫著：「大宋國明州牒日本國常州勘會先差商客孫忠等，乘載日本國通事僧仲迴及朝廷迴賜副物色前去，至今隔歲月，未見迴還，訪聞得在彼載〔註15〕」的字樣。在一個國家的正式的國書裏，頭等大事竟然是要尋找一名商人，這在中外外交史上恐怕是不多見的，這說明孫忠的膽識和才幹不僅得到兩國的統治者的信賴，同樣也受到日本民間人士的信賴。

公元 1073 年 3 月，日本大僧人誠尋就是乘坐孫忠的船偷渡到大宋，追求佛法。《續本朝往生傳》記載〔註16〕：

〔註11〕《水左記》，《太宰府天滿宮史料》卷 5，第 356 頁。
〔註12〕《水左記》，《太宰府天滿宮史料》卷 5，第 340 頁。
〔註13〕《水左記》，《太宰府天滿宮史料》卷 5，第 340 頁。
〔註14〕《水左記》，《太宰府天滿宮史料》卷 5，第 345 頁。
〔註15〕《水左記》，《太宰府天滿宮史料》卷 5，第 356 頁。
〔註16〕《續本朝往生傳》，《太宰府天滿宮史料》卷 5，第 289 頁。

阿闍梨誠尋者，本天台宗之人，智證大師之門徒夜，往大雲寺，
智行兼備，早遂大業，居大日位，公請年久，名譽日新，暮年歸心，
菩提，只行法花法，爲體清涼山，私附商客孫忠商船，偷以渡海。

值得關注的是，《續本朝往生傳》上記載的誠尋是「私附商客孫忠商船，偷以
渡海」，而在誠尋自己撰寫的《參天台五臺山記》中卻是這樣記載的〔註17〕：

延久四年三月十五日乙未，寅時，於肥前國松浦郡壁島，乘唐
人船，一船頭曾聚字曾三郎南雄州人，二船頭吳濤字吳十郎福州人，
三船頭鄭慶字鄭三郎泉州人，三人同心令乘船也，船頭等皆悅給物，
密密相構也，志與物米五十斛、絹百匹、裓二重、砂金四少兩、上
紙百貼、鐵白廷、水銀百八十兩等也，同乘唐船人，賴緣供奉、快
宗供奉、聖秀、惟觀、心賢、善久、沙彌長明，不乘船還人，永智、
尋源、快尋、良德、一能、翁丸，拭淚離去，辰時依西風吹，不出
船，在壁島西南浦，法華法後夜經第六卷如意輪供，海邊人來時，
諸僧皆隱入一室內，閉戶絕音，此間辛苦不可宣盡，午時日時中經
第七卷如意輪供，唐人酒盛，最以有與。

誠尋是乘坐宋商一船頭曾聚，字曾三郎南雄州人，二船頭吳濤，字吳十郎福
州人，三船頭鄭慶，字鄭三郎泉州人的船入宋的，傳記中並沒有提到孫忠的
名字，兩種史料似乎有點兒出入。筆者認為，孫忠作為大商人是個大「船頭」、
「綱首」，他擁有自己的船隊，雖然《參天台五臺山記》記載的是乘坐曾聚、
吳濤和鄭慶的商船，但是他們三人的船可能隸屬於孫忠，而孫忠不必每次都
要親自出海，或許孫忠此時正在日本打官司脫不開身吧。南宋時期在東南亞
進行海外貿易的宋商王元懋，回國以後就讓自己的手下擔任綱首並把他們派
到海外從事貿易〔註18〕。大概是這些取得成功的海商，由於擔心危險或者年
齡的原因，才決定自己不再出海而是雇用其它海商的吧。

宋商孫忠二十多年風雨，造就了商界的傳奇，彪炳史冊，是連接中日兩
國的友好橋梁。

〔註17〕《參天台五臺山記》，《太宰府天滿宮史料》卷5，第286頁。
〔註18〕洪邁：《夷堅三志》己卷第六明文書局。

附：孫忠大事記表如表所示（作者根據自製表）

序號	年代	人物	同行	簡單情況	史書出處
1	治曆四年（1068年）十月	孫忠	潘懷清和王宗	屢次違反制度，不到年限就來日本，而且這次同船來的潘懷清身上攜帶有兩張公憑，深受懷疑。	《帥記》
2	延久三年三（1072年）	孫忠	船頭曾聚、吳濤和鄭慶	誠尋私附商客孫忠商船，偷以渡海。	《續本朝往生傳》
4	承保二年一月（1075年）	孫忠		宋朝皇帝讓孫忠作爲方物使，宋給日方禮物：火取玉・水銀・美乃長絹・眞珠，或云，長絹・細布・金銀類，或云，被和琴相加	《水左記》
3	元豐元年（承曆二）六月（1078年）	孫忠	通事僧仲	大宰府讓翻譯僧仲回搭乘孫忠的船明州，遣仲回等貢絁二百匹、水銀五千兩，被賜號爲慕化懷德大師。	《宋史》四九一列傳二五〇外國七日本《善鄰國寶記》鳥羽天皇
5	承曆四年四月二十一日甲寅（1080年）	孫忠		孫忠獻給日本朝廷一幅籠子，由於上面沒有名字和年號，受到日方質疑。	《帥記》
6	承曆四年閏八月三十日（1080年）	孫忠		孫忠攜帶大宋國明州牒（國書）到日本。	《扶桑略記》三十白河天皇
7	永保二年二十一日（1082年）	孫忠		日本朝廷寫好回宋朝國書讓孫忠帶回宋朝。	《百練抄》五白河天皇
8	應德二年十月（1085年）	孫忠	宋商王瑞柳、念丁載、孫忠、林皐	不到年限被季風漂流到日本。雖要被遣送，但要等到船修好和順風。	《朝野群載》五朝議下陣定

第二節　謝國明

　　另一位傳奇宋商是南宋時期的綱首謝國明,他登上歷史舞臺的時間是1233～1253 年,即南宋理宗趙昀時期,和孫忠一樣在異國商場上叱吒風雲二十多年。

　　據德川幕府時期天保四年圓證大完撰寫的《謝國明之碑》推算,謝國明應該是在南宋光宗紹熙四年出生於臨安府,當時日本的源賴朝剛剛就任征夷大將軍,鎌倉幕府已然望見雛形。謝國明的少年時代是在中國度過,但這一時期缺乏相關的資料。我們所能看到關於謝國明的事蹟完全來源於日本方面的史料。謝國明通過自己的努力成爲「在日宋商」的領袖人物,在日本被稱爲「船頭」和「綱首」,並以「謝太郎國明」〔註19〕或「謝郎」〔註20〕的名字加入日本籍,定居在被稱爲「博多總鎮守」的櫛田神社(見附圖)附近,「博多綱首謝國明,請圓爾而衛櫛田之家」〔註21〕並娶日本女子爲妻。

一、不斷資助前往宋尋求佛法的僧人

　　公元 1233 年,日本臨濟宗僧人圓爾辨圓(後來的聖一國師)經師傅榮朝禪師允許,打算入宋學習臨濟宗佛法以及茶道,但苦於經費不足在博多滯留了一年之久,此時對禪宗有敵意的智山寺(大山寺)的義學要加害圓爾,謝國明對圓爾加以保護,並讓他在自己櫛田的家裏住下。圓爾後來在謝國明的資助下,於公元 1235 年乘船前往南宋,登上宋代五山之首的徑山,在徑山興聖萬壽禪寺師從仰慕已久的中國第一禪匠——無準師範(佛鑒禪師),此事在《歷代鎮西要略》二貞永〔註22〕元年壬辰條有記載〔註23〕:

　　　　釋氏圓爾爲求法渡宋,先來而憩博德圓覺寺矣,茲西府有智山寺之僧義學臺宗以惡禪宗,擬加害,博德綱首謝國明,請圓爾而衛櫛田之家。

公元 1241 年,闊別故鄉六年的圓爾與博多商人滿田彌三右衛門(見附圖)一

〔註19〕《聖一國師年譜》天福 1。
〔註20〕《聖一國師年譜》天福 1。
〔註21〕《歷代鎮西要略》,《太宰府天滿宮史料》卷 7,第 425 頁。
〔註22〕貞永(1232 年四月二日至 1233 年四月十五日)是日本的年號之一。這個時代的天皇是後堀河天皇與四條天皇、鎌倉幕府征夷大將軍爲藤原賴經、執權爲北條泰時。
〔註23〕《歷代鎮西要略》,《太宰府天滿宮史料》卷 7,第 425 頁。

同歸來，於 1242 年，開山創立承天寺，由謝國明資助修建，承天寺屬於臨濟宗東福寺派的寺院。1224 年大宰少貳武藤資賴請來丹爾做主持，1243 年成爲官寺。據《聖一國師年譜》仁治三年壬寅記載〔註24〕：

> 師四十一歲……秋，謝國明，於博多東偏瓶承天寺，寺成，請師爲第一世，師乃開堂説法，上書佛鑒，佛鑒親書承天禪寺及諸堂額、諸牌等大字寄之，其書曰，所言大字——寫去，又恐寺大而字小，不知可用否，如不可用，後便寄聲，又當書去矣。

在《扶桑五山記》二十刹位次裏也有相關記載：「承天寺、築前州、萬松山開山聖一國師、檀那謝氏」〔註 25〕。但是承天寺的建立似乎侵害了智山寺的利益，公元 1243 年一群太宰府寺內的暴徒，要求燒毀由宋商綱首謝國明創建的承天寺。後來公元 1247 年，謝國明曾發出「一日之內重建佛殿等十八堂」的豪邁之語，足見謝國明財力雄厚可以想見，《歷代鎮西要略》二寶治〔註26〕二年戊申條：「築前承天寺火，圓爾長老自洛至承天，謝國明不日造殿堂十八字」〔註27〕。

二、樂善好施，樂於助人

公元 1242 年圓爾得知宋朝徑山發生火災、動員謝國明捐贈了木材上千根木材〔註28〕。1243 年圓爾在給無準的信中講述了謝國明爲了結緣、送櫃木 100 斤〔註29〕。1245 圓爾在給無準的信中向謝國明表達了謝意。1249 年無準向謝國明捐贈木材表達謝意並向他贈送《宣城虎圖》以作紀念〔註30〕。

據說有一年博多地區遭受天災，大批災民聚集在承天寺前，而寺中則囤積著大量謝國明的貨物，謝國明毫不吝惜地在除夕之日將貨物中的麵粉製作成麵條施捨於廣大的災民。第二天，當幾艘中國貨船駛入博多港的時候，受到謝國明恩惠的災民們興奮地高呼：「千艘來，萬艘來！」將此視爲帶來幸福

〔註24〕《聖一國師年譜》，《太宰府天滿宮史料》卷 8，第 24 頁。

〔註25〕《扶桑五山記》，《太宰府天滿宮史料》卷 8，第 15 頁。

〔註26〕寶治：（1247 年～1249 年）是日本的年號之一。這個時代的天皇是後深草天皇、鐮倉幕府征夷大將軍爲藤原賴嗣、執權爲北條時賴。

〔註27〕《歷代鎮西要略》，《太宰府天滿宮史料》卷 8，第 38 頁。

〔註28〕《聖一國師年譜》1242（仁治 3）。

〔註29〕《粟棘庵文書》1243／9 圓爾尺牘案辻 1994 年，第 105 頁。

〔註30〕服部玄三氏藏無準師範尺牘《禪林墨跡》19。

的吉兆。甚至還有傳說是謝國明將針灸文化、造船技術、唐鋏（剪刀）、饅頭〔註31〕（見附圖）的製作工藝傳入日本，日本人民對其感恩戴德。

圓爾禪師曾在博多遭受疫病期間在櫛田神社進行祈禱活動，然後坐上一架施餓鬼棚，由人用棍槓抬著在市區裏播灑聖水。實現了所謂「神佛習合（神道與佛教的融合）」的佳話，以至於演變爲博多的傳統活動——每年7月1日到15日的博多山笠祭（見附圖）。圓爾禪師之所以能實現「神佛習合」，恐怕也少不了謝國明暗中協助，在此過程中，應當也會適當的施捨以博取民心。

二、購置田產結交豪門

謝國明購買了博多郊外的野間、高宮（現在的福岡市南區）、原村（同市早良區）等土地，甚至還購入築前國那珂郡內筥崎宮領地作爲供養承天寺的捐贈。《承天寺舊藏文書》省柏和尚承天寺掟案記載：「謝國明向筥崎宮地域的野間、高宮、原村捐贈給了承天寺」〔註32〕。由此可以看出：承天寺不僅僅是一般性質的宗教場所，而且還是謝國明代表日本權門對外貿易、交涉等活動的重要場所。

在當時的貿易模式中，謝國明等這些往來於中日之間的「在日宋商」，爲了取得利益往往需要向日本朝廷、幕府、寺社等權勢上繳年貢，以表示對其依附，這在當時被稱爲「寄人」。謝國明本人就與鎌倉御家人宗象大宮司以及上級莊官宗象社領的預所代三浦常村（當屬三浦泰村一族）保持著密切聯繫。公元1252年，他獲得了屬於宗象社領小呂島〔註33〕（位於博多灣約四十公里的玄界灘上）地頭的身份，而且買下筥崎宮的所領，在日本擁有了自己土地，前面講的櫛田之家，就是很好的例證〔註34〕。

久而久之，謝國明在博多綱首中聲名鵲起，地位日益提高，他指揮著其它綱首控制著貿易的經營〔註35〕，謝國明以及在日宋商逐漸成爲他們所依附

〔註31〕承天寺裏有紀念謝國明傳來饅頭的石碑。
〔註32〕《承天寺舊藏文書》1515／9省柏和尚承天寺掟案。
〔註33〕毛利家藏《筆陣》1252／7／12關東御教書（鎌倉遺文7458）。
〔註34〕四日市康博：《從實物來看海域亞洲史——蒙古——宋元時代的亞洲和日本交流》，九州大學出版會，2008年，第53頁。
〔註35〕四日市康博：《從實物來看海域亞洲史——蒙古——宋元時代的亞洲和日本交流》。第54頁。

寺社及權勢的貿易代理人。有學者將這樣的貿易形式稱爲「權門貿易」〔註36〕。

謝國明是玄界灘小呂島的「地頭」，這個島因爲是宗象社的領地，所以圍繞著是否應該向宗象社交納年貢（社役），宗象社和謝國明之間發生了訴訟，並且被這提交到了鎌倉幕府。最後的仲裁結果，幕府執權和連署讓守備命令謝國明向宗象社交年貢。

據「謝國明之碑」記載：「弘安三年（1280年）庚辰十月七日卒、春秋八十有八」，可以斷定謝國明於1252年去世。不過根據毛利家藏《筆陣》〔註37〕關東御教書上的記載：「三原重延關於謝國明死後的領地和後家尼相提並論」。另據《筆陣》記載〔註38〕：

《筆陣》〇二　毛利家藏

宗象社雜掌申社領小呂嶋事，訴狀副具書等遣之，如狀者，綱首謝國明語取前預所代常村號地頭對悍社役云云，事實者甚不穩便，早任先例，可勤仕社役之由，可令下知，若又有子細者，招出國明子息可被注申之狀，依仰執達如件。

建長〔註39〕四年七月十二日　相模守（花押）

陸奧守（花押）

（少貳資能）

豐前前司殿

這兩份文獻清楚地顯示出，早在後深草天皇建長四年之前，謝國明就已經去世，他有至少一個兒子（招出國明子息可被注申之狀），他的妻子出家爲尼（謝國明死後的領地和後家尼）。圍繞著謝國明曾經掌控的小呂島歸屬問題展開了一系列訴訟，首先發難的是宗象大宮司宗象氏業，因爲謝國明是通過當時預所代三浦常村獲得知行控制小呂島的，而這一任命並未通過宗象大宮司的許可，其間存在著從屬不清的關係。緊接著御家人三原種延、宗象氏業和謝國明遺孀對小呂島的歸屬展開雙重訴訟案，最後，時任六波羅探題的北條長時作爲裁判，宣告宗象氏業勝訴，並要求等待鎌倉方面的最終判決。鎌倉方面

〔註36〕服部英雄：《日宋貿易的實態——和「諸國」來的客人們、チャイナタウン「唐房」——》，第47頁。

〔註37〕《筆陣》，《太宰府天滿宮史料》卷8，第47頁。

〔註38〕《筆陣》，《太宰府天滿宮史料》卷8，第47頁。

〔註39〕建長：鎌倉中期，後深草天皇朝年號。（1249年3月18日～1256年10月5日）。

按當時的情況來看應該會維持原判，謝國明所留下的小呂島將最終成爲宗象大宮司的囊中之物。

　　謝國明去世後，他的遺體被安葬在離博多站步行不到十分鐘的御笠橋附近，墓上建了一座小五輪塔，並在旁邊種植了楠樹，這棵楠樹越長越大，甚至將墓給包裹起來，1945 年日本投降前夕，由於博多的大火，不幸這棵樹被燒死了，只留下了孤零零的樹幹。日本親切地稱這棵楠樹「大楠樣」。

謝國明生平活動一覽表（為筆者根據相關史料整理）

1233 年	《聖一國師年譜》天福 1。	謝人郎國明	綱自	謝國明讓圓爾住在自己的櫛田的私宅裏、並日夜保護。
1242 年	《聖一國師年譜》1242《元亨釋書》7 辯元傳。《天祥和尚錄》幹、聖一國師百年忌拈香。	謝國明謝郎		謝國明在博德東建立承天寺、並清圓爾擔任第一任主持。
1242 年	《聖一國師年譜》1242（仁治 3	謝國明		圓爾得知徑山發生火災、動員謝國明捐贈了木材上千根木材。
1243 年	《粟棘庵文書》1243／9 圓爾尺牘案（辻 1994 年第 105～106 頁）	謝國明		圓爾在給無準的信中講述了謝國明爲了結緣、送櫪木 100 斤。
1245 年	《墨跡之寫》1 無準師範尺牘	謝（國明）	綱使謝丈大檀越	圓爾在給無準的信中向謝國明表達了謝意。
1245 年	長谷川家藏德敷尺牘（《禪林墨跡拾遺》中國篇 12）。	謝（國明）	興使・綱使	德敷在給無準的書信中、講述了和謝國明約定好了的捐贈木材的回報。
1245～49 年	《墨跡之寫》1 無準師範尺牘。	謝（國明）	綱使	圓爾在給無準的信中涉及到謝國明和九條道家的來信。

1248 年	《聖一國師年譜》1248《元亨釋書》7 辯元傳。	（謝國明）		承天寺發生火災、謝國明得知圓爾去了築前很高興。
1249 年	服部玄三氏藏無準師範尺牘《禪林墨跡》19。	謝國明	日本大檀越	無準向謝國明捐贈木材表達謝意並向他贈送「宣城虎圖」以作紀念。
	《承天寺舊藏文書》1515／9 省柏和尚承天寺捉案。		檀越	謝國明向筥崎宮地域的野間、高宮、原村（平原？）捐贈給了承天寺。
1252 年	毛利家藏《筆陣》1252／7／12 關東御教書（鐮倉遺文7458）。	謝國明	綱首	謝國明自稱宗象社所領有的小呂島的地頭、以保衛社財產。
1253 年	《宗象神社文書》1253／5／3 六波羅書下（鐮倉遺文7551）。	謝國明	船頭	三原重延關於謝國明死後的領地和後家尼相提並論。
1254 年	《法燈圓明國師之緣起》（《由良町志》）史（資）料編第296頁。	智定	法眼、船頭	無本覺心乘坐智定法眼的船回國。

第三節　周良史

　　宋商周良史，父親爲宋朝人，母親爲日本當朝大臣之女，他經常隨著父親來往於宋日之間，久而久之，因思念母親就在賓館上書給當時的日本關白藤原賴通，並奉獻名貴書畫請求申請官爵而引人注目。日本萬壽3年6月關白回信給住在賓館的周良史，感其孝心但因他是宋朝籍，所以拒絕其申請官爵的要求「而被納彼籍，不被敘爵」〔註40〕。他隨信還寄上二十兩砂金以表其孝心。

　　日本長元元年（1028）8月15日他第一次以商人的身份來到日本對馬島，接著又去了築前怡土郡北埼。10月10日，他第一次來到日本，就控告大宰府

〔註40〕　《宇槐記抄》，《太宰府天滿宮史料》卷5，第51頁。

大貳藤原惟憲，指責他以藏人所（相當今天的秘書處）的名義，巧奪自己隨身的貨物。據《小右記》記載〔註41〕：

> 長元元年十月十日辛未，……中將來，又云，大宋國商客，初商客為大貳（藤原惟憲）稱藏人所召，被召取隨身唐物等之□文，付唐物使小舍人進之云云，頭中將談，或人云，□中將云，今見世間氣色，商客之愁連益歟者，盛算闍梨持初來宋人書，商客（周）良史，八月十五日來著對馬島，次到著築前怡土郡北埼，都督於今不申。

他控告大宰府的官員「今見世間氣色，商客之愁連益歟」世風日下導致宋商的利益受損。

長元四年（1032）3月10日，周良史向棲霞寺，拜文殊像，9月18日「早旦詣棲霞寺詣棲霞寺奉拜自唐食品（良史）所送文殊並十六羅漢繪像」〔註42〕。此後周良史與其父一直在日本經商，並卒於日本〔註43〕。

第四節　慕晏誠

慕晏誠是北宋時期的廣州商人，1037年5月，他的商船漂流到日本〔註44〕。經過朝廷的「存問」檢查，由於不符合日本「年紀制」的規定，所以於1038年10月14日對他下達了「迴卻」遣返命令〔註45〕，遣返的官符已經下達給大宰府。

不過，後來對慕晏誠的遣返命令一直沒被執行，兩年後的1040年4月，朝廷又再次召開宮廷會議就有關慕晏誠商船被遣返的問題，進行討論「陣定」。據《春記》記載〔註46〕：

> 長曆四年四月二十七日辛亥，領略又太宰府申大宋國廣州商客慕晏誠欲歸唐事，同可奏聞也，但返金官符早下遣已了，彼官符注

〔註41〕 《小右記》，《太宰府天滿宮史料》卷5，第61頁。

〔註42〕 《小右記》，《太宰府天滿宮史料》卷5，第61頁。

〔註43〕 《浙江通志》，卷266.《藝文八》引汪藻：《施氏節行碑》。

〔註44〕 《白練抄》四：「後朱雀天皇長曆元年五月，今月，大宋商客慕晏誠等飄來」。《太宰府天滿宮史料》卷5，第361頁。

〔註45〕 《白練抄》四：「二年十月十四日，宋人慕晏誠等貨物迴卻官符」。《太宰府天滿宮史料》卷5，第361頁。

〔註46〕 《春記》，《太宰府天滿宮史料》卷5，第119頁。

隨迴卻之文哉，不然者，至此度早可隨迴卻之由可仰也者，予（藤
原資房）又參內奏聞了，府解可尋返金官符之由有仰事也。

從史料記載中可以看出其爭論焦點是：「返金官符」是否和遣返「迴卻官符」一
起下達的？要求府解有關「返金官符」事宜。「返金」是指慕晏誠船上貨物的貨
款，在第二章第四節裏我們探討過宋商船被下令遣返後，他們的貨物不被遣返，
因爲日本人非常喜歡「唐貨」。但是日本政府不願一位宋商連續不滿兩年再次來
到日本，頒發了所謂的「年紀制」，只針對「船」和「人」，而不是針對「貨」。
而事情接下來的進展卻有了變化：「大宰府申唐人歸唐事，先日返金官符不注迴
卻之文之由，定（平）親所申也，仍下給彼府解，可仰其由也，即下給」〔註47〕，
原來前幾天下發的返金官符不包括「遣返令」。後來，關白藤原賴通命令立刻下
達遣返令「又參關白殿，申此旨等，可隨迴卻官符事，早可仰也」〔註48〕。最
後「未尅許，參右府（藤原實資），命云，返遣晏誠之官符，先日令請印了，而
此度晏誠被沙汰之後，可遣彼迴卻之官符歟，案內可取執柄（藤原賴通）之氣
色者」〔註49〕，「遣返令」經過朝廷大臣反覆討論終於被確定。

但是，不知道後來宋商慕晏誠有沒有被遣返，還是他兩年以後又來日本
了？因爲他在兩年後的日本長久二年（1041）5月，向日本關白藤原賴通狀告
前大宰府權帥藤原實成扣押自己的貨物。據《春記》記載〔註50〕：

長曆四年五月二日丙辰，天晴，又太宰府解文、唐人（慕晏誠）
解文云，前帥（藤原實成）以唐人財府領了由所申也如何，此由觸
關白（藤原賴通）也者，此間內大臣（藤原教通）以下諸卿參入。

而前大宰權帥對此事的解釋是：「先年唐人獻雜物私（和）市物等，而依其物
等員少，可副加之由仰之，仍先日解文外，加進雜物等，即欲進官之處，依
蒙罪罷上之間，以件物且令請預唐人，且令預府官等，取其請文外物也者，
早以件解文，可經睿覽也，明旦可令進獻者」。意思是：「當年宋商慕晏誠因
擔心給政府的「獻物」和與政府交易的貨物數量少，而在裏面加了一些雜物，
所以懲罰了他」。後來關白經過詳細瞭解和調查，命令暫停執行幾天前對宋商
慕晏誠商船下達的「迴卻官符」〔註51〕：

〔註47〕　《春記》，《太宰府天滿宮史料》卷5，第119頁。
〔註48〕　《春記》，《太宰府天滿宮史料》卷5，第119頁。
〔註49〕　《春記》，《太宰府天滿宮史料》卷5，第119頁。
〔註50〕　《春記》，《太宰府天滿宮史料》卷5，第126頁。
〔註51〕　《春記》，《太宰府天滿宮史料》卷5，第126頁。

> ……即參內，——奏聞之，仰云，唐人申事，不可默至，請文
> 見了，猶問實成卿，隨被申下遣太宰府，召問唐人可左右之由，可
> 仰下歟，迴卻官符先日下宣旨了，暫可停止之由可仰下歟，件事被
> 仰遣之故也。

宋商慕晏誠在日本的經歷可謂一曲三折，前後多次受到遣返，而後「遣返令」
又被多次取消。飽受「漂流來日→遭遣返→控告上述→遣返被撤銷」之苦，
他的執著頑強體現了宋商堅忍不拔精神，也反映了在異國他鄉之艱辛。

第五節　林臯

　　1060 年八月，在被稱爲「陣定」的朝廷貴族商議會議上（相當於現代的
內閣會議），討論了有關「大宋商客林養、俊政等」來到越前的事宜，做出了
給他糧食但遣返他回國的決定，但是過了幾天又改變了方針，允許他在日本
可以滯留一定期間〔註52〕。

　　12 年後，1072 年（日本延九年），天台宗僧人誠尋從肥前乘坐宋朝商人
的船橫穿東海，有一天同船的「唐人」林臯把綁有鉛塊的繩子沉入水中，確
認了海底深度和海底是泥土之後，告訴誠尋「已經到了唐朝的海域」。誠尋在
日記中記錄完這句話以後，又追加寫道：林臯是但馬唐人林養的兒子」〔註
53〕。這個林養年肯定和 1060 年來到越前的林養是同一個人，據《參天台五臺
山記》記載〔註54〕：

> 二十二日壬寅，天晴，艮風大吹，唐人爲悅，中心思之，萬遍
> 呪力也，其由示抄剖了，林臯告云，昨日未時入唐海了，以繩結鉛
> 入海底時，日本海五十尋，底有石砂，唐海三十尋，底無石有沼，
> 右昨日量了者，住室內間，不見斤量者，林臯但馬〔註55〕唐人林養
> 子也，予見四方，無山無際，三人猶醉臥，終日竟夜，飛帆馳船，
> 數萬念誦，敢無間斷，今日濱崔二來船中，如巡禮記。

〔註52〕 和 1111（天永 2）年來到若狹被驅除的「宋人林俊」或是同族。（《中右記》
　　　　天永 2 年 11 月 19 日）轉引村井章會：《境界をまたぐ人びと》山川出版社日
　　　　本史リブレット，第 26 頁。）
〔註53〕 《參天台五臺山記》，《太宰府天滿宮史料卷》5 卷，第 286 頁。
〔註54〕 《參天台五臺山記》，《太宰府天滿宮史料卷》5 卷，第 286 頁。
〔註55〕 但馬：（たじま）舊國名。今兵庫縣的北部。但州。

這一期間，我們都知道，在越前和若狹常常可以看到「唐人」的身影，不過在但馬也有「唐人」作爲根據地的港口。另據《續本朝往生傳》記載〔註56〕：「阿闍梨誠尋者，本天台宗之人，智證大師之門徒夜，往大雲寺，智行兼備，早遂大業，居大日位，公請年久，名譽日新，暮年歸心，菩提，只行法花法，爲體清涼山，私附商客孫忠商船，偷以渡海」。從上述記載可以得知，誠尋是乘坐宋商孫忠的船偷渡到宋朝的。

宋商林皐再次出現在人們的視線是在 1085 年（日本應德 2 年），他還是和宋商孫忠一起，確切地說應該是乘坐孫忠商船來日本的。《朝野群載》這樣記載〔註57〕：

朝議下陣定

同府言上商客孫忠、林皐等參來古十又

同前諸卿定申云，商客來朝以前定中畢，就中件孫忠等寄古十又由飛帆，何以異客之身，忽遂本朝之願乎，仰彼府，可被迴卻歟，但近代所行，有不穩便歟，有迴船尾之名，既無過鯨頭之實，商侶失禮儀，府司不加督查之故也，早給官符〔註58〕，可誡仰歟，

應德二年十月二十九日

像林皐這樣的宋商雖然只是史書上的匆匆過客、簡單一筆，但他們的勤勞、勇敢和智慧成爲宋商群體的象徵。

第六節　朱仁聰

宋商朱仁聰在史料中出現過多次，第一次是公元 987 年 10 月 26 日來到日本。《扶桑略記》記載〔註59〕：「永延元年十月二十六日，……大宋國商人朱仁聰來到」。《日本紀略》也記載了朱仁聰日這件事〔註60〕：「此歲之冬，大宋國商人朱仁聰來到」。由此可見，宋商朱仁聰來日引起了不小的轟動。一年後史書《江記》又記載〔註61〕：「永延二年，朱仁聰獻羊」。向日本當權者獻

〔註56〕《續本朝往生傳》，《太宰府天滿宮史料卷》5 卷，第 289 頁。
〔註57〕《朝野群載》五，《太宰府天滿宮史料卷》5 卷，第 388 頁。
〔註58〕官符：官府下行的文書。
〔註59〕《扶桑略記》二十七一條天皇上，《太宰府天滿宮史料》卷 4，第 108 頁。
〔註60〕《日本紀略》後篇九一條天皇，《太宰府天滿宮史料》卷 4，第 108 頁。
〔註61〕《江記》，《太宰府天滿宮史料》卷 4，第 108 頁。

物送禮品，以保證以後的貨物交易能夠順利進行，這已經成了宋商到日本的一個慣例，後來宋商周文德於 1015 年（日本長和四年）曾向大宰官員獻孔雀，《日本略記》記載：「今日大宰大監藤原藏規進鵞二翼、孔雀一翼。閏六月二十五日癸卯，大宋國商客周文德（裔）所獻孔雀，天覽之後，於左大臣（藤原道長）小南第作其巢養之」〔註 62〕。由此看來朱仁聰來到日本以後一直是受關注的焦點。

就在朱仁聰獻羊那年的 988 年，日本僧人源信和他見面，要求朱仁聰回國時把他的著作《往生要集》帶到宋朝傳播。據《正元古寫源信僧都傳》記載〔註 63〕：「一條天皇寬和二年，正月僧源信は宋商朱仁聰に面會し、その著往生要集等をその帰航に附して、彼地に流佈せしめようとした。」在第五章第二節裏我們知道，在這之前的 986 年，源信就曾經託宋商周文德把他和他師傅良源著的《往生要集》和《觀音贊》帶到天台山〔註 64〕。

公元 995 年 9 月宋商朱仁聰和林庭等七十多人來到若狹（福井縣），在第二年的 997 年，朱仁聰被明法博士〔註 65〕判處有罪，而且由於朱仁聰的原因若狹守兼隆被判爲「車裂」。據《臺記》等史料加載〔註 66〕：

> 一條天皇長德元年九月宋商朱仁聰、林庭幹等七十餘人が若狹
> に來著した、翌長德二年には明法博士をして朱仁聰の罪名を勘へ
> しめられている、これは若狹守兼隆なるものが仁聰等の爲に陵轢
> されたからである。

而就是在這次來日本的時候，宋僧源清委託宋商朱仁聰贈送給比叡山經書法華示珠指等七卷，作爲交換，希望能得到智者大師的著作仁王般若經疏等經書。據《本朝文粹》記載〔註 67〕：

〔註 62〕 《日本略記》後篇十二三條天皇長和四（1015）年二月十二日癸亥條。《太宰府天滿宮史料》卷 5，第 420 頁。

〔註 63〕 《正元古寫源信僧都傳》，轉注木宮泰彦：《日華文化交流史》東京，富山房 1987 年，第二章「北宋との通交」，第 255 頁。

〔註 64〕 《扶桑略記》二十七一條天皇上，《太宰府天滿宮史料》卷 4，第 169 頁。

〔註 65〕 明法道的教官，相當於古代律令的法官。是在大學裏教授律令和格式的博士。平安中期以及有阪上、中原兩家世襲。

〔註 66〕 《臺記》、《日本記略》、《權記》、《小右記》，轉注木宮泰彦：《日華文化交流史》東京，富山房 1987 年第二章「北宋との通交」，第 256 頁。

〔註 67〕 《本朝文萃》，轉注木宮泰彦：《日華文化交流史》1987 年，第二章「北宋との通交」，第 256 頁。

　　　　一條天皇長德元年是歲宋僧源清は法華示珠指等七卷を比叡山
に贈り、その代りに智者大師作仁王般若經疏等を求めて來た。こ
れはこの歲九月若狹に來著した宋商朱仁聰等託して送って來たも
のであらう。

雖然這次被判處有罪，但是罪名可能不重，朱仁聰並沒有就此消失在人們的
視線之外，公元 999 年日本長德四年，朱仁聰的商船再次來到日本，他船上
還有一位宋朝僧人齊隱，他身上還攜帶了大宋僧源清牒的兩張返牒。據《權
記》記載〔註68〕：

　　　　長德四年七月十三日，罷出之間，於後町廊下，招取時方（藤
　　　原）、至（源）光等朝臣，相語雜事，……與仁聰同船僧齊隱所持來
　　　之大宋僧源清牒二通返牒，可令候之由，仰左大臣，臣臣仰匡衡（大
　　　江）朝臣、齊（紀）名等，源清所乞經論（足＋流字的右邊）義合
　　　若干卷，入函，寫料紙若干卷，入細折櫃，此中一卷，僅令宮內史
　　　生永國書寫，其遺卷卷，令召能書者，皆稱病由不參來，仍未書寫
　　　了，可入料筥史等，出納允政、小舍人貞光所知也。

公元1000年即日本長保二年，朱仁聰又一次出現了人們的視野中，這次朱仁
聰向大宰府狀告越前國（今福井縣）官員對自己的貨物估價不公並要求賠償，
「仁聰自越前向大宰之後，令愁申於公家，以未給所進物直之由云云」。據《權
記》記載〔註69〕：

　　　　長保二年八月二十四戊辰，……皇后（藤原定子）仰云，大宋
　　　客商仁聰在越前國之時，所令獻之雜物代，以金下遣之間，仁聰自
　　　越前向大宰之後，令愁申於公家，以未給所進物直之由云云，即遣
　　　仰大貳（藤原有國）許之處，初雖相約可渡料物之由，後變約束不
　　　充行，仍令費金於侍長孝，下遣彼府商客之許，而大貳制止使者之
　　　遇商客，只撿領料金渡行之間，商客致量欠所進請請（衍）文金數，
　　　減少從先日所遣之數，然而不論其事，重可令下遣之，但被府有重
　　　所申上之事者，其府解何日所申哉，依此事可被召問明順（高階）
　　　朝臣云云，其事亦如何，令啓，已下令給物者，早可令明順朝臣辨

〔註68〕《往生要集》卷下卷末遣唐消息，《太宰府天滿宮史料》卷4，第278頁，參
　　　　見第四章的第二節。
〔註69〕《權記》，《太宰府天滿宮史料》卷4，第291頁。

申其由歟，仁聰申詞日記之中，有未辨渡其料之旨，仍公家所被尋也。

朱仁聰在越前國上岸後，當地官府讓其繳納「雜物費」，朱到了大宰府後就對其申訴，稱其亂收費，並且對自己的貨物估價不公。這件事後來大宰府上報給了日本朝廷的左大臣（藤原道長），還驚動了皇后藤原定子。朝廷立刻派人去調查「遣仰大貳（藤原有國）許之處」，大宰府開始答應可以退換所欠金額，但隨後變卦，也不讓使者見宋商本人，「初雖相約可渡料物之由，後變約束不充行，仍令賣金於侍長孝，下遣彼府商客之許，而大貳制止使者之遇商客」。宋商要求減少所要繳納金額的數目，「商客致量欠所進請請（衍）文金數，減少從先日所遣之數」。

十多年來，宋商朱仁聰多次往來於宋日之間從事貿易活動，除了正常的貿易活動還有和政府官員打交道，既要送禮聯絡感情，又要打官司維權，還被判過有罪，他可以說是整個宋商群像的一個縮影。

第七節　曾令文

宋商曾令文第一次出現在史料上是在公元 999 年，即日本長德四年。在一次日本朝廷公卿會議上，討論「陣定」如何安置大宰府通過「存問」後報上來的宋商，這個宋商就是曾令文。據《權記》記載〔註70〕：「長德四年（999）七月十三日安置大宰客商曾令文事。未給返金，至於勘文，仰出納允政令奉仕，信經知案內，又小舍人爲善可知」。同時會議還討論了有關曾令文狀告有關部門未給貨款的事宜。

1001 年日本長保三年，關白兼大政大臣藤原道長召開朝廷公卿會議，討論有關曾令文請求大宰府補償自己貨款五百兩砂金的問題，會議中提出曾令文在申請文中用詞粗暴無禮「加令文（曾令文）請文，詞多不遜也」〔註71〕。

1002 年，藤原道長又召開朝廷公卿會議討論有關宋商上官用銛來日本事宜時，再一次提到了曾令文的問題，據《權記》記載〔註72〕：「定申云，同人有年紀，而前般客商曾令文未歸去之間，用銛去年回卻之後，不經幾程重以

〔註70〕《權記》，《太宰府天滿宮史料卷》4 卷，第 278 頁。
〔註71〕《權記》，《太宰府天滿宮史料卷》4 卷，第 303 頁。
〔註72〕《權記》，《太宰府天滿宮史料卷》4 卷，第 319 頁。

參來」。這位宋商上官用銛去年被遣送後今年又來日本，違反了兩年之內不能連續來日本的「年紀制」禁令，他被遣送回國時，曾令文並沒有回國，前面提到曾令文，當時正在狀告大宰府，要求補償貨款五百兩砂金。這是否可以判斷這個上官用銛當時是和曾令文一起來日本的？

《日本略記》和《御堂關白記》分別記載了曾令文於 1004 年 8 月 14 日和 1005 年 10 月 20 日來日本的情況。據《日本略記》記載〔註73〕：「寬弘二年八月十四日庚寅，太宰府言上大宋國客商曾令文參者由」大宰府向朝廷報告大宋商人曾令文又來了，詢問是否安置之事宜。《御堂關白記》記載〔註74〕：「寬弘三年十月二十日乙丑，參內，著左仗座，唐人令文所及蘇木、茶垸等持來，五臣注文選、文集等持來」，報告說曾令文商船帶來除「蘇木、茶碗」等貨物之外，還有「五臣注文選、文集」等書籍。

在第二章裏，我們探討了有關日本的「存問」制度，宋商船靠岸後要立刻把「存問」記錄上報朝廷，最快送達朝廷的時間記錄爲 11 天，例如：《小右記》記載：「以同二十九日走皈明州，經三箇日，相待巡風，以今月四日，罷離彼岸，同十日，罷著當朝之內肥前國值嘉島，同十四日罷著同國松浦郡所部柏島者」〔註75〕。這是宋商陳文祐的「存問」記錄送達的情況，從這份記錄可以確定，陳文祐商船是在八月十四日到達柏島，這件事在八月二十五日很快就傳到了關白藤原賴通那裏。由此是否可以斷定，曾令文在 1004 和 1005 年連續兩次來日本的？

曾令文在短短的幾年中連續密集穿梭於宋日之間，船上即有日本人所喜愛的「唐貨」又有中華名著經典，在交易過程中不畏強權堅決捍衛自己利益的行爲令人敬佩。

第八節　周文德

有關宋商周文德的情況，筆者在第八章「有關史料中的幾處疑點」中的「宋日貿易中宋商易名探析」有詳細地論述。

〔註73〕《日本略記》後篇十——條天皇，《太宰府天滿宮史料卷》4 卷，第 375 頁。
〔註74〕《御堂關白記》，《太宰府天滿宮史料卷》4 卷 1964 年，第 375 頁。
〔註75〕《小右記》，《太宰府天滿宮史料卷》5 卷 1964 年，第 51 頁。

第九節 李充

有關宋商李充的情況，筆者在第八章「有關史料中的幾處疑點」中的「宋日貿易中宋商易名探析」有詳細地論述。

第十節 宋商和日本僧人

宋商這個群體，在宋日貿易中起到了主力軍的作用，不僅爲宋日兩國經濟發展做出了卓越貢獻，同時還爲兩國文化交流做出了巨大貢獻。由於宋商有自己的船和船隊，他們除了載貨還搭載乘客，宋日兩國的很多高僧都是坐他們的船來往於兩國之間，他們同舟相濟，結下深厚友誼。本節就兩國史書中所出現的宋商和日本僧人相交往的例子加以研究和探討。

一、鄭仁德和奝然

宋商鄭仁德是台州人，986 年首次出現在史料上，據《清涼寺緣起》五清涼寺の御本尊條記載：「我朝日本國に來給へる由來を委しく尋れば，……大宗（宋）雍熙三年丙戌，台州の鄭仁德かあきなひ（商い）船に便船して，奝然とともに，本朝に光降あり」〔註 76〕。乘坐鄭仁德商船的還有日本入宋僧奝然，奝然是在 982 年，獲日本朝廷允許來宋朝五臺山巡禮文殊聖蹟，學習宋朝文化的，「入唐歸朝法橋上人奝然奏狀稱，奝然爲遂宿願，去天元五年蒙允許宣，渡海入唐適參五（臺）山，巡禮文殊聖蹟，更觀大宋朝」〔註 77〕。

前面研究發現，誠尋和戒覺都是偷渡到宋朝的，主要是因爲他們沒有得到日本朝廷批准。「依恐府制，隱如盛橐臥舟底，敢不出〔註 78〕」。而奝然則是獲得天皇的許可「去天元五年蒙允許宣」，是奉旨去宋朝學習佛法的。據《續左丞抄》一里記載〔註 79〕：

　　左辨官下　山城國〔註 80〕

　　　應早任先宣旨，運進入唐歸朝奝然所齎（もたらす）來佛像一

〔註 76〕《清涼寺緣起》五清涼寺の御本尊，《太宰府天滿宮史料》卷 41964 年，第 171頁。
〔註 77〕《續左丞抄》太政官符大宰府，《太宰府天滿宮史料》卷 4，第 83 頁。
〔註 78〕《渡宋記》，《太宰府天滿宮史料》卷 5，第 361 頁。
〔註 79〕《續左丞抄》一，《太宰府天滿宮史料》卷 4，第 174 頁。
〔註 80〕山城國：今京都。

切經論事右，……得彼奝然今月十八日奏狀稱，去年八月二十五日官符，同年十月十五日到來大宰府，隨即府國遞送，……

寬和三年正月二十八日　○署名　略ス

四年後的公元 986 年，奝然乘坐宋商船回國，隨身攜帶大藏經五千四十八卷以及十六羅漢的繡像〔註81〕，據說當時奝然從宋帶回來的經書之多，需要雇許多車才能運走。「件佛像經論，其數巨多，可用人夫食車賃等料，雇進夫三百」〔註82〕。

兩年後，鄭仁德要從日本返回宋朝，奝然的弟子嘉因又奉旨隨鄭仁德的船去宋朝學習。《日本紀略》後篇九一條天皇條記載：「永延二年二月八日乙未，入唐歸朝僧奝然弟子嘉因，並唐朝禮（祚）乾等，奉大宋國」〔註83〕。奝然的弟子嘉因則是一位即精通佛法經典又知曉漢語的僧人，「今件嘉因，久住東大寺，苦學三論無相之宗教，同往西唐國，共受五部秘密之灌頂，非啻學顯學密之法，兼以解漢地之語，然則足爲譯語者也，望請天恩，下給宣旨於大宰府，隨鄭仁德等歸船，發遣大唐」〔註84〕。奝然在鄭仁德回宋朝之際，依依惜別「奝然附商船之離岸，期魏闕於生涯，望落日而西行，十萬里之波濤難盡，顧信風而東別，數千里之山嶽易過，妄以下根之卑，適詣中華之盛」〔註85〕。奝然的弟子嘉因隨船帶有獻給宋朝的貢品〔註86〕：

貢佛經，納青木函；琥珀、青紅白水晶、紅黑木槵子念珠各一連，並納螺細花形平函；毛籠一，納螺鈿二口；葛籠一，納法螺二口，染皮二十枚；金銀蒔繪筥一合，納髮鬘二頭，又一合，納參議正四位上藤佐理手書二卷、及進奉物數一卷、表狀一卷；又金銀蒔繪硯一筥一合，納金硯一、鹿毛筆、松煙墨、金銅水瓶、鐵刀；又金銀蒔繪扇筥一合，納檜扇二十枚、蝙蝠扇二枚；螺鈿梳函一對，其一納赤木梳二百七十，其一納龍骨十橛；螺鈿書案一、螺鈿書幾一；金銀蒔繪平筥一合，納白細布五匹；鹿皮籠一，納貂裘一領；螺鈿鞍轡一副，銅鐵鐙、紅絲鞦、泥障；倭畫屏風一雙；石流黃七百斤。

〔註81〕　《清涼寺緣起》五，《太宰府天滿宮史料》卷4，第171頁。
〔註82〕　《石清水文書》桐二ノ十三，《太宰府天滿宮史料》卷4，第171頁。
〔註83〕　《日本紀略》後篇九一條天皇，《太宰府天滿宮史料》卷4，第183頁。
〔註84〕　《續左丞抄》，《太宰府天滿宮史料》卷4，第183頁。
〔註85〕　《宋史》490外國7列傳250日本，中華書局，1977年。
〔註86〕　《宋史》491外國7列傳250日本，中華書局，1977年。

由此可見，宋商鄭仁德的商船除了經商，也常爲宋日兩國政府搭載官方乘客，這種想像在當時很普遍。

二、孫忠和仲回、誠尋

孫忠的商船曾經搭載日本通事僧仲回回日本，並帶來宋朝皇帝的禮物國書，這引起日本

朝廷的不安。具體內容已經在前幾張探討過，這裏就不再贅述了。另外，日本僧誠尋也是坐孫忠的船偷渡到日本的。

這簡單介紹一下誠尋：誠尋（1011～1081）是日本藤原時平的曾孫，七歲時入岩倉大雲寺學佛，後任該寺的主持。宋神宗熙寧五年，誠尋和弟子們前往中國，3月15日在肥前國松浦郡壁島出發，歷經10天於3月25日到達明州，後又去杭州。誠尋當時偷渡入宋的全過程都撰寫在他的《參天台五臺山記》裏〔註87〕：

……

十六日丙申，寅時，依有東風出船上帆，無幾有西風，船還著本泊了，卯時後夜經第一卷如意輪供，海邊男女頻來買賣，終日閉戶，極以難堪，午時日中經譬喻品如意輪供，申時文殊供，船頭杪劄等，以雞酒祭諸神，燒紙錢幡，讀祭文，其後酒宴五六日，度度雙六與宴。

十七日丁酉，天晴，卯時後經第三卷如意輪供，辰時邊人來集，閉戶絕聲，午時日中經四卷如意輪供，申時文殊供，戌時初夜經第五卷如意輪供，依無順風，猶在壁島。

十八日戊戌，天晴，依無順風不出船，七時行法如例修了，經六七八卷。

十九日己亥，天晴，寅時東北順風大吹，先乘壞出見埼，波體宜由來告，即以艫進船，卯時上帆，亂聲擊鼓出船，爰東風切扇，波濤高猛，心神迷惑，不修行法，心中念佛，隨波上下，船亦轉動，波打上壞，上人澀損，壞戴大船上，壞高五尺，海上至大船上六尺，敢不足言，予終日不食，聖秀、心賢、長明不覺醉臥，餘人頗宜，

〔註87〕《參天台山記》，《太宰府天滿宮史料》卷5，第286頁。

予倚懸大袋，終日竟夜辛苦，五箇年以不臥爲勤，今望此時，殆可退轉。

二十日庚子，天晴，飛帆馳船，雲濤遮眼，只見眇眇海，不見本國山島，午時比過高麗國耽羅山，予頗宜，小食了，三人重醉同昨日，唐人中二人醉臥，申時少雨下，入夜不晴，不見星宿，只任風馳船，不知方角，由唐人所申，終夜雨氣不散，只以非大雨爲悦，聞風浪聲，猶如鳴雷。

二十一日辛丑，風吹如故，雨氣不散，辰時髣髴見日觀，即知方角，知風不改，午時天晴，少有乾風，船人騷動，祈神卜之，艮風出來，予心中不動，念五臺山文殊並一萬菩薩天台石橋五百羅漢，念誦數萬遍，戌時始念不動尊呪一萬遍，丑時六千遍了，有吉夢，寅時一萬遍滿了，有好夢。

二十二日壬寅，天晴，艮風大吹，唐人爲悦，中心思之，萬遍呪力也，其由示杪剳了，林臯告云，昨日未時入唐海了，以繩結鉛入海底時，日本海五十尋，底有石砂，唐海三十尋，底無石有沼，右昨日量了者，住室内間，不見斤量者，林臯但馬〔註88〕唐人林養子也，予見四方，無山無際，三人猶醉臥，終日竟夜，飛帆馳船，數萬念誦，敢無間斷，今日濱崔二來船中，如巡禮記。

二十三日癸卯，雨下，艮風大吹，波浪高扇，午時天晴風至，海中留船，待順風吹，令人登桅，令見山島，悉稱不見，戌時得順風馳船，終夜飛帆，崔尚有。

二十四日甲辰，天晴，風吹如故，馳船不止，午時風止船留，令人登桅見山，戌時南島稱不見，風吹來，終夜向北馳船，人人竟夜歡息，崔猶在船。

二十五日乙巳，天晴，東北風吹，大悦進船，巳時以後，四方大翳，不辨東西，午時天晴，順風如故，未時始見蘇州石帆山，大嚴石也，無人家，船人大悦，丑時到蘇州大七山宿，從日本國至大唐蘇州三千里弘法大師云，海路間三千里到蘇州。

〔註88〕但馬：舊國名。今兵庫縣的北部。但州：（但馬牛）。

誠尋對宋代的飲茶發生了濃厚興趣，並在《參天台山記》中記錄下了所見的中國茶道，4 月 6 日誠尋到衙門去申請天台山參詣時，看見走廊上有點茶，這是他第一次看到與唐代煮茶法不同的宋代點茶法。5 月 13 日誠尋親自到天台山國清寺，十多人來迎接他並和他一起喝茶。18 日，誠尋登上天台山最高峰看見苦竹蒼鬱，茶樹成林。此後數日都有諸寺院僧人與誠尋一起點茶。當誠尋去拜見智顗大師真身時，流露出想在國清寺深究佛理的想法，地方官將此事上報朝廷，「州以聞，詔使赴闕，……神宗以其遠人而有戒業，處之開寶寺，盡賜同來僧紫方袍」〔註89〕。10 月 15 日，誠尋在開封延和殿拜見宋神宗，神宗問其日本需要中國什麼物品，誠尋對答中有「茶碗」一項。此後，誠尋常來往於開封與天台，行止都有飲茶、送茶事記載。熙寧六年元月十三日，神宗遣使賜物，「蒙中使賜到上元節茶果下湯，誠尋茶二斤，果子十楪」，誠尋拜謝之。1081 年誠尋在開寶寺圓寂，由於是偷渡入宋，一生未能再回日本。

後來誠尋弟子回到日本，帶去了宋朝皇帝的國書和禮物，可是並沒有得到日本積極的回應，時隔四年才勉強回覆國書。雖其弟子後來都返歸日本，但無一人聲名卓著，所習宋代點茶法也因之寂寂無聞，否則宋代點茶法就會早於榮西一個世紀傳到日本〔註90〕。

三、劉琨和戒覺

劉坤父子出現在史書上是在 1081 年 10 月 18 日，宋神宗派的第三名國使黃政（王瑞垂）再次攜帶國書專門查詢孫忠的下落，同時黃政還有另一項使命，就是讓日本政府把滯留在日本的宋商劉琨遣返回國，「有本朝商人劉琨父子□□說事端勘（欺），或本國致遷延，久不爲發遣，須至公文，日本國，候牒到請狀，捉逐人國客商舟船，穿送赴州，依憑依法斷」〔註91〕。

宋《市舶法》有規定：「自給公憑日爲始，若在五月內回舶，與優饒抽稅。如滿一年內不在饒稅之限。滿一年以上，許從本司根究責罰執行」〔註92〕。但是值得注意的是，劉坤並沒有超過市舶司規定的年限，他是在 1081 年 2 月到的日本，據《帥記》記載：「承曆五年二月二十八日乙酉，……今

〔註89〕 《宋史》卷 49 外國傳.日本，中華書局，1977 年。
〔註90〕 村井康彥：《日本文化小史》，《日本》，東京，1979 年。
〔註91〕 《渡宋記》，《太宰府天滿宮史料》卷 5，第 361 頁。
〔註92〕 徐松輯：《宋會要輯稿》職官 44～27、28，中華書局，1957 年。

日有陣頭定，申刻參內，……秉燭以後，被披文書，……大宋國商客劉琨參朝事」〔註93〕。

劉坤父子奉命被遣返，從博多津正要啓程回國時，遇到了延曆寺僧戒覺。戒覺師弟三人沒有奝然那麼幸運，不是奉旨出使大宋，只能「依恐府制，隱如盛橐臥舟底，敢不出，嗟有大小便利之障，仍不用飲食，身怱怱如經三箇年，無附驥尾，就中商人由來以利爲先，然予全無備物之儲，只有祈念苦，今邂逅遂本意，豈非文殊感應乎」〔註94〕。經過十八個晝夜，船到達了明州，戒覺由於是偷渡過來，所以只能「自府騎馬三匹被送，即駕入吉祥院，寄宿僧房，有府供養，每日錢百文」，並且爲了表明自己的身份，戒覺上表知府以表達自己捨身求法決心，表文中的「日本國天台山延曆寺僧傳燈大法師位戒覺言」表明了自己的身份以及所屬，以期得到登陸許可。此後戒覺也沒能再回自己的故鄉〔註95〕。

劉坤父子兩位宋商就這樣陰錯陽差和戒覺相遇，並帶他到了明州，完成了戒覺的畢生心願。

四、李德昭、楊三綱和榮西

李德昭是榮西在第一次（1169 年 2 月）到宋朝之前遇到的宋朝翻譯，據說榮西曾向他學習兩個月的漢語。而楊三綱則是位宋商綱首，榮西第二次從宋朝回國時就是乘坐他的船。

榮西是日本佛教臨濟宗創始人，俗姓賀陽，號明庵。備中國（今岡山縣）吉備郡人。幼年從父學佛，14 歲在本郡安養寺從靜心落髮，旋登比叡山受大乘戒。19 歲於比叡山就有辯學天台教義，又到伯耆（今島取）的大山從基好學密教。後又在比叡山精讀藏經。1168 年到中國求法，先到明州訪廣慧寺，繼往天台山巡禮聖蹟，得天台章疏等 30 餘部回國。1187 年再次入宋，原擬去天竺巡禮佛蹟，未獲當地知府許可，即上天台山謁萬年寺虛庵懷敞，後隨虛庵至寧波天童寺，繼承臨濟正宗的法脈。在天台山時曾捨衣缽之資，修繕智者大師塔院，到天童寺又讚助重修千佛閣工程，1191 年回國。1196 年在博多

〔註93〕 《帥記》，《太宰府天滿宮史料》卷5，第354頁。
〔註94〕 《渡宋記》，《太宰府天滿宮史料》卷5，第356頁。
〔註95〕 《渡宋記》表文已在第五章第二節已引，《太宰府天滿宮史料》卷5，第361頁。

建聖福寺，弘揚臨濟禪風，為日本禪寺之始。1202 年鎌倉幕府將軍源賴家於京都創建仁寺，並請榮西為開山，遭到南都和北嶺諸宗反對，乃作《興禪護國論》3 卷駁斥諸宗的謗難，名聲大振。翌年，建仁寺設立真言院和止觀院作為傳播天台、真言、禪三宗的基地。後應將軍源實朝之請至鎌倉創壽福寺，初傳禪宗於關東。他融合天台、真言、禪三宗開創日本臨濟宗。著有《喫茶養生記》、《出家大綱》〔註 96〕等書。

榮西二十七歲時，在耆州大山勤修一夏，偶然有得唐本法華經，則自以為渡海之祥，遂告父母而赴築州，會遇宋國通事李德昭者於博多津，聞彼地禪宗之盛，發佈有思，時二十八歲，從此改變了他的人生軌跡，在遇到李德昭的兩個月後，乘船去明州求法。《興禪護國論》中第五十三條：「榮西予日本仁安三年戊子春有渡海之志，到鎮西博多津，二月遇兩朝李德昭，聞傳言有禪宗弘宋朝云云，四月渡海到大宋明州」〔註 97〕。

1190 年，榮西在天台山取道邃法師所栽之菩提樹枝，交付商船運回日本，植於築前國香椎神祠。當時榮西說：「我國未有此樹，先移植一株於本土，以驗我傳法中興之效，若樹枯槁，則吾道不行」。1195 年春分，將菩提樹分種於東大寺，1204 年元久元年再取分枝種於建仁寺，兩處皆繁茂垂蔭，迄今依然。《元亨釋書》二傳智一之二條記載了當時的情況〔註 98〕：

> 建仁寺榮西紹熙二年秋辭菴，……西趨出到奉國軍今改慶元府，乘楊三綱船，著平戶島〔註 99〕茸浦，本朝建久二年辛亥也，……建久三年，於香椎神宮側，構建久報恩寺，始行菩薩大戒布薩，六年創聖福寺於築之博多，此春，分天台山菩提樹，栽東大寺，初西在臺嶺，取道邃法師所栽菩提樹枝，付商船種築紫香椎神祠，建久元年也，西以謂，吾邦未有此樹，先移一枝於本土，以驗我法中興之效，若樹枝枯槁，吾道不作，蓋菩提樹者，如來成道之靈木也。

這些菩提樹見證了中日兩國的歷史，而宋商和日本僧侶是推動中日歷史發展的車輪。

〔註 96〕《中國大百科全書（摘錄）》。
〔註 97〕《興禪護國論》中第五十三，《太宰府天滿宮史料》卷 7，第 62 頁。
〔註 98〕《元亨釋書》二傳智一之二，《太宰府天滿宮史料》卷 7，第 224 頁。
〔註 99〕平戶島：長崎縣西北部，面對北松浦半島的島。

五、莊次郎、蘇張六和俊芿

　　莊次郎、蘇張六兩位是來往於宋日之間的宋商，俊芿則是著名的日本入宋僧人。這兩位宋商的名字因爲俊芿的緣由緊緊地聯繫一起。

　　1199 年日僧俊芿遂率安秀、長賀二弟，從博多津出發乘坐宋商莊次郎的商船到達宋朝江陰軍。據《泉湧寺不可棄法師傳》記載：「建久十年四月二十七日改元正治〔註100〕己未四月十八日，遂率安秀、長賀二弟，附莊次郎商舶，解纜出博多津，同五月初，著宋朝江陰軍，下帆放碇，時也大宋慶元五年也」〔註101〕。

　　俊芿，出生在肥後國（今熊本縣），18 歲出家，大宰府觀音寺受具足戒。痛感戒律重要性，於 1199 年渡宋，分別在徑山、四明山、北峰學習禪、律宗和天台宗。

　　12 年後的 1212 年，俊芿乘坐蘇張六的商船後回國，成爲京都泉湧寺開山之祖。據《泉湧寺不可棄法師傳》〔註102〕記載：

　　　　嘉定四年辛未春二月，復到四明，乘蘇張六船，張帆掛百丈，放洋淩萬波，而於洋半暴風乍來，洪濤洶湧，綱首諸人，周章最甚，時法師端坐舟笭，祈念曰，我赴異境，聽學佛法，非名非利，喂爲挑慧燈導蒙瞽也，遁四明去歲之難，遭洋中今日之害，仰願空中諸天海底龍神，還念護法本誓，我身及諸像教，安穩令得著岸，言下星降，檣上照居，眾人相悅，平穩今扶，法師出而見之，大如車輪，光明赫奕，此瑞現後，風息波靜，同月二十八日，離於明州經五日後，著長門〔註103〕國安武郡岸，經五日後，三月三日到博多津，聞訊緇素，竹木匪喻，此則日本建曆改元辛未，法師享齡四十六矣。

他一生主要致力於宣揚律學，在日本佛教中作爲「北京律」之開祖，得到極高的評價。被封爲「大興正法國師」也稱：「月輪大師」。他有感於鎌倉佛教律學的衰微，於慶元五年入宋求法，時年三十四歲，在宋十二年，有後人贊曰〔註104〕：

〔註100〕正治：鎌倉前期，土御門天皇年號（1199 年 4 月 27 日～1201 年 2 月 13 日）。
〔註101〕《泉湧寺不可棄法師傳》，《太宰府天滿宮史料》卷 7，第 261 頁。
〔註102〕《泉湧寺不可棄法師傳》，《太宰府天滿宮史料》卷 7，第 301 頁。
〔註103〕長門：今山口縣西北部。
〔註104〕《泉湧寺不可棄法師傳》，《太宰府天滿宮史料》卷 7，第 261 頁。

稽首天人大導師　　家住海東大宰府
秋中片月爲肺肝　　雪後諸峰作眉宇
來登一萬里慈航　　歸降七十州法雨
斯何人也斯何人　　日本傳律第一祖

六、謝國明和圓爾

　　圓爾辯圓（1202～1280）俗姓平日本駿河（今靜岡縣）人，日本臨濟宗著名禪僧、京都東福寺開山祖師。曾於嘉禎元年入宋求法，回國後對日本佛教及文化作出了卓越的貢獻，在日本佛教發展史上留下了輝煌的一頁。圓爾辯圓就是南宋時期到中國求法的日僧之一，他於嘉禎元年入宋求法，在中國江浙一帶遍參名師，最後入杭州徑山寺參臨濟宗楊岐派高僧無準師範（1178～1249），終得印可，嗣其禪法。

　　圓爾辯圓在宋六年，於宋淳祐元年回國，之後在日本佛教界一直都非常活躍，不僅歷任日本當時各大名川大刹的住持，還贏得了朝野當權者、公卿貴族、廣大僧俗的擁護和信賴，紛紛皈依其門下。圓爾辯圓及其弟子們以東福寺爲中心，首先，將臨濟宗楊岐派傳入日本並加以倡導，成爲日本臨濟宗楊岐派的始祖，繼榮西之後促進了臨濟宗在日本的確立。除了傳禪之外，圓爾辯圓還被稱爲「日本宋學傳入的第一人」，在日本積極傳播宋學。他將宋朝的茶及茶禮、詩文、書法、繪畫、寺院建築、碾茶、麵粉和麵條的製作方法等帶到日本。他對宋文化在日本的傳播與發展起到了不可估量的作用，使得宋代先進燦爛的思想文化成爲後世日本思想文化的重要源泉之一，爲後世日本五山文學的創立奠定了基礎。圓爾辯圓對日本佛教及文化有著舉足輕重的影響與貢獻，因此，他在日本禪宗發展史乃至佛教、文化史上都有著重要的地位。

　　圓爾在去宋求法之前曾先來到博多的圓覺寺，因遭智山寺的加害，是謝國明請他搬到自己櫛田的家里居住。「釋氏圓爾爲求法渡宋，先來而憩博德圓覺寺矣，茲西府有智山寺之僧義學臺宗以惡禪宗，擬加害，博德綱首謝國明，請圓爾而衛櫛田之家」。

　　在中日經濟文化的長河中，宋商們在兩國沒有邦交的情況下，自然而然地肩負起了兩國的文化使者，彷彿在海上架起了一座橋梁，又好像是鋪就了一條海上絲綢之路。

以上這幾位宋商僅僅是史書上有記載的，只是宋商群體的滄海一粟，對宋商的海上經略活動只能管中窺豹，霧裏看花。

第十一節　宋商與中華文明圈的構建

宋商們輾轉於波濤洶湧的東海之間，不畏艱難、奮勇向前，他們的商船不僅向日本輸出了日本人喜歡的「唐貨」，還帶去了大量的中華經典和佛教經典。宋商們不僅促進了宋日兩國的貿易，而且宋商們還爲傳播中華文化和中國文明作出了不可估量的貢獻。

據《宋史》記載〔註105〕：宋雍熙元年，日本僧奝然，與其徒五六人浮海而至，奉職貢，並獻銅器十餘事。奝然善隸書，不通華言。問其風土，但書以對，云其國中有五經書及佛經、《白居易集》七十卷」，說明中國經典在日本已經深受人心。而當奝然於雍熙三年乘坐宋商鄭仁德的商船回國時，他帶回了「大藏經五千四十八卷」以及及「十六羅漢繪像」。據日本史料《清涼寺緣起》記載〔註106〕：

> 清涼寺の御本尊，我朝日本國に來給へる由來を委しく尋れ
> ば，……大宗（宋）雍熙三年丙戌，台州の鄭仁德かあきなひ（商
> い）船に便船して，奝然とともに，本朝に光降あり，六十五代花
> 山院永觀（寬和）二年丙戌七月九日，帰朝の旨奏聞す，大藏經五
> 千四十八卷，及十六羅漢の繪像，同時にわたる所なり。

又據日本史料《御堂關白記》記載〔註107〕：「寬弘三年十月二十日乙丑，參內，著左仗座，唐人令文所及蘇木、茶埦等持來，五臣注文選、文集等持來」，報告說曾令文商船除了帶來「蘇木、茶碗」等貨物之外，還有「五臣注文選、文集」等書籍。可見宋商帶到日本的並不都是貨物還有很多中華經典書籍。

公元1013年日僧寂照託宋商周文裔捎來家書，同時又捎給日本關白兼太政大臣藤原道長「天竺觀音一副、大僚作文一卷」，這件事被收錄在日本史料《御堂關白記》裏〔註108〕：

〔註105〕《宋史》四百九十一列傳二百五十外國七日本國。
〔註106〕《清涼寺緣起》五，《太宰府天滿宮史料》卷4，第171頁。
〔註107〕《御堂關白記》，《太宰府天滿宮史料》卷4，第375頁。
〔註108〕《御堂關白記》，《太宰府天滿宮史料》卷4，第401頁。

> 寬弘九年九月二日丁卯，……從大貳（平親信）許有唐人文（周）
> 文裔來著消息，參大內，候宿，奏唐人來之由。二十一日丙戌，候
> 內間，理（平）義朝臣大貳消息持來，唐人來著解文，又送家書一
> 封，披見，入唐寂照消息書，並所送天竺觀音一副、大像作文一卷
> 也，以解文即返理義，送左大辨（藤原道長）許。

1014 年寂照的弟子入唐僧念救返回日本時曾經攜帶天台（國清寺）送給延曆寺的禮物，「天台大師（智顯）形、存生時的袈裟、如意、舍利壺等牒等，又獻寂照、元澄書，又天台僧二人、在太宰唐人書」〔註109〕，「志團扇一枚，笛竹一、老子道德經二貼」〔註110〕。

1024 年宋商劉文沖曾獻給日本左大臣藤原賴長《東坡先生指掌圖》二帖、《五代記》十帖、《唐書》九帖〔註111〕。1075 年日本承保二年日僧誠尋弟子乘宋船回國來回了很多經書，據日本史料《水左記》記載〔註112〕：「承保二年十月二十六日，霽，未刻許右大殿（源師房）令參內給，予御供參入，今日陣定，人宋國皇帝付誠尋阿闍梨弟子等歸朝，被獻經論錦等，可納否事，右大殿令奉行件事給，公卿著陣座，定申可被納之由，具旨在定文」。

1032 年 3 月 10 日，周良史向棲霞寺，拜文殊像，9 月 18 日「早旦詣棲霞寺詣棲霞寺奉拜自唐食品（良史）所送文殊並十六羅漢繪像」〔註113〕

宋商船不僅從宋朝帶去中華經典和佛經，而且日本僧人也會通過宋商向宋朝傳遞佛教書籍，促進了兩國佛學文化的交流。986 年日僧源信委託宋商周文德向天台山國清寺贈送他和他師傅良源的著作《日本往生傳》和《觀音贊》，據《太宰府天滿宮史料》記載〔註114〕：「寬和二年正月十五日癸未，僧源信，博多に至り，宋商周文德に託し，自著往生要集及び師良源の觀音贊，慶滋保胤の十六相贊、日本往生傳、源爲憲法華經賦を宋に送る」。源信還寫給鄭文德一封信表達了他一心求法向佛的決心，源信的信是這樣寫的〔註115〕：

〔註109〕《小右記》，《太宰府天滿宮史料》卷 4，第 410 頁。
〔註110〕《小右記》，《太宰府天滿宮史料》卷 4，第 410 頁。
〔註111〕《古今著聞集》記載：「仁平のころ、宋朝商客劉文沖，東坡先生指掌圖二賬・五代記十帳・唐書九帳，名籍をそへて宇治左府（藤原賴長）に奉りたりける」。《太宰府天滿宮史料》卷 5，第 48 頁。
〔註112〕《水右記》，《太宰府天滿宮史料》卷 5，第 322 頁。
〔註113〕《小右記》，《太宰府天滿宮史料》卷 5，第 61 頁。
〔註114〕《往生要集》卷下卷末遣唐消息，《太宰府天滿宮史料》卷 4，第 169 頁。
〔註115〕《往生要集》卷下卷末遣唐消息，《太宰府天滿宮史料》卷 4，第 169 頁。

佛子源信，暫離本山頭陀於西海道諸州名嶽靈窟，適適遠客著岸（博多）之日，不圖會面，是宿因也，然猶方語未通，皈朝各促，更封手翰，述以心懷，側聞，法公之本朝三寶興隆，其隨喜矣，我國東流之數，佛日再中當今，刻念極樂界，皈依法華經者熾盛焉，佛子是念極樂其一也，以本習深故，著往生要集三卷，備於觀念，夫一天之下一法之中，皆四部眾〔註116〕，何親何疎，故以此文敢附皈帆，抑在本朝猶漸其拙，況於他鄉乎，然而本發一願，縱有誹謗者，縱有讚歎者，併結共我往生極樂之緣焉，又先師故慈惠大僧正諱良源作觀音贊，著作郎慶保胤作十六相贊及日本往生傳，前進士為（源）憲做法華經賦，同亦贈欲令知異域之有此志，嗟乎一生苒苒，兩岸蒼蒼，後會如何，泣血而已，不宣，以狀。

寬和二年

正月十五日　天台楞嚴院（源信）某申狀

在這之後的 988 年，源信也同樣託宋商朱仁聰在歸國時把自己的《往生要集》帶到宋朝傳播〔註117〕。另外，990 年 9 月，宋商楊仁紹到達日本後，轉交給僧源信一封來自婺州雲黃山一位僧人行邇的回信，信中說已經收到源信的《往生要集》，信上寫有「大宋國雲黃山僧行邇送經教於天台源信」字樣。據《元亨釋書》《正元古寫源信僧都》記載〔註118〕：「一條天皇正曆元年條，是歲宋商楊仁紹が來朝した，宋婺州雲黃山邇が往生要集を預つたといふ返書を源信に贈つているが，この書狀は楊仁紹のもらしたものであらう。日本紀略正曆二年九月に「大宋國雲黃山僧行邇送經教於天台源信」とあるのは，その書狀の京師に屆いたのを記載したものであらう」。

另外在 992 年 3 月 17 日，源信又託宋商楊仁紹，把他的著作《因明論疏四相違略注釋》贈與宋朝雲黃山的僧人行邇，而且又抄寫了一部，希望行邇能把它贈與長安慈恩寺弘道大師門下，請求各位指正，據《因明論疏相違略注釋》記載〔註119〕：

〔註116〕四部眾：天台宗按佛的說法分類：「發願眾、當機眾、影響眾、結緣眾」總稱。
〔註117〕《正元古寫源信僧都傳》，轉注木宮泰彥：《日華文化交流史》，第二章「北宋との通交」，第 255 頁，參見第七章第六節。
〔註118〕木宮泰彥：《日華文化交流史》東京，富山房 1987 年第二章「北宋との通交」，第 255 頁。
〔註119〕《因明論疏相違略注釋》，轉注木宮泰彥：《日華文化交流史》東京，富山房 1987 年第二章「北宋との通交」，第 256 頁。

　　一條天皇正曆三年三月十七日僧源信は著因明論疏四相違略注
釋を宋商楊仁紹に託して，宋雲黃山の僧行迅に贈り，また更に一
本を寫して行迅の手を經て、長安慈恩寺弘道大師門下の人々に贈
り，是非を決釋して示教を垂れんことを請うた。
995 年宋僧源清委託宋商朱仁聰贈送給比叡山經書法華示珠指等七卷，作爲交
換希望能得到智者大師的著作仁王般若經疏等經書〔註 120〕。由此可見宋日文
化交流的載體是這些往返於兩國之間的宋商。不僅如此，宋商還通過朝鮮半
島向日本傳播中華文明和佛教經典。1120 年宋商莊永、蘇景從高麗攜帶佛經
經典百餘卷。在到日本的途中遇到了海盜，爲了保護佛經蘇景等宋商跳入海
中，《弘贊法華傳》就有過詳細的描述〔註 121〕。
　　宋商不僅爲宋日兩國貿易的交往做出了不可磨滅的貢獻，開闢了一條海
上貿易之路，一條東方海上絲綢之路；還爲兩國政治接觸和交往發揮了巨大
作用，爲兩國攜帶國書甚至爲高麗國攜帶國書。宋商們還爲中華文明和中華
思想的傳播做出了卓越的貢獻，他們是中華文明的移動載體，是中華文明圈
的建設者和實踐者。

〔註 120〕參見本章第六節。
〔註 121〕《水右記》，《太宰府天滿宮史料》卷 6，第 295 頁。

第八章　史料中的幾處疑點

　　筆者在查閱史料和探討「在日宋商」不同時期的情況時，常常發現不同的史料，即使在記載同一個歷史事件時，也會出現時間和人物名字的差異，因此就產生了一些疑惑。而造成這樣的原因恐怕是由於歷史久遠，或許是翻譯有誤造成的，也可能是有意而爲之。因此，本章想就中日史料裏出現的這些疑點、疑惑加以分析和考證。

疑點一：宋日貿易中宋商易名探析

　　孫忠的名字在日本史料出現的最多，涉及到歷史事件也最多。他曾作爲國使攜帶國書和日本通事僧一起去日本[註1]；他的船還曾偷渡過日本著名僧人誠尋來宋朝[註2]；還曾經多次狀告大宰府的前大貳藤原經平[註3]；也曾多次不顧延喜「年紀制」禁令去日本經商，慘遭遣送[註4]。不過他的名字在史料裏曾多次出現不同的表記。

　　例如：《太宰府大滿宮史料》卷5中《帥記》治曆四年十月二十三日條裏記載：「僕端笏申云，件商客參來者，延喜之比被定年紀[註5]之後，或守彼年紀被從迴卻，或憂其參來，被聽安置，抑件孫吉年紀相違，頻企參來，尤

〔註 1〕　《宋史》491 外國 7 列傳 250 日本國。
〔註 2〕　《續本朝往生傳》，《太宰府天滿宮史料》卷 5，第 289 頁。
〔註 3〕　《帥記》，《太宰府天滿宮史料》卷 5，第 345 頁。
〔註 4〕　《帥記》治曆四年條，《太宰府天滿宮史料》卷 5，第 221 頁。
〔註 5〕　延喜：平安前期，醍醐天皇年號。（901 年 7 月 15 日～923 年閏 4 月 11 日）
　　　　　開始有了年限的限制。

尤被放卻了」。這裏出現的宋商名字是「孫吉」。在接下來的記載裏依然還是「孫吉」的名字,「同商客懷清、王宗所進公憑一船之中也,有二通,存問之間,雖有所陳,其旨不愃,疑殆尚多,仍尤奉之被迴卻,至於待海安條,可同孫□(吉)」。但是收錄了《帥記》史料的《太宰府天滿宮史料》卷5第221頁的標題卻換成了:「十月二十三日,壬戌,陣定,大宰府の言上せる宋商孫忠、懷清等のことを議す」這一標題,這裏宋商孫吉的名字則寫成了「孫忠」。同一事件、同一個人在同一份史料裏卻出現不同的名字,這在日本史料裏是比較常見的事情,不過值得一提的是:文中在「孫」字的旁邊劃了了一個「□」,表記爲「孫□(吉)」,這說明《太宰府天滿宮史料》在收錄時也有所猶豫。甚至孫忠的名字還變成了孫文忠,承保二年孫忠作爲宋國的方物使來日貢禮,《水左記》寫道〔註6〕:「承保二年三年六月二日,未時右大臣殿御供參內,大宋國方物使等悟本與孫文忠告對問之由」。

那麼到底孫忠和孫吉或者孫文忠是一個人還是兩個人?

對於有關孫忠攜帶國牒搭載日本僧仲回回國一事,《宋史》是這樣記載的:「元豐元年,使通事僧仲回來,賜號慕化懷德大師。明州又言得其國太宰府牒,因使人孫忠還,遣仲回等貢絁二百匹、水銀五千兩,以孫忠乃海商,而貢禮與諸國異,請自移牒報,而答其物直,付仲回東歸,從之」〔註7〕,這裏出現的名字是「孫忠」。不過日本史料《善鄰國寶記》鳥羽天皇條卻是這樣記載這件事的:「元豐元年、承曆二年,宋人孫吉所獻之蝶日,賜日本國太宰府令藤原經平」〔註8〕,此處出現的獻國牒之人的名字是「孫吉」,由此可以斷定「孫吉」或「孫忠」應該是同一個人。

在太宰府史料《太宰府天滿宮史料》卷5《扶桑略記》三十中記載〔註9〕:

承曆四年閏八月三十日,大宋國商人孫吉忠賫明州牒,參著越前國敦賀津,先是去八月著大宰府岸,隨則府司言上,不待報文,吉忠小舟飛帆參入也,仍今日差遣官使所召件牒也。

九月九日戊戌,宋朝牒書到來,奏聞。

值得注意的是,這裏兩次出現了有關孫忠的名字:「大宋國商人孫吉忠賫明州

〔註6〕 《水左記》,《太宰府天滿宮史料》卷5,第323頁。
〔註7〕 《宋史》491 外國 7 列傳 250 日本國。
〔註8〕 田中健夫:《善鄰國寶記新訂續善鄰國寶記》,第70頁。
〔註9〕 《扶桑略記》三十白河天皇記載。《太宰府天滿宮史料》卷5,第332頁。

牒」和「吉忠小舟」，看來《扶桑略記》乾脆就把孫吉和孫忠表記成「孫吉忠」了。那麼「孫吉忠」到底是一個人還是兩個人？因爲以前史書上表述的不一致，就索性寫成「孫吉忠」了，看來史官們也就此認定不管是「孫吉」還是「孫忠」就是同一個人。

　　日本史書《善鄰國寶記》鳥羽天皇條裏記載：「元豐三年，宋人孫忠所獻牒曰，大宋國明州牒日本國」〔註10〕，這裏的獻牒之人只是出現「孫忠」這個名字。而且從日本元豐三年（1080）以後，日本的史料裏就只出現「孫忠」這個名字，沒有再出現「孫吉」這個名字的人了。那麼爲什麼會出現這種一個人名會有兩種表記呢？或許是宋商在經商過程中，日本人把「孫忠」聽成了「孫吉」了？因爲中國史書《宋史》裏記載的就只是「孫忠」這個名字，出現這種現象是否還會有其它別的原因呢？

　　我們在研讀史料的時候，常常會看到一個船員會有兩個名字的現象。例如：1081年10月18日，宋朝再次派國使黃政攜帶國書詢問孫忠的下落。值得關注的是，「黃政」這個名字只是這位國使他以前的名字，作爲國使時他使用的名字則是「王瑞垂」。「王瑞垂」這個名字是他半年前才改的。《水左記》永保元年條中有相關的記載〔註11〕：

　　　　……二十五日戊寅，……午時許著束帶〔註12〕參內，令藏人伊
　　　家奏事由，此間人人參入，著陣座，有定事，太宰府解四通，一通
　　　一箇條，以，今年春□卻宋人黃政，改姓名稱王瑞垂，□彼朝明州
　　　牒書孫忠水手黃逢□來，副明州牒一封，公文案一通，人徒交注文
　　　一通，同孫忠春分遣水手存問記三通。

這裏赫然出現「宋人黃政，改姓名稱王瑞垂」，作爲一位堂堂的國使，在半年前隨意改換自己的名字，這實在令人匪夷所思。不過我們已經瞭解到，由於宋朝和日本沒有外交關係，日本時常對宋朝懷有戒心。因此宋朝皇帝尤其是神宗，會讓宋商替他傳遞國書或者送些禮物給日本朝廷，一是爲了拉近與日本的距離，二是擔心派正式的國使日本方面會起疑心，所以宋朝的國使基本上都是由宋商人客串擔當的。孫忠雖然只是一位商人不是官員，但他卻兼職充當政府的「國使」，他的商船也常常替政府辦事。更有甚

〔註10〕　田中健夫：《善鄰國寶記新訂續善鄰國寶記》，第70頁。
〔註11〕　《水右記》，《太宰府天滿宮史料》卷5，第235頁。
〔註12〕　束帶：帶有大帶子的禮服。平安時代的朝服名字。

者，宋朝派去的第一次催孫忠回國的國使黃逢，以前竟然是位船上的水手，「彼朝明州牒書孫忠水手黃逢□來，副明州牒一封，公文案一通，人徒交注文一通，同孫忠春分遣水手存問記三通」〔註13〕。也就是說，宋神宗在1078年、1080年和1081年三年裏連續派去日本的三位國使都是由宋商客串擔當的。如此看來，如果作爲一名商人既使變更一下自己的名字也就不太稀奇了。

那麼宋商們爲什麼要變換名字呢？在《日本略記》記載：「今日大宰大監藤原藏規進鷲二翼、孔雀一翼。閏六月二十五日癸卯，大宋國商客周文德（裔）所獻孔雀，天覽之後，於左大臣（藤原道長）小南第作其巢養之」〔註14〕，這裏面就把沒有把宋商周文德的具體名字弄清楚，而是寫成「周文德（裔）」。而在另一份史料《扶桑略記》二十八三條天皇條裏卻寫著「長和四年六月二十五日，大宋國商客周文裔所獻孔雀，天覽之後，於右大臣小南第，生卵十一，但未化雛云云」〔註15〕。另外《太宰府天滿宮史料》卷4裏的420頁的標題也寫成：「二月十二日癸亥，大宰大監藤原藏規，宋商周文裔の贈る孔雀等を上る」。

這又是一件同一個人做的事被標記爲兩個人的名字的案例。究竟是「周文德」，還是「周文裔」？同一隻孔雀是由一個人還是兩個人獻的？「周文德」和「周文裔」，難道是日本人聽成了不同的發音了？也可能是宋商把自己的名字給更改了。

值得一提的是，「周文德」和「周文裔」這兩個名字倒是分別在史書上多次出現過。

首先，「周文德」這個名字史書上出現過兩次，一次是在公元986年，日本僧人源信想讓周文德把他寫的《往生要集》和他師傅良源寫的《觀音贊》獻給五臺山，由於周文德不懂日語，就寫了封回信讓大宰府的貫首豐島人才轉交給源信。另一次出現是在990年，高麗國王委託宋商周文德和楊仁紹作爲使者向日本攝津國騰尾寺獻寶物，其實當時周文德還有另一項秘密任務，就是替高麗國王到日本求名醫治療高麗王后的白髮，「日本國一山出光，照披

〔註13〕《水左記》，《太宰府天滿宮史料》卷5，第356頁。
〔註14〕《日本略記》後篇十二三條天皇長和四年二月十二日癸亥條。《太宰府天滿宮史料》卷4，第420頁。
〔註15〕《扶桑略記》二十八三條天皇，《太宰府天滿宮史料》卷4，第421頁。

庭，夢覺，後發紺碧過始，以是寄我等二人，以闍迦器、金鼓、金鐘等什物，遙獻彼像，不知勝尾寺爲何處，大宰府使者送到寺云」〔註16〕。

高麗王后做夢夢到能治她白髮的名醫在日本，所以國王就派台州人宋商周文德和楊仁紹到日本尋訪名醫。由此還可以看出宋商們在經商之餘，不僅客串宋日兩國的國使而且還充當過高麗國的國使出使到第三國日本，這說明宋商在東亞海上貿易開展的十分廣泛、影響力很大，他們以商爲主兼職別樣，深入民間遊走高層。

其次，「周文裔」這個名字除了這次還出現過三次。第一次是在公元1013年，大宰府的大貳平親信向朝廷報告周文裔捎來了入宋僧寂照的家書以及給左人辨藤原道長獻禮品（天竺觀音和大遼國作文），不過周文裔這次卻有違反日本「年紀制」的嫌疑〔註17〕。

第二次是在1028年的8月，大宰府向朝廷稟報，在宋商綱首陳文祐的船上，有位副綱首章仁昶者，「先度綱首周文裔之副綱首章承輔之二男也，而父承輔老邁殊甚，起居不合，無心歸唐，去年所罷留也，母又日本高年之老嫗，夫婦共以老衰，仍爲相見其存亡，總依歸參」〔註18〕，他的母親爲日本人因念父母年邁想留在日本。第三次出現也是在1028年，講的是周文裔託築前國的高田牧司妙忠朝臣爲使向右大臣藤原實資送信以及禮物，希望能對自己的貨物網開一面，《小右記》有詳細地記載〔註19〕：

> 長元元年十一月二十三日癸丑條，二十九日己未，……參內，……左中辨傳下一夜定文，傳仰云，大宋國商客文裔等，定申可迴卻之由，若可返給貨物歟，延喜間近代定雖有迴卻，宮不被返貨物，此間可定申者，……諸卿申云，……文裔等迴卻之事，定申先了，但返給貨物之事，事事可然，唯上古近代雖有迴卻之定，猶不返給貨物，假令雖返給，府禁來（未）不嚴歟，即以左中辨令奏，亦返進定文，仰云，文裔等定聞食。

> 二年三月二日辛酉，……薩摩守文任，付使腳進十四、蘇芳十斤、花三貼、革十枚，又小女志粉紙十貼、茶垸、唐硯一面。香椎

〔註16〕《元亨釋書》二十八寺像六，《太宰府天滿宮史料》卷4，第191頁。
〔註17〕《御堂關白記》寬弘九年九月二日丁卯條，《太宰府天滿宮史料》卷4，第401頁。
〔註18〕《小右記》萬壽四年條，《太宰府天滿宮史料》卷5，第61頁。
〔註19〕《小右記》萬壽四年條，《太宰府天滿宮史料》卷5，第61頁。

宮司武進紫金膏二兩、可梨勒三十果、檳榔子十五果，高田牧司妙
忠朝臣進雜物次，進蘇芳十斤、雄黃二兩、紫金膏二兩、綠青大四
十八兩、金漆升、

　　附牧司妙忠使，大宋國台州商客周文裔送書函之上，注云，進
上右相府大將殿下，宋人周文裔謹封，開函見之，有二封，一封書
上注進上太政官，大宋國商客周文裔表謹封者，仍不開見，今一封
似送小臣，仍開見，其書云。

信中表達了台州人周文裔他對右大臣的敬仰，還說自己已經年邁，以前一直
沒給您奉獻現在追悔莫及，這次想亡羊補牢〔註20〕。但是周文裔的慷慨陳詞
卻沒能打動藤原實資，禮物給退了回來。

　　都是台州人的宋商「周文德」或「周文裔」從時間的跨度來看，大約有
四十年多年（986～1028 年），如果他們是同一個人的話，那麼周文德（裔）
應該是史料中有案可查的經商最長的「在日宋商」了。從周文德作爲高麗使
者向日本寺院進獻寶物以及喜歡送禮這點來看，周文德是很喜歡珍奇物品
的。所以周文德向日本天皇進獻鶩二翼和孔雀一翼這件事就可以理解了，周
文德很可能是歷史上第一個把孔雀帶到日本的人。基於以上的判斷，「周文德」
與「周文裔」應該是同一個人。

　　那麼，歷史上爲什麼會出現宋商易名的現象呢？宋商們爲什麼要更改自
己的名字呢？關於這個問題，日本學者服部英雄在他的《博多海的互融唐房
的消長和在宋日本人保持民族獨立性》論文中這樣寫道：「所謂チャイ二——
ズ・タウン（Chinesetown：唐房），在『海禁』和『鎖國』體制下，有時爲了
走私貿易故意造成漂流，這種現象稱做『故漂』」〔註21〕。經他考證，日本人
爲了衝破禁止國民出海「海禁」制度的約束，來宋朝走私貨物，經常故意在
海上造成「漂流事件」。那麼由此我們可以反過來推斷：宋商們爲了能夠多去
幾次日本，故意更改自己的名字，以躲避日本專門針對宋商的「年紀制」禁
令的這種行爲就能夠理解了。

〔註20〕周文裔詳見第五章「唐貨」一節。
〔註21〕服部英雄：《日宋貿易的實態——和「諸國」來的客人們、チャイナタウン「唐
　　　　房」——》《（九州大學 21 世紀 COE 計劃）東亞和日本——交流和變化》，2005
　　　　年。

疑點二：日本史書中李充「公憑」中出現的漏記

把自己的名字給變換一下，這種現象在宋商中似乎比較普遍。下面我們通過史料來探討一下這個問題：日本史料《朝野群載》中記載有一張宋商泉州人李充的「公憑」，這張「公憑」是由「提舉兩浙路市舶司」所頒發，原件現藏於寧波博物館。經筆者對比發現日本史料《朝野群載》記載的這張李充「公憑」和原件有很大的出入，「公憑」上記載的很多船員名字都不確切，同一個人竟有不同的名字，也有增加的船員名字，還有缺少的甚至根本就不存在的船員名字。造成這樣現象的原因也可能是日本人在當時轉載時出現的筆誤，也有可能是宋商故意而爲之。下面爲寧波博物館館藏的李充公憑的原件複製品（見附圖），（名單中括號裏的名字是筆者校正過來的）：

公憑

提舉兩浙路市舶司

　　據泉州客人李充狀，令將自己船壹隻，請集水手，欲往日本國，博（轉）買迴貨，經赴赴明州，市舶務抽解，乞出給公驗前去者。

人貨船物

　　自己船壹隻

綱首李充　梢工林養　雜事莊權

部領兵（吳）弟

第一甲　梁富　蔡依　康祐　陳富　林和　郡勝（縢）阮祐　煬（楊）元　陳從　住珠　顧再（冉）王進　郭宜　阮昌　林旺　黃生　強宰　關從　吳滿　陳祐　潘祚　毛京　阮聰

第二甲　尤（左）直　吳添（湊）陳貴　李成　翁生　陳珠　陳德　陳新（沒有）蔡原　陳志（沒有）顧章　張太　吳太　何來　朱有　陳光　林弟　李添（湊）楊小　彭事　陳欽　張五　小陳珠　陳海　小林弟（這幾個也沒有）

第三甲　唐才　林太　陽光　陳養（林太）陳榮　林足　林進　張春（泰）薩有　張武　林泰　小陳貴　王有　林念　生榮　王德　唐興　王春

通過把《太宰府天滿宮史料》所收錄的李充「公憑」和寧波博物館藏的李充「公憑」原件複印件進行對照，發現包括綱首李充、梢工林養、雜事莊權和部領兵（吳）弟四人在內，船上共有 70 人。其中名字不一樣的有 5 人，甚至連部領兵的名字都不一樣。名字不一樣的船員都有「（吳）弟、郡勝（縢）、顧再（冉）、陳養（林太）和張春（泰），括號內的名字爲正確的名字或者是說改正過的名字。而且，船上也根本就沒有「陳新、陳海和小林弟」這三位船員。

雖說名字的讀音有可能會以訛傳訛，但是，另一方面是否也印證了剛才我們的推斷，即「宋商們有時爲了能夠躲避日本專門針對宋商的「年紀制」禁令，會故意變更自己的名字以便把自己變成一位新的船員，這樣就不會出現「年紀制」的問題了」。

通過前幾章研究發現，如果宋商連續不到兩年時間來日本會有被遣返的危險，因爲這違反了日本延喜年制定的「年紀制」禁令。公元 1005 年宋商上官用銛由於「去年回卻之後，不經幾程重以參來，雖陳歸化之由，於安置可無據，任舊制符之旨，可迴卻之由可給超符」，違反了這個禁令就被遣返回宋朝了」〔註22〕。因此宋商們在起航去日本之前，有時爲了避免違反「年紀制」禁令，常常會變更一下自己的名字，這樣會省去諸多麻煩。

另外，前面講過孫忠在 1069 年來日本時，同他同船一起來的宋商潘懷清和王宗，其中潘懷清身上竟攜帶兩張公憑深受懷疑。據《帥記》記載〔註23〕：

> ……同商客懷清、王宗所進公憑一船之中也，有二通，存問之間，雖有所陳，其旨不愭，疑殆尚多，仍尤奉之被迴卻，至於待海安條，可同孫□（吉），左大辨（藤原泰憲）申云，懷清所進公憑二通也，非先例，何況存問之時陳申，懷清與他商相約示，忽依違約棄王宗舟，此詞有疑，其故者，依人違約，何棄我舟乎，但相待海安，早可放迴，府司不從府（符）旨，進止任意之由，可被誡仰歟。

「內大臣被申云，鄰國商客任意參來，非無其恐，愭可被從迴卻，又懷清所陳公憑（憑）二通之事，如左大辨定申，尤多其疑者歟」〔註24〕。一條船有兩張「公憑」，這就好像一個人有兩本護照或者兩張不一樣的身份證。雖然孫忠在

〔註22〕 《權記》，《太宰府天滿宮史料》卷 4，第 319 頁。
〔註23〕 《帥記》，《太宰府天滿宮史料》卷 5，第 221 頁。
〔註24〕 《朝野群載》五朝儀下陣定，《太宰府天滿宮史料》卷 5，第 235 頁。

「存問」時解釋道，潘懷清事前和他商量好了，原本打算是想乘坐另外一位宋商王宗的船來日本的。理由顯得非常荒唐，但是不管怎樣，我們還是從中看到宋商在爲了能夠多幾次順利進入日本，會想出各種辦法來應對日本有關禁令。

疑點三：誠尋究竟是坐誰的船渡宋的？

關於日本僧人誠尋1072年到底是坐誰的船偷渡到大宋的問題，其實已經很清楚，不過不同的史書上在記錄這同一事件時記載的不太一樣。《續本朝往生傳》是這樣記載的〔註25〕：

> 阿闍梨誠尋者，本天台宗之人，智證大師文門徒也，往人雲寺，智行兼備，早遂大業，居大日位，公請年久，名譽日新，暮年歸心菩提，只行法花法，爲體清凉山，私附商客孫忠商船，偷以渡海。

這裏明確寫明誠尋是偷偷地坐孫忠的船入宋的，而且《善鄰國寶記》後三條院〔註26〕條裏也記載著是坐孫忠的船渡宋的〔註27〕：

> 延久四年，三月、釋誠尋、乘宋商孫忠船、著蘇州界、神宗熙寧五年也、六年、天下大旱、神宗〔註28〕聞尋有密學、敕於瑤津亭〔註29〕修祈雨密法、尋謂、本邦宿德遊此方、名尤顯者十數人、未有承詔旨也、今我攘宋地之災沴、又爲本國之光華、便修法華法、至第三日夜、電雷閃鳴、大雨徹旦、神宗遣中使賀慰、宣曰、乞延修七日沾洽率土、尋依敕、霖雨三日、神宗幸壇所燒香、翌日歸傳法院、敕送茶果、達嚫若干、後十餘日賜號善惠大師、此歲有本朝舶便、尋奏取新譯經三百餘卷寄來。

但是，這一事件在《扶桑略記》裏，則變成了誠尋是坐一船頭曾聚的船了。「延久四年三月十五日乙未，大雲寺阿闍梨誠尋於肥前國松浦壁島，乘唐人一船頭曾聚之船，與船頭等物員，米五十斛、絹百匹、裼二重、砂金四少兩、上紙百貼、鐵百廷、水銀百八十兩也」〔註30〕，這裏明確地記載誠尋坐的是曾

〔註25〕《續本朝往生傳》，《太宰府天滿宮史料》卷5，第289頁。
〔註26〕後三條院：第71代天皇。
〔註27〕田中健夫：《善鄰國寶記新訂續善鄰國寶記》，第68頁，後三條院。
〔註28〕神宗：宋第六代皇帝。在位：1067～1085年。
〔註29〕宋都開封城內西北的後苑的大池內建築物。
〔註30〕《扶桑略記》，《太宰府天滿宮史料》卷5，第236頁。

聚的船。在誠尋著的《參天台五臺山記》〔註31〕裏也是這麼記載的：「延久四年三月十五日乙未，寅時，於肥前國松浦郡壁島，乘唐人船，一船頭曾聚字曾三郎南雄州人，二船頭吳濤字吳十郎福州人，三船頭鄭慶字鄭三郎泉州人，三人同心令乘船也」〔註32〕。

　　有關這個問題，筆者認爲，船或者船隊是孫忠的，孫忠是船主、綱首。綱首又稱都綱即船長係全船之總管，對於水手、貨物的買賣、指揮航行擁有全權。船頭通常由巨商或船主自己擔任，並由「市舶司給朱記，許用笞治其徒，有死亡者籍其財」〔註33〕，這說明出海後，綱首等人具有代表官府行使管理和處置船上人員的司法權力。而船主或綱首不一定要親自出海，從綱首到碇手、梢工都是船主招募來的，可讓他的手下或者水手（一船頭，二船頭三船頭）出海，但綱首有時也由穿住自己擔任〔註34〕，而此時孫忠有可能留在日本打官司。

　　南宋時期在東南亞進行海外貿易的宋商王元懋，回國以後就讓自己的手下爲綱首再把他們派到海外從事貿易〔註35〕。大概是這些取得成功的海商，由於擔心危險或者年齡的原因，才決定自己不再出海而是雇用其它海商的吧。

　　以上是筆者對史料中的幾個疑點的個人感受和看法，因爲史料的記錄時間不一樣，加上距事發地點相距甚遠，有的不一定是第一手資料，所以有些細微的差異在所難免。

〔註31〕　《參天台五臺山記》，《太宰府天滿宮史料》卷5，第286頁。
〔註32〕　《參天台五臺山記》，《太宰府天滿宮史料》卷5，第286頁。
〔註33〕　朱彧：《萍州可談》卷3。
〔註34〕　陳高華、吳泰：《宋元時期的海外貿易》，第27頁。
〔註35〕　洪邁：《夷堅三志》己卷第六明文書局。

結　論

　　本文通過對「宋日貿易研究——以在日宋商為中心」的研究得出以下結
論：

　　首先，日本延喜年間制定的一系列有關禁令，使得日本對外政策轉向了
消極、保守甚至是「鎖國」的方向。日本延喜年間，王公大臣經常是不經政
府定價，就爭先搶購唐物。出現了「唐人商船來著之時，諸院諸宮諸王臣家
等，官使未到之前，遣使爭買，又郭內富豪之輩，心愛遠物，踴直貿易」〔註
1〕的景象。為此，政府專門制定了一條禁令禁止王宮大臣未經政府定價私自
交易，這條禁令也叫「類聚三代格」。

　　這些延喜年間的「年紀制」、「渡海制」以及禁止高官私自購買唐物的「禁
購令」等一系列禁令的實施，不僅對以後的日本海外貿易管理制度而且也對
後來日本的對外關係和宋日貿易都將產生重大影響和深遠意義。這些禁令限
制了宋商頻繁來日，減少了和宋朝交流與來往；禁止日本人到海外出遊，拒
絕和外國建立外交關係；政府控制買賣交易權，使日本陷入了自我封閉和孤
立主義的「鎖國」狀態，這正是宋日兩國當時的基本寫照。

　　其次，宋代以降，在廣州、明州、杭州設立了市舶司，市舶司的設立提
高了明州地位，明州「奉國軍市舶司公憑」和「提舉兩浙路市舶司公憑」是
「在日宋商」在日本所持有的公關文書。有必要對其作進一步研究和考證，
以便能更好地把握市舶司的變遷、發展的歷程以及在宋日貿易中所充當的作
用。

〔註 1〕《類聚三代格》十二禁制事，《太宰府天滿宮史料》卷 3，第 396 頁。

　　明州的地位一直保持到 14 世紀後半葉，宋朝海商就是從這裏走向世界的歷史舞臺。宋商們這個時期被安置在指定的賓館居住，即宋商一到博多就要住大宰府制定的賓館居住，然後在那裏進行貿易。日本方面負責管理貿易的機構爲大宰府，但並不是像有的學者所認爲的那樣，宋商們是住在「鴻臚館」進行貿易，因爲在唐朝，日本就已經開始讓「唐商」居住在其它的賓館了。賓館的封閉空間起著隔離宋商的作用，這是政府先買的前提。由於政府是禁止國民從事海外貿易，所以，一般民間和外國商人的交易，必須在政府行使先買權以後才能進行〔註2〕。

　　有關「在日宋商」在宋日貿易初期，是否在日本指定的「鴻臚館」開展貿易，日本學者分爲兩種觀點，而且沒有進行準確論證。筆者通過考證史料，實證研究了唐宋以來中國商人在日本進行貿易的情況，得出了宋商早期不是住在「鴻臚館」進行貿易活動的結論。

　　宋商船靠岸後必須提交相關文書（申文、進上品目錄和政府製作的商人的容貌、衣裳束裝繪圖），北宋商人大多屬於賓館式的「封閉貿易」，會講日語的不多，需要通過筆談和翻譯才能與人交流、貿易。而且，必須要先經過「存問」「陣定」後，才能決定是否能夠被「安置」（接待）並進入「和市」（貨物交易）。他們常常爲了能夠多去日本幾次，避免日本專門針對宋商的「年限制」禁令制約，找一些諸如季風原因被漂流過來、仰慕日本等藉口；有時甚至還故意更改名字、攜帶兩張「公憑」等方法來達到這一目的。另外，還爲了避免因被遣返而使貨物無法出售，常常找些修船、季風風向不順等藉口拖延時間以便把自己的貨物賣掉。

　　第三，北宋時期，「砂金」已變成宋日貿易中的通用貨幣，後來宋朝「銅錢」漸漸取代「砂金」，成爲宋日貿易中的國際貨幣，日本已經完全被納入宋朝的金融體系。

　　第四，由於兩國沒有正式外交關係以及受日本延喜年間「渡海」禁令的影響，北宋初期，入宋的日本「派遣僧」越來越少，同時出現了很多著名的「偷渡僧」。但是到了南宋，這種「偷渡僧」的現象就逐漸消失。經過日本太政大臣平盛清短暫「開國」，日本漸漸地放寬了對僧人入宋的控制，平盛清通過治理瀬戶內海，修建大輪田泊港口，擴大與南宋的貿易往來，來實現自己「開國」夢想。

〔註 2〕　森克己：《日宋貿易的研究》國立書院，第 109 頁。

　　第五，十一世紀後半葉，「在日宋商」們的這種賓館式「封閉貿易」變成了自建「唐房」的「住番貿易」。這是一個劃時代的變化，「宋人御皆免田」的實施，標誌著日本對海外貿易政策的轉變，使得「在日宋商」耕者有其田，免去了後顧之憂。「在日宋商」既能居有其屋，也能開展貿易，不用再住由大宰府提供的「賓館」，完成了由賓館式的「封閉貿易」到「住番貿易」的轉變。十世紀時，這種賓館式的「封閉貿易」漸漸失去了隔離宋商的功能〔註3〕。宋商們在貿易過程中從通過筆談、翻譯到自己講日語再到去日本寺廟裏做兼職翻譯、「神人」以及成爲綱首。從居住指定的賓館到住自建的「唐房」，「在日宋商」以「唐房」爲基地，深入日本社會各階層，並在當地娶妻生子與日本人通婚和當地權貴關係密切。他們在日本購置田產，捐助寺院，幫助「入宋僧」以及當地老百姓，有的還當上了日本的官吏。還有的「在日宋商」既是綱首又是神社裏的專職翻譯和神職人員，有的甚至還捲入了當地的寺廟之爭。「在日宋商」已經全面地滲入了日本社會，影響到各個角落。這個時期的「住番貿易」也可以說是「集團貿易」，即「在日宋商」綱首們和寺院之間的貿易。

　　另外，在「唐房」長大的二代、三代「在日宋商」或者「混血宋商」也已經登上歷史的舞臺。「住番貿易」的出現標誌著「在日宋商」對日本貿易進入了一個新階段，更顯示了南北宋「在日宋商」們經營實態的不同，「住番貿易」也可以說是北宋和南宋時期「在日宋商」的重大區別。「在日宋商」開始全面走進日本社會，影響著日本社會，並慢慢融入日本社會，不過，第四代以後的「在日宋商」也就完全被同化成日本商人。

　　第六，宋商們除了經濟功能之外還具備政治功能。「在日宋商」們在經商之餘，時常作爲兩國政府的外交使者互相傳遞國書和政治信號。北宋初期，宋商連續爲宋朝傳遞國書現象和北宋末期宋商傳遞國書的現象，表明宋朝政府常常利用宋商向日本政府傳遞信息。到了南宋，這種通過宋商傳遞國書的現象就消失了，這也和日本經過平清盛暫短的「開國」，政策有所變化相吻合。

　　「在日宋商」們在貿易過程中，常常以經濟爲舞臺爲政府牽線搭橋。兼職擔當宋日兩國國使傳遞國書，甚至還擔當高麗國的國使出使去日本。1073年到1082年這期間，宋朝接連四次通過宋商向日本遞交國書（國牒）和回賜

〔註3〕渡辺誠：《平安中期、公貿易下の取引形態と唐物使》《史學研究》237，2002年。

禮物。在宋朝連續四次遞交國牒的問題上，清楚地表明了宋朝政府想利用宋商把日本納入朝貢體系。

宋朝連續傳遞國牒引起了日本朝廷的警惕和懷疑。日本方面懷有一種強烈的警惕意識，並極力迴避在政治外交方面和宋朝建立正式關係。史料《玉葉》承安 2 年 9 月 22 日條裏在記錄承曆年中宋朝「回賜日本國」的牒狀時，寫了「時人謗之」。大臣們在公卿合議會議上看著宋商孫忠代表宋朝送來的禮物，對頻繁地接到宋朝的國牒和禮物表現出「此事已爲朝家大事，唐朝與日本和親久絕，不貢朝物，近日頻繁有此事，人以成狐疑」〔註4〕的態度。根據以上這些可以表明，日本孤立、保守、「鎖國」的外交政策沒有轉變。日本是採取孤立的外交政策避免和宋朝建立正式的關係，而宋朝則極力地想要和日本朝廷建立外交關係，企圖像唐朝那樣先讓其進行朝貢，然後再對其進行冊封，最後建立起宋朝爲主導的東亞華夷秩序。

研究發現，關於在宋日兩國文書中年號的問題，基本上可分爲以下 5 種情況：1，奉金、元正朔、年號同、日月同；2，年號殊、日月同；3，雙年號、日月同；4，無年號、日月同；5，對方年號、日月同。宋日兩國文書在標寫年號時，屬於第 2 種情況（「年號殊、日月同」）和第 5 種情況（「採用對方國號、日月同」）的較爲常見。而高麗國在遞交給日本的國書以及宋朝市舶司公憑上則出現過「雙年號、日月同」的現象。在個人之間來往的文書中也出現過不標注年號的現象。而日本對來自宋朝的國書和宋商文書不注明年號的現象往往表示不滿和關注。此外，在高麗國書和宋朝市舶司「公憑」中曾出現同時標注兩個國家年號的現象，這似乎體現了雙方地位的對等。有關情況較爲複雜，史料也較豐富，有待作進一步研究。

宋商們之所以替宋朝皇帝傳遞禮物或者國書是因爲當時宋日沒有外交關係。所以，宋朝廷希望利用宋商的經濟活動來達到其政治目的。宋商在經商之餘，一邊做生意一邊打官司，還一邊爲兩國政府傳遞國書和禮品牽線搭橋，其實是一種帶有官方性質的民間行爲，也可以說是半官方行爲。亦商亦官，身份模糊，這都是在宋日兩國沒有建立正式的外交關係的背景下出現的特殊情況。

第七，平盛清打破了廢除「遣唐使」後日本近 300 年的「鎖國」狀態，他試圖開放日本的國門。他確立了政權以後，不顧具有強大勢力貴族們的反

〔註4〕 《白練抄》，《太宰府天滿宮史料》卷 5，第 323 頁。

對，積極地和中國南宋展開貿易。平盛清的目標是想通過宋日貿易以通商貿易立國，因此就大力修整航路和建設港口以便宋朝大商船隨時能夠進出瀨戶內海，改建作爲海外貿易中樞的「大輪田泊」港。平盛清修建「大輪田泊」的其中一個意圖就是開展和擴大宋日貿易。過去中國宋朝的商船大都是到北部的九州地區開展貿易，而宋商們也都居住在博多。平盛清著眼於宋日貿易，以便讓宋商船能夠通過瀨戶內海，實現在大輪田泊進行交易的夢想。

此時日本的商船也開始經過「大輪田泊」，駛向明州，「大輪田泊」成爲中日雙方名副其實的「歷史海道中轉站」。

第八，縱觀宋日貿易，北宋時期的宋商們大多是賓館式的「封閉貿易」，會日語的不多還常常遭到日方的遣返；也經常爲兩國傳遞國書，是一種「定點貿易」或者「半官方貿易」。而南宋時期的宋商大多是住「唐房」並身兼綱首和大寺廟裏的「通譯」、「神人」等職，開展的是「住番貿易」。

宋商不僅爲宋日兩國貿易的交往做出了不可磨滅的貢獻，開闢了一條海上的貿易之路，一條東方的海上「絲綢之路」；還爲兩國的政治接觸和交往發揮了巨大作用，爲兩國攜帶國書甚至爲高麗國攜帶國書，爲中華文明和中華思想的傳播做出了卓越的貢獻，他們是中華文明的移動載體，是中華文明圈的建設者和實踐者。

筆者還通過梳理史料，實證考察，歸納整理出了「北宋和南宋『在日宋商』活動一覽表」，「誠尋弟子回國捎帶方物日本公卿合議（陣定）記錄一覽表」和「孫忠國牒事件日本公卿合議（陣定）記錄一覽表」。這些表格清晰地列出了「1073～1082 年間，時間、人物和事件交叉，完整地再現了宋朝連續四次密集地向日本派遣國使傳遞國書的歷史事件，再現了面對這密集的宋朝國牒，日本政府頻頻召開公卿合議會議研究「陣定」應對，宋商們也頻繁穿梭來往的歷史畫面，這也是本文的重要一環、一大收穫。

另外，筆者在搜集和研究的過程中，經常會發現日本史料裏有些宋商名字等個人信息不太準確的情況，這可能是由於誤記或者是日本學者有所疏忽造成的。筆者也對這些史料加以甄別糾正，並詳細考證和解析了在宋日貿易中「宋商經常易名的想像」以及「誠尋到底坐誰的船偷渡到宋朝的？」等在寫作過程中一直困擾的問題。通過對「宋商經常易名的想像」的研究考證發現，宋商們在當時日本入國檢查的體制下，時常採取故意更改自己名字的方法以達到迴避日本「年紀制」禁令制約的目的，這也是筆者在調查考證史料

中的一個新發現。另外通過對「誠尋到底是坐誰的船偷渡到宋朝」的問題考證發現，宋商綱首並不是每次都要親自隨船出海，有時會委託別人代勞的現象。

筆者不僅對日本入唐僧元珍的「大宰府公檢」以及在唐朝境內使用的「福州、溫州和台州官牒」進行考證和橫向對比；還對宋朝商人李充所攜帶的提舉兩浙路市舶司「公憑」與日本政府給入宋僧嘉因的「太政官符」進行橫向對比和研究，試圖揭示宋日兩國在當時沒有正式外交關係的情況下是如何發放入關通行證「公憑」？這些在由中國境內地方官府簽發的「官牒」是極其罕見的，其中幾張還是第一次出現。另外，筆者還把唐宋時期的「公憑」、「公檢」以及「官符」進行縱向比較，揭示唐宋以來中日兩國對外貿易政策的變化。

在研究對比中日史料中，還發現大宰府史料裏所記錄的李充的提舉兩浙路市舶司公憑和寧波博物館內珍藏的李充「公憑」原件出入太大，其中上面宋商船員名字記錄錯誤太多，筆者也通過和寧波博物館內珍藏的原件複印件加以對比，對其中的錯誤加以糾正。

本文在探討宋商的過程中，利用大量原始史料進行考證和探討，但是，對有些歷史事件看法還很片面、幼稚，而且研究的也很不成熟，衷心希望各位師長和專家學者批評指正，以便我能夠在今後的學習中加以完善和改正。

附表一：北宋「在日宋商」活動一覽表
〔註1〕

時　　　期	主要參考資料	人名、稱呼籍貫、同伴	是否被接待，出發到達的港口等	內　　容
雍熙二年 984～ 987年	《扶桑略記》二十七一條天皇上。	台州寧海縣商人		隨台州寧海縣商人鄭仁德船歸其國。
986年	《太宰府天滿宮史料》卷4，1964年，第169頁。	宋商台州周文德	住在博多某賓旅被接待了。	日僧源信，到博多，寫信給周文裔，託他把自己老師良源寫的《觀音贊》和自己寫的《往生記》獻給宋朝。
985～ 987年	《太宰府天滿宮史料》卷4，1964年第174頁《扶桑略記》二十七一條天皇上。	宋國台州商客鄭仁德	出港：台州。	大宰府言上大宋國商客鄭仁德來著狀。
987～ 989年	《太宰府天滿宮史料》卷4，1964年第108頁《扶桑略記》。	朱仁聰		988年朱仁聰來日獻羊。
988年	《正元古寫源信僧都傳》轉注木宮泰彥：《日華文化交流史》東京，富山房1987年第二章「北宋との通交」第255頁。	朱仁聰		一條天皇寬和二年（988）正月，僧源信託宋商朱仁聰把他著的《往生要集》帶到宋朝傳播。

〔註1〕此表根據竹內理三編纂的《太宰府天滿宮史料》卷3～8整理而成。

時 期	主要參考資料	人名、稱呼籍貫、同伴	是否被接待，出發到達的港口等	內 容
998～100年（眞宗咸平五年）	《宋史》四九一外國七列傳二五〇日本國。	周世昌建州人		海賈周世昌與日本藤木吉至京師，召見遣還。按《日本國傳》：咸平五年、建州海賈周世昌，遭風飄至日本，……賜木吉時裝，錢，遣還。
990～994年（庚寅大宋淳化年）	《太宰府天滿宮史料》卷4.1964年第191頁《元亨釋書》二十八寺像六勝尾寺講堂觀自在像者。	宋商台州人周文德，婺州人楊仁紹。		宋商周文德和楊仁紹來日說，百濟國後託他們二人來尋求爲國王治白髮的藥。
990年九月	《正元古寫源信僧都傳》，轉注木宮泰彥：《日華文化交流史》東京，富山房1987年第二章「北宋との通交」第255頁。	宋商台州人婺州人楊仁紹。		一條天皇正曆元年（990）9月，宋商楊仁紹到達日本後，轉交給僧源一封來自婺州雲黃山一位僧人的回信，信中說已經收到源信的《往生要集》，信上寫有「大宋國雲黃山僧行送經教於天台源信」字樣。
992年	《因明論疏相違略注釋》，轉注木宮泰彥：《日華文化交流史》東京，富山房1987年第二章「北宋との通交」第256頁。	宋商楊仁紹		一條天皇正曆三年。992年3月17日源信又託宋商楊仁紹，把他著作《因明論疏四相違略注釋》贈與宋朝雲黃山的僧人行辿，而且又抄寫了一部，希望行辿能把它贈與長安慈恩寺弘道大師門下，請求各位指正。
995～999年	《太宰府天滿宮史料》卷4，1964年，第278頁《權記》。	宋商曾令文	被安置。	長德四年七月十三日己巳，大宰府，宋商曾令文由於，日方估價不公，向大宰府請求補償砂金500兩。

時　　期	主要參考資料	人名、稱呼 籍貫、同伴	是否被接待，出發 到達的港口等	內　　容
995 年	《臺記、日本記略、權記、小右記》。轉注木宮泰彥：《日華文化交流史》東京，富山房 1987 年第二章「北宋との通交」第 256 頁。	宋商朱仁聰	到港：若狹。被判有罪。	一條天皇長德元年，9 月宋商朱仁聰和林庭等七十多人來到若狹（福井縣），在第二年的 997 年朱仁聰被明法博士判處有罪，這是因爲由於朱仁聰的原因若狹守兼隆被判爲「車裂」。
995 年	《本朝文粹》，轉注木宮泰彥：《日華文化交流史》東京，富山房 1987 年第二章「北宋との通交」第 256 頁。	宋商朱仁聰		一條天皇長德元年，宋僧源清委託宋商朱仁聰贈送給比叡山經書法華示珠指等七卷，作爲交換希望能得到智者大師的著作仁王般若經疏等經書。
996 年 閏 7 月	《日本略記》轉注木宮泰彥：《日華文化交流史》東京，富山房 1987 年第二章「北宋との通交」第 256 頁。	宋人		一條天皇長德二年，閏七月十九日宋人鵝羊。這是大概應該是宋人來日的時候。
990～1004 年	《太宰府天滿宮史料》卷 4，1964 年第 291 頁《權記》。	宋商朱仁聰	越前國、被安置。	長保二年八月二十四日戊辰，大宰府，宋商朱仁聰狀告官府，受賄並且給自己的貨物估價不公。
999～1004 年	《太宰府天滿宮史料》卷 4，1964 年第 319 頁，《權記》。	宋福州商客上官用銍	被遣返。	宋商上官用銍，由於不到規定的年限，就來日本，雖提出要加入日本籍，但依然被遣返回宋。
1004～1013 年	《太宰府天滿宮史料》卷 4，1964 年第 375 頁《御堂關白記》《小右記》。	唐人曾令文	被遣返。	宋商曾令文帶唐貨蘇木、茶垸、五臣注文選、文集等持來。由於違反「年限」的規定，給下了遣返官符。

時　　期	主要參考資料	人名、稱呼籍貫、同伴	是否被接待，出發到達的港口等	內　　容
1004～1013 年	《日本略記》後篇十一條天皇第 390 頁《日本略記》後篇十一條天皇。	宋商仁旺	被遣送。	宋人仁旺等來著事，定申可返遣由。
1012～1017 年	《太宰府天滿宮史料》卷 4，1964 年第 401 頁《御堂關白記》。	唐人文（周）文裔	被安置。	寬弘九年九月二日丁卯，……從大貳，宋商周文裔，帶來入唐僧的寂照的家書和觀音像一幅。隨頻繁違反「年限制」，但藤原道長認爲，如今時過境遷，網開一面。
1013～1017 年	《太宰府天滿宮史料》卷 4，1964 年第 410 頁《御堂關白記》和《小右記》。	大宋國商客周文裔	被安置。	周文裔向日本朝廷獻鵞二隻和孔雀一隻，日本人第一次認識孔雀。
1017～1020 年	《太宰府天滿宮史料》卷 4，1964 年第 476 頁《小右記》。	綱首文囊	被安置接待。	《小右記》寬仁四年九月十四日壬午，大宋國商客綱首文囊，雖違反「年限制」，但是他是仰慕日本而來，所以被接待。
1024～1028 年	《太宰府天滿宮史料》卷 5，1964 年第 47 頁《左經記》。	大宋國商客周良史	住在在旅館被安置接待。	仁平元年九月二十四日，去年宋國商客劉文沖，送名貴書籍和砂金並寫信給日本關白，由於自己母親是當朝大臣之女，請求爵位並申請加入日本籍，但被日方拒絕授予爵位。
1023～1032 年	《宋史》四九一外國七列傳二五〇日本《文獻通考》三二四四裔考倭	孫忠	綱首字樣首次在中國史書出現。港口：明州。	《宋史》四九一外國七列傳二五〇日本天聖（萬壽三）四年十二月，明州言，日本國大宰府，遣人貢方物，而不持國表，

時　　期	主要參考資料	人名、稱呼籍貫、同伴	是否被接待，出發到達的港口等	內　　容
				詔卻之。《文獻通考》三二四四裔考倭天聖四年，明州言，日本國太寧（宰）府遣人云云，仲回等貢色段二百匹・水銀五千兩，州以孫忠乃海商客而云云，綱首進方物。
1024～1028 年	《太宰府天滿宮史料》卷5，1964 年第 51 頁《小右記》。	宋商福州陳文祐和副綱章仁昶等。	出發港：明州。到達港：肥前國值嘉島。（被接待）	他們的船遇到大風，漂流來日，雖該遣返，但感慨陳文祐仰慕日本以及副綱首章仁昶母親是日本人，年事已高，都住在日本，被安置。
1024～1028 年	《太宰府天滿宮史料》卷5，1964 年第 60 頁《小右記目錄》十六臨時六異朝事《小右記》。	宋商		宋商送給日本朝廷的文殊像被放在關白家，大宰府大貳藤原惟憲，檢查宋商貨物。
1028～1037 年	《太宰府天滿宮史料》卷5，1964 年第 61 頁《小右記》。	大宋商客良史	對馬島，到港：築前怡土郡北埼。	《小右記》長元元年十月十日辛未，……中將來，又云，大宋國商客九月十八日癸亥，天晴，早旦詣棲霞寺，奉拜自唐食品（良史）所送文殊並十六羅漢繪像。
1028～1037 年	《太宰府天滿宮史料》卷5，1964 年第 61 頁《小右記》。	宋商台州人周文裔		宋商周文裔，委託築前國高田牧使，送書給太政官和右大臣藤原實資。周文裔雖被遣送，但要等到風平浪靜時，並且貨物不被遣返（可以交易）。

時　期	主要參考資料	人名、稱呼籍貫、同伴	是否被接待，出發到達的港口等	內　容
1037～1040 年	《太宰府天滿宮史料》卷5，1964 年第 118 頁《百練抄》四後朱雀天皇《春記》。	宋商廣州人慕晏誠		長曆元年五月，大宋商客慕晏誠等飄流過來，二年十月十四日，被遣送，並下達迴卻官符。
1046～1053 年	《扶桑略記》二十九後冷泉天皇《百練抄》四後冷泉天皇第 48 頁。	大宋商客		承二年十一月九日，太宰府抓住四位防火焚燒宋商客舍的犯人，並依法投入監獄。
1065 年	《太宰府天滿宮史料》料卷 5，1964 年第 221 頁《帥記》。	宋商孫忠（孫吉）和潘懷清、王宗等。	雖被命遣返，但要等風停。	《帥記》治曆四年十月二十三日，孫忠他們多次違反「年限制」，而且同船的潘懷清和王宗還攜帶有兩張「公憑」，甚是可以，被遣返。但要等海上安全。
1069 年	《太宰府天滿宮史料》卷5，第 235 頁《朝野群載》五朝儀下陣定。	宋商福州商客潘懷清	宋國福州商客潘懷清治曆 4 年來日後被遣返，此次又來，又被拒絕。	宋國福州商客潘懷清治曆 4 年來日後被遣返，此次又來，又被拒絕。他曾威脅說，如再被拒絕，後來商客永不貢進（佛像書籍）。大宰府裁定，如遣返貢物收，如被安置則收貢物。
1069～1074 年	《太宰府天滿宮史料》卷5，第 235 頁第 286 頁，《扶桑略記》《參天台五臺山記》。	一船頭宋商曾聚南雄州人，二船頭吳濤福州人，三船頭鄭慶字和日僧誠尋	出港口：肥前國松浦壁島。到港：蘇州。	《扶桑略記》二十九後三條天皇延久三年二月二日，誠尋於肥前國松浦壁島，乘唐人一船頭曾聚之船，與船頭等物員，米五十斛、絹百匹、裖二重、砂金四少兩、上紙百貼、鐵百廷、水銀百八十兩也。

時　　期	主要參考資料	人名、稱呼籍貫、同伴	是否被接待，出發到達的港口等	內　　容
				私附商客孫忠商船，偷以渡海。
乾道九年 1076 年	《宋史》四九一外國七列傳二五〇日本國	明州綱首	出港：明州。	明州綱首以方物入貢。
1078 年～ 1085 年	《太宰府天滿宮史料》卷5，第 235 頁第 332 頁，《宋史》四九一列傳二五〇外國七日本，《玉海》一五四朝貢獻方物。	孫忠和日本通事僧仲回	出港：明州。	四九一列傳二五〇外國七日本元豐元年（承曆二），使通事僧仲回來，賜號慕化懷德大師。 明州又言得其國太宰府牒，因使人孫忠還，遣仲回等貢絁二百匹、水銀五千兩，以孫忠乃海商，而貢禮與諸國異，請自移牒報，而答其物直，付仲回東歸，從之。
1077～ 1081 年	《善鄰國寶記》鳥羽天皇元永元年，第 323 頁。	宋人孫吉		承曆二年，宋人孫吉所獻之蝶日，賜日本國太宰府令藤原經平。
1074 年	《太宰府天滿宮史料》卷5，第 235 頁第 232 頁《水左記》。	宋國方物使悟本與孫文忠		《水左記》承保二年十月二十六日，日本右大臣源師房，召開公卿合議會議，討論，宋皇帝借誠尋弟子回國，讓他們作為方物使，會議中大臣們不斷問悟本和孫忠送皇帝都送些什麼禮物。回答說：火取玉、水銀、美乃長絹和眞珠，還有，長絹、細布、金銀以及被和琴。

時　　期	主要參考資料	人名、稱呼籍貫、同伴	是否被接待，出發到達的港口等	內　　容
1077～1081 年	《太宰府天滿宮史料》卷5，第 328 頁《帥記》。	宋商孫忠。拿著明州牒到大宰府和敦賀。	宋商孫忠。離港：明州。到港：敦賀。	（宋皇帝委託孫忠爲使節，攜帶國牒，並送禮籠子給日本朝廷，但日方懷疑禮物上的文字，沒加人名和年號。
1077～1081 年	《太宰府天滿宮史料》卷5，第 340 頁《水左記》。	宋國使黃逢	宋朝國使（史書中第一次出現）到港：越前國。	大宋國使黃逢攜帶國書，大概不知道把國書送到哪裏吧？一會越前國，一會兒是大宰府。規定國書（牒狀）今後都送到越前（福井縣）。
1077～1081 年	《太宰府天滿宮史料》卷5，第 345 頁《帥記》。	宋商孫忠和劉勝		孫忠狀告日本官符，貨物多被被朝臣經平巧奪豪取。而且，
				自己還有四千多匹（唐錦），沒被估價、沒被分類。
1077～1081 年	《太宰府天滿宮史料》卷5，第 354 頁《帥記》。	宋國商客劉琨父子和日僧戒覺	被遣返回國。出港：博多。	劉坤父子因長期滯留日本，宋派國使黃逢攜帶國書，請求日本協助遣返他們回國。他們回國之際，夾帶戒覺偷渡到大宋。
1081～1084 年	《太宰府天滿宮史料》卷5，第 356 頁《帥記》。	唐人（宋人）		宋人狀告豐前前國司安定。
1081～1084 年	《太宰府天滿宮史料》卷5，第 365 頁《水左記》。	宋人黃政，（後改姓名稱王瑞垂），孫忠水手黃逢；劉琨；吳濟。		日本公卿合議會議，發現和國使黃逢，一起來的黃政，公憑上改名爲黃政。另外，決定遣送劉坤父子。
1081～1084 年	第 361 頁《渡宋記》○書陵部所藏延曆寺僧戒覺述。	宋商劉坤綱首	出口港：博多到港：明州定海縣之岸。	延曆僧戒覺，乘劉坤父子船，偷渡到大宋。

時　期	主要參考資料	人名、稱呼 籍貫、同伴	是否被接待，出發 到達的港口等	內　容
1081～ 1084 年	《太宰府天滿宮史料》卷5，第 361 頁《水右記》，《百練抄》。	宋商孫忠	綱首。	《百練抄》五白河天皇永保二年二十一日，遣大宋返牒孫忠遣歸本朝事，右大辨匡房朝臣書之， 首書入木函以五色漆封之云云，金字出錢躰。
1084～ 1087 年	《太宰府天滿宮史料》卷5，第 384 頁《爲房卿記》。	唐人揭忠之黨六人	偷渡？	宋人有六人登陸時被射傷。
1084～ 1087 年	《太宰府天滿宮史料》卷5，第 388 頁《朝野群載》五朝議下陣定。	王瑞柳、忿丁載、孫忠、林皐等		王瑞柳、忿丁載、孫忠、林皐，被裁定將被遣送回國，但接口要修船以及燈順風。
1087～ 1095 年	《太宰府天滿宮史料》卷5，第 420 頁。	大宋商客季居簡		寬治五年八月，於鴻臚館，以大宋商客季居簡模本，或比較之，即右墨字是居簡本耳，
1087～ 1095 年	《太宰府天滿宮史料》卷5，第 424 頁《百練抄》。	宋商隆琨		宋商隆琨第一次從日本航海到契丹國。宋商打開了到契丹的道路？
1094～ 1096 年	《太宰府天滿宮史料》卷6，1964 年第 52 頁《阿彌陀經通贊疏》睿山文庫慈眼堂舊藏書。	宋人柳裕		宋人柳裕，送自義天所傳彌陀極樂書等十三部三十卷，給興福寺淨。
1108～ 1110 年	《太宰府天滿宮史料》卷6，第 55 頁《朝野群載》二十異國宋人書狀副返事	宋人李侁		宋人李侁告官，說家中被盜，損失唐牌和簇子等物。
1095～ 1097 年	《太宰府天滿宮史料》卷6，第 106 頁《中左記》。	唐人來著		大宰府報告唐人來來日之事。
1097～ 1099 年	《太宰府天滿宮史料》卷6，第 60 頁《散木奇歌集》六悲歡部。	博多住居の宋人		源俊賴的和歌集《散木奇歌集》記載。俊賴的父親師信在任大宰權師的任中，於 1097（承德元）年去

時　期	主要參考資料	人名、稱呼籍貫、同伴	是否被接待，出發到達的港口等	內　容
				世，俊賴急忙回來奔喪。這時他在他的詠歌中寫到「博多治喪時，唐人皆來拜，詠唱輓歌。」，同時歌中還寫到：「和唐人們言及和父母分離之苦，有種同命相憐之感」。看到住在博多的唐人們來參加大宰府高管的葬禮，進行弔唁，這位爲人之子發出了「有種同命相憐之感」的感歎，並留下深刻印象。從中可以知道當時的博多充滿著一種異國的情緒。
1097～1099 年	《太宰府天滿宮史料》卷6，第 60 頁、第 92 頁《師守記》。	大宋國明州牒		承德元年，大宋國明州牒到來。
1097～1099 年	《太宰府天滿宮史料》卷6，第 106 頁《中右記》。	宋人		左大臣（源俊房）、左衛門督（藤原公寶）、源中納言（源俊賢）、左大辨（藤原季仲）、源宰相（源師賴）、伊勢外宮事，收到大宰府的報告，有唐人來。
1104～1106 年	《太宰府天滿宮史料》卷6，《朝野群載》二十大宰府付異國。	宋國泉州人李充和莊嚴	綱首。到港：博多津。	李充 3 年前和莊嚴一起被遣返了，今年又回來了。並狀告，在上次被遣返時，有些日本人以借的名義，拿走了他的貨物。

時　期	主要參考資料	人名、稱呼籍貫、同伴	是否被接待，出發到達的港口等	內　容
1113～1118 年	《太宰府天滿宮史料》卷6，第 263 頁《兩卷疏知禮記》上西教寺所藏。	龔三郎船頭	唐房大山船龔三郎船頭房。到港：築前國博多津。	這是史書中第一次出現「唐房」的名字。
1113～1118 年	《太宰府天滿宮史料》卷6，第 265 頁《百練抄》。	大宋國牒		日本朝廷召開公卿合議會議討論大宋國牒狀並事。
1362～1368 年	《太宰府天滿宮史料》卷6，第 271 頁《師守記》。	宋國明州牒狀		永久五年九月，大宋國明州牒狀到來，以紙裹之，表裏有銘，其上以錦裹。
1118～1120 年	《太宰府天滿宮史料》卷6，第 271 頁《帝王編年記》十九鳥羽天皇。	大宋國獻牒。		《帝王編年記》十九鳥羽天皇元永元年戊戌三月，大宋國獻牒。
1113～1118 年	《太宰府天滿宮史料》卷6，第 272 頁《中右記》。	回覆宋朝國牒		日本朝廷召開公卿合議會議，討論給宋回覆國牒之事。
1120～1124 年	《太宰府天滿宮史料》卷6，第 295 頁《弘贊法華傳》10 東大寺圖書館本。	宋商莊永和蘇景		宋人莊永、蘇景，從高麗來到日本百餘聖教經書，渡海時，遇到海盜，跌入海中弄濕經書，同時宋人又被殺害的。
1120～1124 年	《太宰府天滿宮史料》卷6，第 298 頁《百練抄》。	大宋牒事		日本朝廷召開公卿合議會議，討論給宋回覆國牒之事。
1126～1131 年	《太宰府天滿宮史料》卷6，第 321 頁《中右記》。	唐人四人		日本朝廷召開公卿合議會議，討論大宰府報告的有關四位宋人到之事。

附表二：南宋「在日宋商」活動一覽表
〔註 1〕

時　期	主要參考資料	人名、稱呼籍貫、同伴	是否被接待，出發到達的港口等	內　容
1145〜1151 年	《太宰府天滿宮史料》卷6，1964 年第 421 頁《本朝世紀》。	博多宋商		博多宋商向朝廷向孔雀和鸚鵡久。
1151〜1154 年	《太宰府天滿宮史料》卷6，1964 年第 48 頁《古今著聞集》四文學。	宋朝商客劉文沖		宋朝商客劉文沖，送給日本左大臣藤原賴長中國書籍。有蘇東坡先生指掌圖二賬、五代記十帳還有唐書九帳。
1152〜1183 年	《青方文書》1228／3／13 關東下知狀案（《鐮倉遺文》3732）		船頭、宋人。	源直娶了平戶蘇船頭家的寡婦。
1166〜1169 年	《太宰府天滿宮史料》卷7，第 61 頁《興禪護國論》。	日本僧榮西	出港：博多 到港：明州。	日本僧榮西在博多遇到宋國通事李德昭向他請教禪宗，並坐宋船到明州。
1175〜1176 年	《平家物語》3 金渡・《源平盛衰記》11 育王山送金事	妙典（妙善）	船頭、唐人。	平重盛把妙典從築紫叫來，讓他向育王山布施錢。
1190〜1194 年	《太宰府天滿宮史料》卷6，第 224 頁《元亨釋書》二傳智一之二《元亨釋書》2 榮西傳。	楊三綱	綱首 出港：慶元 到港：平戶島葺浦	榮西在慶元坐楊三綱的船回國。後在博多建聖福寺。

〔註 1〕 此表根據竹內理三編纂的《太宰府天滿宮史料》卷 3〜8 整理而成。

時　期	主要參考資料	人名、稱呼籍貫、同伴	是否被接待，出發到達的港口等	內　容
1187～1211 年	興聖寺所藏「色定法師一筆書寫一切經」奧書「大日本史料」5～15 第 252 頁。	張成	本經主綱首。	張成向宗象神社布施經書。
1188～1195 年	同上	李榮	墨檀越首‧墨助成尊靈綱首	李榮向宗象神社布施經書。
1190～1199 年	《太宰府天滿宮史料》卷 7，1964 年《興禪護國論》第 61 頁《玉葉》第 201 頁。	宋商楊榮、陳七太	綱首。出港：博多。	宋人楊榮、陳七太等在宋朝惹事生非。宋朝請求日方引渡他們倆回國。其中楊榮在日本出生（混血）。
1190～1199 年	《太宰府天滿宮史料》卷 7，1964 年，《興禪護國論》下未來記第 255 頁。	宋商張國安	博多津。	宋商張國安來到博多，傳達臨安靈隱寺堂頭佛海禪師的預言。
1194～1196 年	《日吉山王利生記》7。	李宇	通事、船頭。出港：鎮西博多津。	重源讓李宇出資捐贈經書，並讓他作爲使節出使宋朝。
1195 年	《東大寺續要錄》供養篇末	李宇		作爲對李宇供養東大寺的獎賞，把築前國的捧田五町獎勵給他。
1208～1224 年	《泉湧寺不可棄法師傳》1211～4 第 301 頁。	蘇張六	綱首。到港：博多。出港：慶元	日本僧俊芿在宋呆了 13 年乘蘇張六船回日本。
1218 年	《石清水文書》丙納文書目六，第八《鎌倉遺文》4430	（張）秀安	綱首。	筥崎宮向石清水解釋神崎莊留守查抄綱首（張）秀安犯罪的理由。
1218 年	《華頂要略》122，《天台座主記》3 承元建保 6／8 太宰府、太宰府天滿宮史料 7 第 345 頁，《天台座主記》承元 1218／8 《延曆寺護國緣起》日吉神輿入洛代代崇重勘文 7	張（長）光安	神人通事船頭太山寺神人船頭、山門末寺鎮西大山寺神人、鎮西大山神人、船頭、大山寄人博德船頭天台末寺大山寺神人船頭。	延曆寺末寺大山寺神人張光安被筥崎宮留守行遍及兒子光助殺掉。

時　期	主要參考資料	人名、稱呼籍貫、同伴	是否被接待，出發到達的港口等	內　容
	《山王繪詞》13，《宮事緣事抄》筥崎造營事所引 1218／9／16 後鳥羽院宣案《仁和寺日次記》1218／9／21《吾妻鏡》1218／9／29			
1218 年	《石清水文書》公卿僉議文書《鎌倉遺文》2404	（張光安）	（筥崎）八幡神人。	九條道家認定被殺者（張光安）是八幡宮的神人。
1218 年	《石清水文書》丙納文書目六，第八《鎌倉遺文》4430	張光安	通事、船頭。	神崎莊莊官上奏請求，按照「先例」，張光安死後應該把博多管內
				以及他的領地劃歸爲神崎莊的領地。
1214～1219 年	《石清水文書》第 355 頁。	宋商秀安	通事、船頭綱首。	通事船頭綱首秀安和肥前神崎莊官，凌辱大宰府使和筥崎宮雜掌官吏被定罪。
1222～1224 年	《建撕記》第 378 頁。	道元隨師父（明全和尚）	出港：博多。到港：明州。	日本僧道元和師傅一起渡宋，3 月下旬出發，4 月初二到達。
1227～1229 年	《建撕記》第 406 頁。	道元回國	到港：肥後的河尾。	日本僧道元回國。
1232～1233 年	《歷代鎮西要略》2，第 425 頁。	宋商謝國明	綱首。	宋商綱首謝國明，爲了保護日僧圓爾不受傷害，請他住在他的櫛田之家。
1233 年	《聖一國師年譜》天福 1	謝太郎國明	綱首。	謝國明讓圓爾住在自己的櫛田的私宅裏、並日夜保護。
1242 年	《太宰府天滿宮史料》卷 8《聖一國師年譜》1242 年《元亨釋書》7 辯元傳《天祥和尚錄》幹、聖一國師百年忌拈香。	謝國明謝郎		謝國明在博德東建立承天寺、並清圓爾擔任第一任主持。

時　　期	主要參考資料	人名、稱呼籍貫、同伴	是否被接待，出發到達的港口等	内　　容
1242 年	《聖一國師年譜》1242（仁治3）。	謝國明		圓爾得知徑山發生火災、動員謝國明捐贈了木材上千根木材。
1243 年	《栗棘庵文書》1243／9 圓爾尺牘案（辻 1994年一〇五～〇六頁）。	謝國明		圓爾在給無準的信中講述了謝國明爲了結緣、送櫪木100斤。
1245 年	《墨跡之寫》1 無準師範尺牘。	謝（國明）	綱使謝丈大檀越。	圓爾在給無準的信中向謝國明表達了謝意。
1245 年	長谷川家藏德敷尺牘（《禪林墨跡拾遺》中國篇 12）。	謝（國明）	綱使。	德敷在給無準的書信中、講述了和謝國明約定好了的捐贈木材的回報。
1245～1249 年	《墨跡之寫》1 無準師範尺牘。	謝（國明）	綱使。	圓爾在給無準的信中涉及到謝國明和九條道家的來信。
1248 年	《聖一國師年譜》1248・《元亨釋書》7 辯元傳。	（謝國明）		承天寺發生火災、謝國明得知圓爾去了築前很高興。
1249 年	服部玄三氏藏無準師範尺牘《禪林墨跡》19。	謝國明	日本大檀越。	無準向謝國明捐贈木材表達謝意並向他贈送「宣城虎圖」以作紀念。
1252 年	毛利家藏《筆陣》1252／7／12 關東御教書（鎌倉遺文 7458）	謝國明	綱首。	謝國明自稱宗象社所領有的小呂島的地頭、以保衛社財產。
1253 年	《宗象神社文書》1253／5／3 六波羅書下（鎌倉遺文 7551）	謝國明	船頭。	三原重延關於謝國明死後的領地和後家尼相提並論。
	《承天寺舊藏文書》1515／9 省柏和尚承天寺捉案		檀越。	謝國明向筥崎宮地域的野間、高宮、原村（平原？）捐贈給了承天寺。
1241 年	《聖一國師年譜》1241／8／15・《聖一國師語錄》補遺張四綱	張四綱	綱首。	把諸綱首和圓爾接到了來迎院。面對圓爾有人要求聆聽佛法、張四綱求自贊。張四綱是諸綱首之一？

時　　期	主要參考資料	人名、稱呼籍貫、同伴	是否被接待，出發到達的港口等	內　　容
淳祐 1241 ～1252 年六年	《善鄰國寶記》上後嵯峨院寬元四年第 31 頁 1247 年	宋僧道隆		宋僧道隆坐日本商船（其實爲宋商船）到大宰府。
1253 年～	《石清水文書》筥崎宮造營材木目錄《筥崎宮史料》第 940 頁。	張興	博多綱首‧御通事。	張興作爲堅糟西崎的一員、在筥崎大神殿四周造護牆。
1253 年	《石清水文書》筥崎宮造營材木目錄（《筥崎宮史料》第 940 頁。	張英	綱首、鳥飼二郎船頭。	張英作爲堅糟西崎的一員、在筥崎大神殿四周造護牆。
1254 年	《太宰府天滿宮史料》卷 8，第 55 頁《吾妻鏡》。			南宋末年。幕府在鎮西設立地頭所務，並限制宋商船到港的數量爲 5 艘。超過 5 艘將被遣返。
1254 年	《法燈圓明國師之緣起》《由良町志》史（資）料編第 296 頁。	智定	法眼、船頭。	無本覺心乘坐智定法眼的船回國。
1259 年	《無象和尚語錄》下，示張都綱使	張	都綱使。	張都綱使在日本和無象靜照分別數年、赴宋之際又一次見面。
1264～1275 年元年四月日	《新編追加》第 95 頁。	宋滅亡後日本切斷和宋的聯繫		1264 年 4 月。幕府，大宰府指令禁止宋船出入。

附表三：日本新舊地名對比一覽表

舊地名	新地名	舊地名	新地名
贊岐	香川	近江	滋賀
飛彈	岐阜	阿波	德島
伊賀	三重	美濃	岐阜
伊予	愛媛	伊勢	三重
甲斐	山梨	土佐	高知
志摩	三重	信濃	長野
山城	京都	伊豆	靜岡
大和	奈良	駿河	靜岡
攝津	大阪、兵庫	遠江	靜岡
河內	大阪	三河	愛知
和泉	大阪	尾張	愛知
紀伊	和歌山	丹波	京都、兵庫
丹後	京都	播磨	兵庫
備後	廣島	越後	新瀉
淡路	兵庫	加賀	石川
安芸	廣島	周防	山口
佐渡	新瀉	長門	山口
但馬	鳥取	若狹	福井

舊地名	新地名	舊地名	新地名
出雲	島根	越前	福井
越中	富山	備前	岡山
因幡	鳥取	備中	岡山
石見	島根	美作	岡山
能登	石川	豐前	福岡、大分
伯耆	鳥取	豐後	大分
隱岐	島根	加賀	石川
備前	福岡	陸奧	青森、岩手 宮城、福島
備後	福岡	出羽	秋田、山形
肥前	佐賀、長崎	常陸	茨城
壹岐	長崎	上野	群馬
對馬	長崎	下野	栃木
肥後	熊本	下總	千葉
日向	宮崎	上總	千葉
大隅	鹿兒島	安房	千葉
薩摩	鹿兒島	武藏	埼玉、東京 神奈川
蝦夷	北海道不明	相模	神奈川

附表四：宋日年號對照表 [註1]

公元（干支）	宋朝皇帝號	日本天皇年號	備　註
960（庚申）	宋太祖建隆元年	村上天皇天德四年	宋朝建立。
961（辛酉）	建隆二年	村上天皇應和元年	
963（癸亥）	宋太祖乾德元年	應和三年	
964（甲子）	宋乾德二年	村上天皇康保元年	
967（丁卯）	宋乾德五年	冷泉天皇康保四年	日本開始施行《延熹式》
968（戊辰）	宋太祖開寶元年	冷泉天皇安和元年	東大寺、興福寺兩寺爭鬥。
969（己巳）	宋開寶二年	圓融天皇安和二年	日本安和之變。
970（庚午）	宋開寶三年	圓融天皇天祿元年	
972（壬申）	宋開寶五年	天祿三年	高麗使者來對馬。
973（癸酉）	宋開寶六年	圓融天皇天延元年	
976（丙子）	宋太宗太平興國元年	圓融天皇貞元元年	
977（丁丑）	宋太平興國二年	貞元二年	藤原兼通、兼家兄弟暗鬥。
978（戊寅）	宋太平興國三年	圓融天皇天元元年	
983（癸未）	宋太平興國八年	圓融天皇永觀元年	

〔註 1〕選自李寅生著：《中日古代帝王年號及大事對照表》，四川辭書出版社，2004年。

公元（干支）	宋朝皇帝號	日本天皇年號	備 註
984（甲申）	宋太宗雍熙元年	花山天皇永觀二年	
985（乙酉）	宋雍熙二年	花山天皇寬和元年	源信著《往生要集》。
986（丙戌）	宋雍熙三年	一條天皇寬永二年	
987（丁亥）	宋雍熙四年	一條天皇永延元年	宋商朱仁聰至日。
988（戊子）	宋端拱元年	永延二年	
989（己丑）	宋端拱二年	一條天皇永祚元年	
990（庚寅）	宋太宗淳化元年	一條天皇正曆元年	藤原道隆、道兼兄弟失和。
995（乙未）	宋太宗至道元年	一條天皇長德元年	藤原道長任內覽（準攝政）。
997（丁酉）	宋至道三年	一條天皇長德三年	高麗使者來日，高麗盜賊掠擾壹岐、對馬。
998（戊戌）	宋眞宗咸平元年	一條天皇長德四年	
999（己亥）	宋咸平二年	一條天皇長保元年	
1000（庚子）	宋咸平三年	長保二年	藤原道長之女彰子成爲中宮。禁興福寺僧徒之亂。
1004（甲辰）	宋眞宗景德元年	一條天皇寬弘元年	宋遼「澶淵之盟」訂立。
1006（丙午）	宋景德三年	一條天皇寬弘三年	興福寺僧徒入京強訴。
1008（戊申）	宋眞宗大中祥符元年	寬弘五年	
1012（壬子）	宋大中祥符五年	三條天皇長和元年	藤原道長之女妍子成爲三條天皇中宮。
1016（丙辰）	宋大中祥符九年	後一條天皇長和五年	藤原道長攝政。
1017（丁巳）	宋眞宗天禧元年	後一條天皇寬仁元年	藤原道長爲太政大臣，藤原賴通攝政。

公元（干支）	宋朝皇帝號	日本天皇年號	備　註
1018（戊午）	宋天禧二年	寬仁二年	藤原道長之女威子成後一條天皇皇后。
1019（己未）	宋天禧三年	寬仁三年	刀伊（女眞族）侵略對馬、壹岐等地，被藤原隆家等擊退。
1021（辛酉）	宋天禧五年	後一條天皇治安元年	
1022（壬戌）	宋眞宗乾興元年	治安二年	藤原道長建法城寺。
1023（癸亥）	宋仁宗天聖元年	治安三年	
1024（甲子）	宋天聖二年	後一天天皇萬壽元年	宋書放交子。政府發行紙幣之始。
1027（丁卯）	宋天聖五年	萬壽四年	藤原道長死。
1028（戊辰）	宋天聖六年	後一條天皇長元元年	日本「平中常之亂」爆發。
1032（壬申）	宋仁宗明道元年	長元五年	
1034（甲戌）	宋仁宗景祐元年	長元七年	
1035（乙亥）	宋景祐二年	長元八年	圓城寺、延曆寺僧徒發生爭鬥。
1037（丁丑）	宋景祐四年	後朱雀天皇長曆元年	興福寺僧徒毀東大寺南院。
1038（戊寅）	宋仁宗寶元元年	長曆二年	
1040（庚辰）	宋仁宗康定元年	後朱雀天皇長久元年	
1041（辛巳）	宋仁宗慶曆元年	長久二年	
1044（甲申）	宋慶曆四年	後朱雀天皇寬德元年	宋商人張宋隆等至但馬。
1046（丙午）	宋慶曆六年	後冷泉天皇永承元年	
1049（己丑）	宋仁宗皇祐元年	永承四年	
1052（壬辰）	宋皇祐四年	永承七年	末法思想流行。
1053（癸巳）	宋皇祐五年	後冷泉天皇天喜元年	平等院鳳凰堂落成。

公元（干支）	宋朝皇帝號	日本天皇年號	備　註
1054（甲午）	宋仁宗至和元年	天喜二年	
1056（丙申）	宋仁宗嘉祐元年	天喜四年	
1058（戊戌）	宋嘉祐三年	後冷泉天皇康平元年	
1064（甲辰）	宋英宗治平元年	康平七年	
1065（乙巳）	宋治平二年	後冷泉天皇治曆元年	
1068（戊申）	宋神宗熙寧元年	後三條治曆四年	
1069（己酉）	宋熙寧二年	後三條天皇延久元年	頒佈延久莊園整頓令。
1072（壬子）	宋熙寧五年	白河天皇延久四年	誠尋入宋。
1074（甲寅）	宋熙寧七年	白河天皇承保二年	延曆寺、圓城寺僧徒發生爭鬥。
1077（丁巳）	宋熙寧十年	白河天皇承曆元年	白河天皇營造法勝寺。
1078（戊午）	宋神宗元豐元年	承曆二年	
1081（辛酉）	宋元豐四年	白河天皇永保元年	延曆寺僧徒襲擊圓城寺。誠尋死於宋。
1084（甲子）	宋元豐七年	白河天皇應德元年	
1086（丙寅）	宋哲宗元祐	堀河天皇應德三年	
1087（丁卯）	宋元祐二年	堀河天皇寬治元年	
1093（癸酉）	宋元祐八年	寬治七年	興福寺眾徒初奉「春日神木」入京。
1094（甲戌）	宋哲宗紹聖元年	堀河天皇嘉保元年	
1095（乙亥）	宋紹聖二年	嘉保二年	延曆寺僧徒初奉日吉社神輿入京。
1096（丙子）	宋紹聖三年	堀河天皇永長元年	
1097（丁丑）	宋紹聖四年	堀河天皇承德元年	
1098（戊寅）	宋哲宗元符元年	承德二年	
1099（己卯）	宋元符二年	堀河天皇康和元年	

公元（干支）	宋朝皇帝號	日本天皇年號	備　註
1101（辛巳）	宋徽宗建中靖國元年	康和三年	
1102（壬午）	宋徽宗崇寧元年	康和四年	
1104（甲申）	宋崇寧三年	堀河天皇長治元年	
1106（丙戌）	宋崇寧五年	堀河天皇嘉承元年	
1107（丁亥）	宋徽宗大觀元年	鳥羽天皇嘉承二年	關白藤原忠實攝政。
1108（戊子）	宋大觀二年	鳥羽天皇天仁元年	延曆寺僧徒奉日吉社神輿入京。
1110（庚寅）	宋大觀四年	鳥羽天皇天永元年	
1111（辛卯）	宋徽宗正和元年	天永二年	
1118（戊戌）	宋徽宗重和元年	鳥羽天皇元永元年	
1119（己亥）	宋徽宗宣和元年	元永二年	平正盛討伐鎮西之賊。
1120（庚子）	宋宣和二年	鳥羽天皇保安元年	
1124（甲辰）	宋宣和三年	崇德天皇天治元年	
1126（丙午）	宋欽宗靖康元年	崇德天皇大治二年	
1127（丁未）	宋高宗建炎元年	大治二年	
1129（己酉）	宋建炎三年	大治四年	平忠盛山陽、南海兩道海盜。
1131（辛亥）	宋高宗宋紹興元年	崇德天皇天承元年	
1132（壬子）	宋高宗宋紹興二年	崇德天皇長承元年	
1135（乙卯）	宋紹興五年	崇德天皇保延元年	平忠盛俘獲海盜首領。
1141（辛酉）	宋紹興十一年	近衛天皇永治元年	
1142（壬戌）	宋紹興十二年	近衛天皇康治元年	
1144（甲子）	宋紹興十四年	近衛天皇天養元年	
1145（乙丑）	宋紹興十五年	近衛天皇久安元年	
1146（丙寅）	宋紹興十五年	久安二年	平清盛任安藝守。
1151（辛未）	宋紹興二十一年	近衛天皇仁平元年	

公元（干支）	宋朝皇帝號	日本天皇年號	備　註
1152（壬申）	宋紹興二十二年	仁平二年	平清盛修建嚴島神社。
1154（甲戌）	宋紹興二十四年	近衛天皇久壽元年	
1156（丙子）	宋紹興二十六年	後白河天皇保元元年	日本「保元之亂」。
1159（己卯）	宋紹興二十九年	二條天皇平治元年	平清盛平定「平治之亂」後，獨攬大權。
1160（庚辰）	宋紹興三十年	二條天皇永曆元年	
1161（辛巳）	宋紹興三十一年	二條天皇應保元年	
1163（癸未）	宋孝宗隆興元年	二條天皇長寬元年	
1165（乙酉）	宋孝宗乾道元年	六條天皇永萬元年	
1166（丙戌）	宋乾道二年	六條天皇仁安元年	重源入宋。
1169（己丑）	宋乾道五年	高倉天皇嘉應元年	
1171（辛卯）	宋乾道七年	高倉天皇承安元年	平清盛之女德子爲中宮。
1174（甲午）	宋孝宗淳熙元年	承安四年	
1175（乙未）	宋淳熙二年	高倉天皇安元元年	法然提倡專修念佛。
1177（丁酉）	宋淳熙四年	高倉天皇治承元年	
1181（辛丑）	宋淳熙八年	安德天皇養和元年	平清盛病死。
1182（壬寅）	宋淳熙九年	安德天皇壽永元年	
1183（癸卯）	宋淳熙十年	後鳥羽天皇壽永二年	平宗盛攜安德天皇西逃。宋佛工陳和卿開始修補大佛。
1184（甲辰）	宋淳熙十一年	後鳥羽天皇元曆元年	
1185（乙巳）	宋淳熙十三年	後鳥羽天皇文治元年	壇浦之戰平氏滅亡，源賴朝控制政權，平安時代結束。
1190（庚戌）	宋光宗紹熙元年	後鳥羽天皇建久元年	重源重建東大寺。

公元（干支）	宋朝皇帝號	日本天皇年號	備　註
1194（甲寅）	宋紹熙五年	建久五年	強拆延曆寺，禁禪宗。
1195（乙卯）	宋寧宗慶元元年	建久六年	再建東大寺大佛殿。
1198（戊午）	宋慶元四年	土御門天皇建久九年	
1199（己未）	宋慶元五年	土御門天皇正治元年	
1201（辛酉）	宋寧宗嘉泰元年	土御門天皇建仁元年	
1204（甲子）	宋嘉泰四年	土御門天皇元九元年	
1205（乙丑）	宋寧宗開禧元年	元久二年	
1206（丙寅）	宋開禧二年	土御門天皇建永元年	
1207（丁卯）	宋開禧三年	土御門天皇承元元年	
1208（戊辰）	宋寧宗嘉定元年	承元二年	
1211（辛未）	宋嘉定四年	順德天皇建曆元年	俊芿從宋傳入儒學。
1213（癸酉）	宋嘉定六年	順德天皇建寶元年	
1219（己卯）	宋嘉定十二年	順德天皇承久元年	
1222（壬午）	宋嘉定十五年	仲恭天皇、後堀河天皇貞應元年	
1224（甲申）	宋嘉定十七年	仲恭天皇、後堀河天皇元仁元年	
1225（乙酉）	宋理宗寶慶元年	仲恭天皇、後堀河天皇嘉祿元年	
1227（丁亥）	宋寶慶三年	仲恭天皇、後堀河天皇安貞元年	道元歸日本，傳播曹洞宗。
1228（戊子）	宋理宗紹定元年	安貞二年	
1229（乙丑）	宋紹定二年	仲恭天皇、後堀河天皇寬喜元年	
1232（壬辰）	宋紹定五年	四條天皇貞永元年	

公元（干支）	宋朝皇帝號	日本天皇年號	備　註
1233（癸巳）	宋紹定六年	四條天皇天福元年	
1234（甲午）	宋理宗端平元年	四條天皇文曆元年	禁止專修念佛。
1235（乙未）	宋端平二年	四條天皇嘉禎元年	
1237（丁酉）	宋理宗嘉熙元年	嘉禎三年	
1238（戊戌）	嘉熙二年	四條天皇曆仁元年	
1239（己亥）	嘉熙三年	四條天皇嚴應元年	
1240（庚子）	嘉熙四年	四條天皇仁治元年	
1241（辛丑）	宋理宗淳祐元年	仁治二年	
1243（癸卯）	淳祐三年	後嵯峨天皇寬元元年	
1247（丁未）	淳祐七年	後深草天皇寶治元年	
1249（己酉）	淳祐九年	後深草天皇建長元年	
1253（癸丑）	宋理宗寶祐元年	建長五年	
1259（己未）	宋理宗開慶元年	龜山天皇正元元年	
1260（庚申）	宋理宗景定元年	龜山天皇文應元年	
1261（辛酉）	宋景定二年	龜山天皇弘長元年	
1264（甲子）	宋景定五年	龜山文永元年	延曆寺僧徒起事。
1265（乙丑）	宋度宗咸淳元年	文永二年	
1275（乙亥）	宋恭帝德祐元年	後宇多天皇建治元年	幕府斬元使。發佈征伐異國令。
1276（丙子）	宋端宗趙昰景炎元年	建治二年	幕府命令九州將士在博多附近築石壘，以防備元軍。
1278（戊寅）	宋衛王趙昺祥興元年	後宇多天皇弘安元年	元世祖許老闆商船貿易。
1279（己卯）	宋祥興二年	弘安二年	宋僧無學祖元應招來日。宋朝滅亡。斬元使周福等於博多。

附圖：有關史料圖片

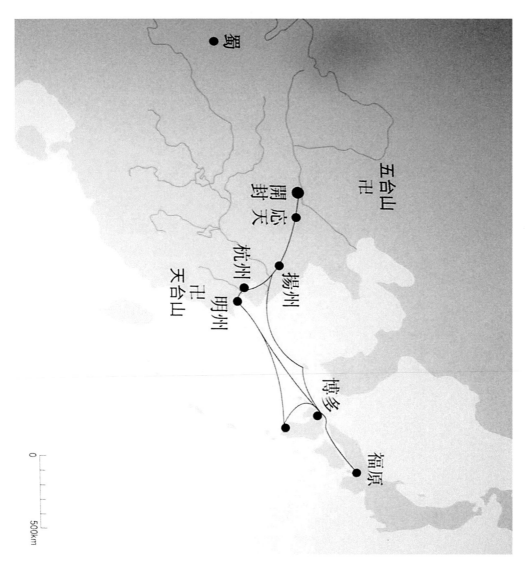

圖 1：宋日海上貿易圖

摘錄於《大唐長安展》（京都文化博物館 1994 年 NHK きんきメデアランプ）一書

圖 2：位於寧波的阿育王寺（筆者拍攝）

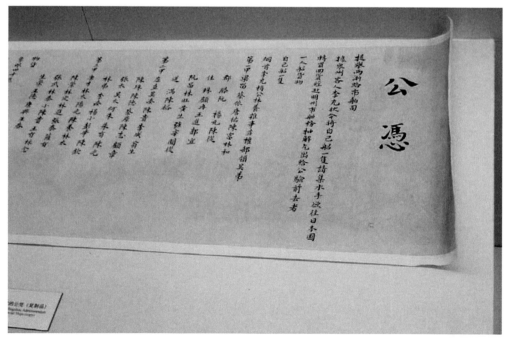

圖 3：宋提舉兩浙路市舶司公憑（宋商李充的公憑）（複印件）。
徽宗崇寧 2 年（1104）寧波博物館藏（筆者拍攝）

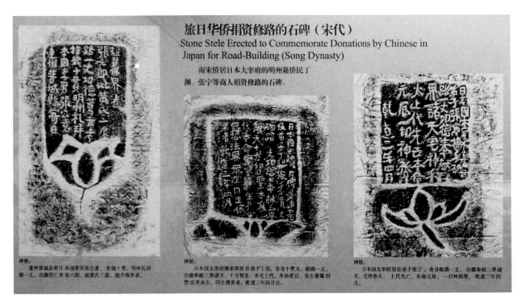

圖4：寧波博物館三塊石碑拓片（筆者拍攝）

圖5：第一塊石碑（筆者拍攝）

圖6：第二、第三塊石碑（筆者拍攝）

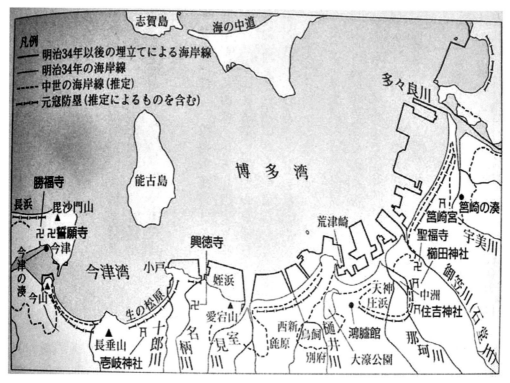

圖 7：博多地圖
摘錄於《日本的中世》（五味文彦等著放送大學教育振興會 2007 年）一書

圖 8：博多車站（筆者拍攝）

圖9：大宰府都督府（筆者拍攝）

圖10：大宰府（筆者拍攝）

圖11：博多唐人街車站（筆者拍攝）

圖12：鴻臚館遺址（筆者拍攝）

圖13：鴻臚館復原圖（筆者拍攝）

圖14：筥崎宮（筆者拍攝）

圖 15：聖福寺（筆者拍攝）

圖 16：櫛田神社（筆者拍攝）

圖 17：承天寺（筆者拍攝）

圖 18：承天寺內饅頭紀念碑（筆者拍攝）

圖 19：謝國明墓（筆者拍攝）

圖 20：謝國明墓前大楠樹（筆者拍攝）

圖21：鴻臚館發掘遺址（筆者拍攝）

圖22：鴻臚館出土的陶瓷器（筆者拍攝）

圖23：博多出土的帶有墨字的陶瓷器
（筆者拍攝）

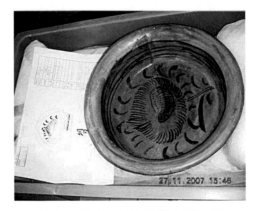

圖24：帶有墨字的盤子圖表
（筆者拍攝）

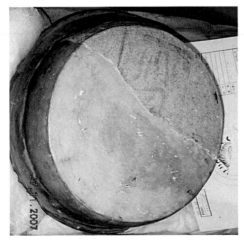

圖25：底部寫有「綱司」字樣
的陶瓷器（筆者拍攝）

圖26：底部寫有「綱司」字樣
的陶瓷器復原圖（筆者拍攝）

圖 27：謝國明像（藏於承天寺）

圖 28：博多山笠祭（筆者拍攝）

圖 29：泉州後渚出土的宋代貿易
船復原模型（泉州海外
交通史博物館藏）

圖 30：韓國新安江元代古沉船

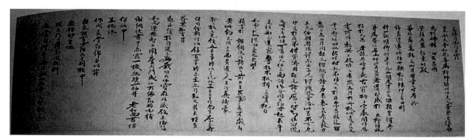

圖 31：宋無準師範墨跡　東京國立博物館藏

圖 32：德敷墨跡　東京國立博物館藏（同圖 5）

（圖 30、31、32、33 均摘錄於（見大庭康時、佐伯弘治：《中世都市博多を掘る》，
海鳥社，2008 年）

圖33：博多聖福寺內的墓地
（筆者拍攝）

圖34：博多聖福寺內的墓地
（筆者拍攝）

圖35：承天寺內（筆者拍攝）

圖36：承天寺內的博多商人滿田彌三
右衛之碑（筆者拍攝）

圖37：大社筥崎宮
（鳥居上寫著：八幡宮）（筆者拍攝）

圖38：博多的鳥飼八幡宮
（筆者拍攝）

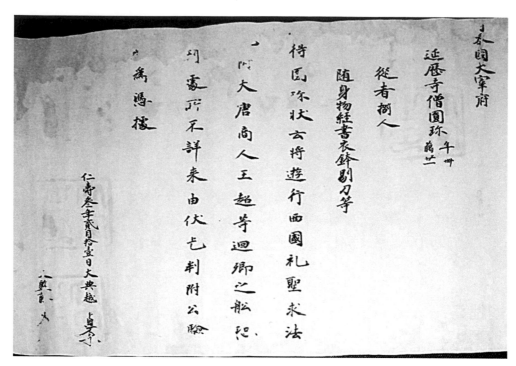

圖 39：大宰府發給入唐僧元珍的「公檢」（筆者攝於東京國立博物館）

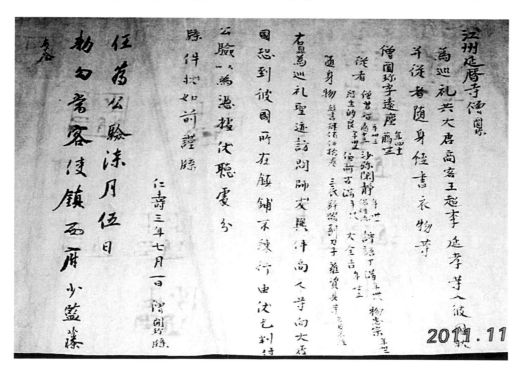

圖 40：日本鎮西府發給入唐僧鎮西的「公檢」。（筆者攝於東京國立博物館）

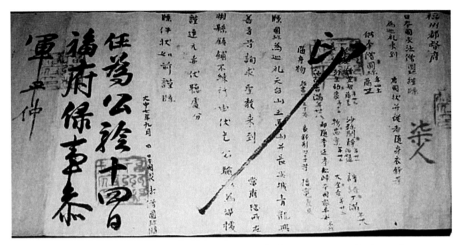

圖 41：福州都督府在入唐僧元珍「公檢」上的批覆。
（筆者攝於東京國立博物館）

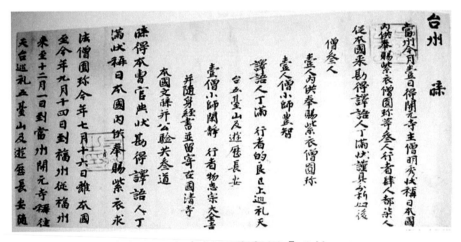

圖 42：入唐僧元珍台州「公檢」
（參見《大唐長安展》京都文化博物館 1994 年）

圖 43：入唐僧元珍溫州橫陽縣「公檢」
（參見《大唐長安展》，京都文化博物館，1994 年）

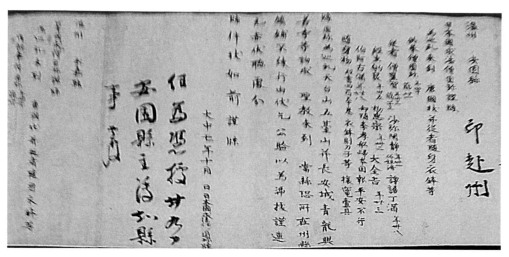

圖 44：入唐僧元珍溫州安固縣「公檢」上的批覆。
（筆者攝於東京國立博物館）

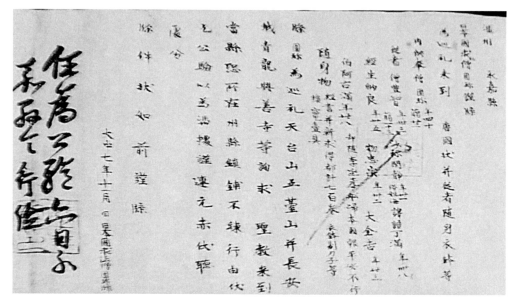

圖 45：入唐僧元珍溫州永嘉縣「公檢」上的批覆。
（筆者攝於東京國立博物館）

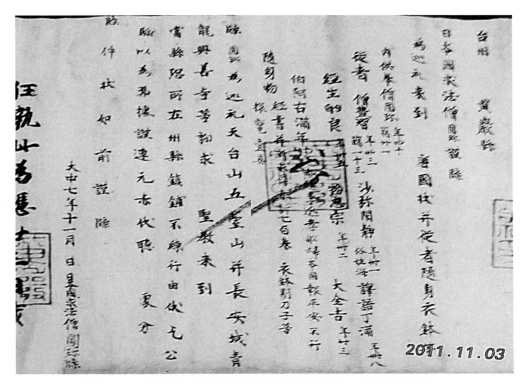

圖46：入唐僧元珍台州黃巖縣「公檢」上的批覆。
（筆者攝於東京國立博物館）

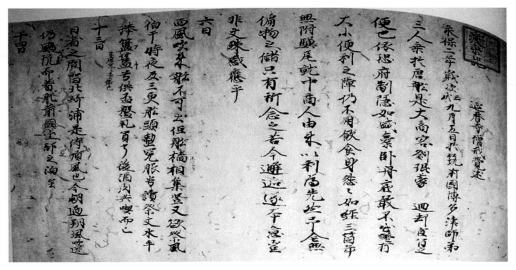

圖47：延曆寺僧戒覺《渡宋記》
（田井玲子等：《日中歷史海道2000年》神戶市立博物館1997年）

參考文獻

中文史料

 1. 徐松輯，宋會要輯稿，中華書局，北京：1957 年。

 2. 范曄，後漢書，北京：中華書局，1965 年。

 3. 脫脫，宋史，北京：中華書局，1977 年。

 4. 李燾，續資治通鑑長編，北京：中華書局，1979 年。

 5. 江少虞，宋朝事實類苑，上海：上海古籍出版社，1981 年。

 6. 歐陽修，新唐書，北京：中華書局，1983 年。

 7. 馬端臨，文獻通考，北京：中華書局，1986 年。

 8. 陶宗儀，南村輟耕錄，北京：中華書局，1997 年。

 9. 王夫之，宋論，北京：中華書局，1998 年。

10. 宋濂，元史，北京：中華書局，1999 年。

11. 紀昀，四庫全書總目提要，石家莊：河北人民出版社，2000 年。

12. 李言恭、郝傑著，汪向榮、嚴大中校，日本考，北京：中華書局，2000 年。

13. 羅茲・墨菲，亞洲史，第四版，海口：海南出版社，2005 年。

14. 梅應發、劉錫纂修，開慶四明續志二，北京：北京圖書館出版社，2004 年。

日本史料

 1. 竹內理三，太宰府天滿宮史料，卷 1～17 卷，東京都：太宰府天滿宮藏版，1964 年。

2. 東京大學史料編纂所編纂，史料綜覽卷，東京：東京大學出版會，1987年。

3. 木宮泰彥，日華文化交流史，東京：富山房，1987年。

4. 申叔舟，海東諸國紀，東京：岩波書店，1991年。

5. 阪本太郎等，日本書紀，東京：岩波文庫，1994年。

6. 田中健夫，善鄰國寶記，東京：集英社刊，1995年。

7. 井上清，日本歷史，北京：中華書局。

中國學者論著

1. 余又蓀，宋元中日關係史，臺北：臺灣商務出版社，1964年。

2. 陳高華、吳泰，宋元時期的海外貿易，天津：天津人民出版社，1981年。

3. 汪向榮、夏應元，中日關係史資料彙編，北京：中華書局，1984年。

4. 汪向榮，中日關係史文獻考論，長沙：嶽麓出版社，1985年。

5. 周寶珠、陳振，簡明宋史，北京：人民出版社，1985年。

6. 夏應元，海上絲綢之路的友好使者，東洋篇，北京：海洋出版社，1991年。

7. 李金明、廖大珂，中國古代海外貿易史，南寧：廣西人民出版社，1995年。

8. 周一良、中西進，中日文化交流大系，10卷，杭州：浙江人民出版社，1996年。

9. 王勇，中國江南：尋繹日本文化的源流，北京：當代中國出版社，1996年。

10. 陳尚勝，中韓交流三千年，北京：中華書局，1997年。

11. 楊渭生，宋麗關係史研究，杭州：杭州大學出版社，1997年。

12. 高榮盛，元代海外貿易，成都：四川人民出版社，1998年。

13. 蔣菲菲、王小甫，中韓關係史，古代卷，北京：社會科學文獻出版社，1998年。

14. 葚覽，七世紀～十四世紀中日文化的考古學研究，北京：中國社會科學院出版社，2001年。

15. 蔡毅編譯，中國傳統文化在日本，北京：中華書局，2002年。

16. 黃純燕，宋代海外貿易，北京：社會科學文獻出版社，2003年。

17. 朱瑞熙、程郁，宋史研究，廈門：福建人民出版社，2006年。

18. 黃純燕，高麗史世紀概要，蘭州：甘肅人民出版社，2007年。

19. 韓東育,「華夷秩序」的東亞構架與自解體內情〔J〕,東北師大學報,2008年。
20. 陳傑,宋元時期東北亞海上交流的考古學觀察〔J〕,北方人物,2008年。
21. 韓昇,東亞世界形成史論,上海:復旦大學出版社,2009年。
22. 黃曉宏,淺談宋元時期海上絲綢之路陶瓷貿易〔J〕,絲綢之路,2010年。
23. 李兆忠,曖昧的日本人,泉州:九州出版社,2010年。
24. 王金林,日本中世紀史上下卷,北京:崑崙出版社,2011年。
25. 趙瑩波,宋元時期中日通關文書初探〔J〕,元史論叢,第14輯,中國元史研究會,天津古籍出版社,2014年。
26. 趙瑩波,宋朝與日本、高麗之間「準外交關係」初探〔J〕,史林,2014年第5期,上海社會科學院,2014年10月。

日本和韓國學者論著

1. 桑原隲藏,陳裕菁譯,宋末提舉市舶西域人蒲壽庚的事蹟,北京:中華書局,1929年。
2. 秋山謙藏,日支交涉史研究,東京:岩波書店,1939年。
3. 森克己,日宋貿易的研究,國立書院,1948年。
4. 森克己,日宋文化交流的諸問題,刀江書院,1950年。
5. 木宮泰彥著,胡錫年譯,日中文化交流史,北京:商務印書館,1980年。
6. 龜井明德,九州的中國陶磁,西日本文化協會,1986年。
7. 田村圓澄,大宰府——古體を考える,東京:吉川弘文館,1987年。
8. 朝尾直弘、綱野善彥、山口啟二、吉田孝,日本社會史1列島內外的交通和國家,東京:岩波書店,1987年。
9. 川添昭二,回顧中世東亞的國際都市博多,平凡社,1988年。
10. 龜井明德,日本貿易瓷器史的研究,同朋舍出版,1988年。
11. 菊池徹夫、福山豐彥,回顧中世4北部的中世津輕·北海道,東京:平凡社,1989年。
12. 榎本淳一,從〈小右記〉看「渡海制」——律令國家的對外方針和其變化,東京:吉川弘文館,1991年。
13. 梅津一朗,中世的變革和德政,東京:吉川弘文館,1994年。
14. 京都文化博物館,大唐長安展,NHK きんきメデアランプ,1994年。
15. 佐伯弘次,博多,岩波講座日本通史,第10卷,中世4,東京:岩波書店,1994年。
16. 龜井明德,日宋貿易關係的展開,岩波書店,1995年。

17. 西嶋定生，中國古體國家と東アジア世界，東京：東京大學出版社，1997年。

18. 村井章介、佐藤信、吉田神之，境界的日本史，東京：山川出版社，1997年。

19. 藤田明良，蘭秀山の亂と東アジアの海域世界〔J〕，歷史學研究，1997年。

20. 田井玲子、冢原晃，日中歷史海道 2000 年，神戶：神戶市立博物館，1997年。

21. 岡元司，南宋期浙東海港都市の停滯と森林環境〔J〕，史學研究 220，1998年。

22. 林文理，博多「綱首」的歷史位置——博多的權利貿易，東京：清文堂出版，1998 年。

23. 石井正敏，肥前國神崎莊と日宋貿易，古體中世資料學研究下，東京：吉川弘文館，1998 年。

24. 大庭康時，作爲集散地遺蹟的博多〔J〕，日本史研究，1999 年。

25. 柳原敏昭，中世前期南九州的港口和宋人的居住地〔J〕，日本史研究 448，1999 年。

26. 浜田武志，東アジア世界の地域ネットワーク，東京：山川出版社，1999年。

27. 西島定生，李成市編，古代東アジア世界と日本，東京：岩波書店，2000年。

28. 大庭康時，博多綱首時代——從考古資料看住番貿易和博多〔J〕，歷史學研究 756，2001 年。

29. 榎本涉，宋代的「日本商人」再研究〔J〕，史學雜誌 110〜2，2001 年。

30. 榎本涉，明州市舶司和東支那海交易圈》，日本歷史 640，2001 年。

31. 榎本涉，日本史研究中的南宋、元代，福岡：史滴 24，2002 年。

32. NGK 取材班，その時歷史が動いた 11，名古屋：ＫＴＣ中央出版社，2002年。

33. 山崎覺士，未完的海上國家——吳越國的嘗試——，古代文化 54〜2，2002 年。

34. 山內晉次，奈良平安期的日本和亞洲，東京：吉川弘文館，2003 年。

35. 渡邊誠，平安時代貿易管理的基本構造〔J〕，日本研究，2003 年。

36. 村井章介，8〜17 世紀の東アジア地域における人・物・情報の交流——海域と港市の形成、民族・地域間の相互認識を中心に——，平成 12〜15 年度科學研究費補助金（基盤研究（A）研究成果報告書〔R〕，2004年。

37. 四日市康博，鏈接印度洋交易的東亞和伊斯蘭圈——元朝・伊爾汗王朝的國家外交和國際貿易關係，2005 九州大學 21 世紀 COE プログラム東アジアと日本・交流と変容。

38. 服部英雄，日宋貿易的實態——和「諸國」來的客人們、チャイナタウン「唐房」——〔C〕，九州大學 21 世紀 COE 計劃，東亞和日本——交流と變化，2005 年。

39. 村井章介，東亞中的日本文化，東京：放送大學教材財團法人放送大學教育振興會，2005 年 3 月。

40. 村井章介，日本史出版系列、跨越境界的人們，山川出版社，2006 年。

41. 山內晉次，關於 9～13 世紀的日中貿易的史料，大阪：大阪市立大學東洋史論叢，別冊特集號，2006 年。

42. 榎本涉，從事宋代市舶司貿易的人們，東京：青木書店，2006 年。

43. 前澤桃子，日本の歷史，東京都：ナツメ社，2007 年。

44. 五味文彥、本鄉和人、中島圭一，日本的中世，東京：放送大學教育振興會，2007 年。

45. 榎本涉，東アジア海域と日中交流——9～14 世紀——，東京：吉川弘文館，2007 年。

46. 四日市康博，物から見た海域アジア史——モンゴル——宋元時代のアジアと日本の交流，福岡：九州大學出版會，2007 年。

47. 夫馬進，中國東アジア外交交流史の研究，京都：京都大學學術出版社，2007 年。

48. 大庭康時、佐伯弘治，中世都市博多を掘る，福岡：海鳥社，2008 年。

49. 平田茂樹、遠藤隆俊，外交史料十～十四世紀を探る，東京：汲古書院，2013 年。

50. 鄭麟趾等，《高麗史》三卷，首爾：乙酉文化社，1992 年。

51. 李鎭漢，高麗時代宋商往來研究，首爾：景仁文化社，2011 年。

52. 全海宗著，金善姬譯，中韓關係論集，北京：中國社會科學出版社，1997 年。

後 記

　　2005 年 9 月，我踏入了南大元史室，師從高榮盛老師。由於是半路出家，所以誠惶誠恐。幾年來，一值得到高先生的悉心指導和關懷，怎奈基礎薄弱，再加上生性懶惰，因此一直在痛苦中磨練，在痛苦中學習，並在痛苦中收穫著快樂。

　　在元史室學習期間，使我有幸能夠聆聽到陳得芝老師、劉迎勝老師、高榮盛老師，華濤老師，特木勒老師和楊曉春老師的授課，師長們紮實的學問、誠實對待人格、務實的學風令我肅然起敬，使我擴展了視野，陶醉在其中。

　　爲了能夠更好地學習和搜集日本學者的研究成果和有關日文資料，我曾於 2007～2008 年一年裏在九州大學學習和查尋資料，並得到川本芳昭，舩田善之，四日市康博等老師的熱心指導和幫助，使我受益匪淺，在此一併深表謝意。另外，還要特別感謝宮海峰博士的無私幫助。最後，還要感謝我的夫人周麗錦女士默默地奉獻。

　　今天，在河南新鄭，我終於完成了博士論文，在這裏彷彿能感受到歷史的腳步，我也剛好邁出了學習歷史的第一步。

2011 年 8 月 7 日
於新鄭軒轅故里

　　注：2011 年 9 月到 11 月我利用在日本埼玉縣的日語國際中心短期研修的機會，到東京國立博物館等地方進一步查尋相關資料，並把一些新發現和觀點加在修改以後的論文中。

2012 年 1 月 20 日
於上海